GOLDMANN
ESOTERIK

W0075039

Dr. Joseph Murphy zeigt Ihnen in diesem leichtverständlichen Buch, worauf es ankommt. Indem Sie sich das Gute, Schöne und Wahre vergegenwärtigen und in freudiger Erwartung dieses Guten leben, bringen Sie in Ihr Leben Freude und Fülle. Zu richtigem, zielführendem Handeln und echter Selbstverwirklichung finden Sie nur durch aufbauendes, konstruktives Denken im Einklang mit den universell gültigen Prinzipien und Wahrheiten. Erkennen Sie das Göttliche in Ihnen und in jedem Mitmenschen. Entdecken Sie die Ihnen innewohnende unendliche Kraft kosmischer Dimension. Nutzen Sie diese immense Kraft, und bringen Sie sie in Ihrem Leben zur Geltung.

Autor

Joseph Murphy, Dr. theol., jur., rer. nat., verstorben im Dezember 1981, vermittelte seit mehr als einem Vierteljahrhundert durch persönliche Beratungen und in öffentlichen Vorträgen unzähligen Menschen in aller Welt das Vertrauen in die Kraft des menschlichen Geistes. Er ist Verfasser von etlichen Büchern, die in mehrere Sprachen übersetzt und Auflagenziffern von weit über einer Million erreichten. Sein Studium der großen Weltreligionen hat ihn davon überzeugt, daß allem Leben eine universelle Kraft innewohnt.

Von Dr. Joseph Murphy sind als Goldmann-Taschenbuch außerdem erschienen:

Die Gesetze des Denkens und Glaubens (11734), Die unendliche Quelle Ihrer Kraft (11736), Das Wunder Ihres Geistes (11739), Leben in Harmonie (11751), Der Weg zu innerem und äußerem Reichtum (11767), Das I-Ging-Orakel Ihres Unterbewußtseins (11757), Die Kraft Ihres inneren Friedens (11855), Die Praxis des Positiven Denkens (11939)

Dr. Joseph
MURPHY
Die kosmische Dimension Ihrer Kraft

Positives Denken im Einklang mit dem Universum des Geistes

Aus dem Amerikanischen
von Helga Künzel

GOLDMANN VERLAG

Titel der Originalausgabe:
»The Cosmic Power Within You«
Originalverlag: Parker Publishing Company, Inc., West Nyack, N.Y.

Die ungekürzte deutsche Originalausgabe
des hier vorliegenden Taschenbuches
ist im Ariston Verlag, CH-1207 Genf, Postfach 176,
Telefon 022/7861810 · Fax 7861895, erschienen.

Im Ariston Verlag sind von Dr. Joseph Murphy
noch folgende Werke erschienen:

O Die Macht Ihres Unterbewußtseins (Buch)
O Die Macht Ihres Unterbewußtseins (4 Hörbuch-
kassetten sowie 4 Suggestionskassetten in Box)
O Das Wunder Ihres Geistes
O Die kosmische Dimension Ihrer Kraft
O Die unendliche Quelle Ihrer Kraft
O Gesetze des Denkens und Glaubens
O Energie aus dem Kosmos
O Das I-Ging-Orakel Ihres Unterbewußtseins
O Der Weg zu innerem und äußerem Reichtum
O Wahrheiten, die Ihr Leben verändern

Gerne schickt Ihnen auf Anforderung der Ariston Verlag
das 52seitige, farbige Magazin zu Ihrer Information.

Der Goldmann Verlag
ist ein Unternehmen der Verlagsgruppe Bertelsmann

Vollständige Taschenbuchausgabe März 1985
Wilhelm Goldmann Verlag, München
© 1973 Parker Publishing Company, New York
© 1982 der deutschsprachigen Ausgabe Ariston Verlag, Genf
Umschlaggestaltung: Design Team München
Druck: Elsnerdruck, Berlin
Verlagsnummer: 11755
Ba · Herstellung: Gisela Ernst/sc
Made in Germany
ISBN 3-442-11755-0

Inhaltsverzeichnis

Was dieses Buch für Sie bewirken kann

Es gibt eine unerschöpfliche, unendliche Kraft, die jedem von uns innewohnt und uns die Verwirklichung aller Wünsche ermöglicht, weil sie die *mächtigste Kraft im Universum* ist. Auch Sie sollten diese Kraft für sich nutzen, *jetzt sofort!* Wenn Sie es tun, werden Sie auf allen Gebieten phantastisch anmutende Erfolge erringen. Mit Hilfe dieser Kraft können Sie den richtigen Partner oder Lebensgefährten anziehen, können Sie Ihre verborgenen Talente ans Licht bringen, Ihre Krankheiten heilen, sich bei Ihren Entscheidungen leiten lassen. Sie werden in jedem Bereich weiter vorankommen, als Sie in Ihren kühnsten Träumen erwarteten.

Zahllose Autoren haben Bücher über den menschlichen Geist geschrieben. Das vorliegende Buch will nicht beschreiben, sondern bewirken. Sie bekommen ganz klar gesagt, wie Sie die unendliche kosmische Kraft einsetzen müssen, damit sich Ihr Leben wunderbar verändert. Sie erfahren, wie Sie wirklich konstruktiv und erfolgreich denken, so daß Sie sich ein erfüllteres Dasein erschließen, Zufriedenheit und Seelenfrieden erlangen und in unserer veränderlichen und gefährdeten Welt heitere Gelassenheit bewahren.

Sie haben ungeahnte schöpferische Möglichkeiten in sich. Die einzelnen Kapitel des vorliegenden Buches lehren Sie, die Ihnen innewohnende Kraft kosmischer Dimension anzuzapfen und Ihre kreativen Gaben zu entfalten. Wenn Sie die hier beschriebenen einfachen Verfahren und Techniken beherzigen und die wunderwirkende kosmische Kraft in Ihrem Inneren nutzen, werden Sie vorwärtsgehen, aufwärts, Gott entgegen.

Ein erregendes Abenteuer erwartet Sie

Ich habe viele tausend Menschen auf der ganzen Erde gelehrt, sich der universellen kosmischen Kraft zu bedienen und Liebe in ihr Leben zu bringen, Harmonie und Frieden herzustellen, wo Uneinigkeit herrschte, Freude hervorzurufen, wo Trauer war, Gesundheit herbeizuführen, wo Krankheit und Sorgen niederdrückten, Wohlstand und Fülle zu erzeugen, wo Armut beheimatet schien.

Wir beide, Sie und ich, werden nun die Schatzkammer an Weisheit und Stärke in unserem Inneren erforschen und ausloten. Es ist ganz einfach, die Ihnen innewohnende kosmische Kraft im täglichen Leben einzusetzen – in Ihren persönlichen Beziehungen zur Lösung von Partner- und Eheproblemen, zur Beilegung von Zwisten in Ihrer häuslichen oder beruflichen Umgebung und zur Lösung Ihrer Probleme in allen Bereichen Ihres Daseins. Sie werden lernen, Verbindung mit der allmächtigen kosmischen Kraft aufzunehmen und zahllose Segnungen in Ihr Leben und das Leben Ihrer Mitmenschen zu bringen.

Sie werden aus den Erfahrungen anderer Menschen lernen

Im vorliegenden Buch werden Sie von Männern und Frauen aus allen Schichten und Berufszweigen, aus Kunst, Geschäfts- und Arbeitswelt lesen, die sich der universellen kosmischen Kraft bedienten. Diese Menschen berichten ausführlich, wie sie es bewerkstelligten, um zu Gesundheit, Glück und Erfolg zu gelangen und sich ihre größten Herzenswünsche zu erfüllen. Manche gaben mir die Erlaubnis, ihre Briefe samt Namen und Adresse zu veröffentlichen; in anderen Fällen bediente ich mich, da mir eine solche Erlaubnis nicht vorlag, ihrer Initialen, um die Anonymität der Schreibenden zu wahren.

Wenden Sie die geschilderten Techniken Schritt für Schritt an, und auch Sie werden Ergebnisse erzielen, über die Sie und die Menschen Ihrer Umgebung staunen werden.

Sinn und Zweck dieses Buches

Das vorliegende Buch will Sie in einfacher, sachlicher Weise und leichtverständlicher Sprache lehren, wie Sie ein reicheres, erfüllteres und in jeder Beziehung schöneres Leben führen können. Sie müssen lediglich willens sein, die Ihnen innewohnende kosmische Kraft einzusetzen, die immer verfügbar ist und nur darauf wartet, von Ihnen angezapft zu werden.

Blicken Sie nicht länger nach außen. Schauen Sie in Ihr eigenes Inneres und stellen Sie die magische Verbindung zu Ihren inneren Kräften her. Wenn Sie Ihre Geisteshaltung und Ihr Denken ändern, verändern Sie Ihre Welt. Im vorliegenden Buch werden Sie den Schlüssel zu einem erfolgreichen, glückgewohnten Leben finden, wie Sie es ersehnen.

Die hier gebotenen Techniken werden Sie in die Lage versetzen, jene geistigen und spirituellen Gesetze anzuwenden, über welche ich seit mehr als vierzig Jahren schreibe und Vorträge halte. Die geschilderten Methoden und Verfahren haben schon Tausenden von Menschen geholfen, ihr Leben zum Guten zu wenden. Sie haben ihnen zu Führung, Gesundheit, Wohlstand, Glück und Seelenfrieden verholfen.

Der Mensch ist das genaue Spiegelbild dessen, was er den ganzen Tag über denkt. Sie sind tatsächlich selbst Ihres Glückes und Ihrer Zukunft Schmied. Wenn Sie Ihre Denk- und Vorstellungsinhalte ändern, ändern Sie Ihr Schicksal. Das Studium und die Anwendung der großen kosmischen Wahrheiten, die in den Kapiteln dieses Buches aufgezeigt und behandelt werden, können Ihnen befriedigendere, fruchtbarere und lohnendere Erfahrungen bescheren, als Sie je hatten.

Beginnen Sie nun damit, Ihr Dasein selbst zu gestalten und zu beherrschen. Gehen Sie vorwärts, auf Leistung, Erfolg und Sieg zu, führen Sie ein reicheres, erfüllteres Leben – *jetzt gleich!*

KAPITEL 1

Wie Sie mit der kosmischen Kraft im Einklang bleiben

In Ihrem Inneren schlummert ungeahnte Kraft. Es ist die Kraft, die unsere Welt bewegt, die alle Planeten auf ihren Bahnen lenkt und die Galaxien im Weltraum beherrscht. Diese allmächtige Kraft tragen Sie *in sich.*

Ich kenne Menschen, die ihre innere Kraft anzapften und deren Leben sich daraufhin in kurzer Zeit so grundlegend änderte, daß ihre Bekannten nur so staunten. Oft wurden sie sogar von Freunden gefragt: »Was ist bloß Wunderbares passiert, du bist ja nicht mehr zu erkennen?!«

Auch Sie haben unbegrenzte Möglichkeiten der Entwicklung und Entfaltung, und wenn Sie sich auf die unendliche Kraft kosmischer Dimension einstimmen, werden Sie feststellen, daß diese Kraft Sie aus Krankheit, Elend, Mutlosigkeit, Verzweiflung und sogar aus größtem Chaos herausheben kann. Diese Kraft kann Ihren Körper heilen, Sie führen und leiten, kann Ihnen neue Türen öffnen, Ihre Tränen trocknen, alle Ihre Probleme lösen und Sie auf den erhabenen Weg zu Glück, Freiheit und Seelenfrieden bringen.

Die kosmische Kraft vermag Sie in vielfältiger Weise zu inspirieren. Wenn Sie sie anrufen, werden Sie Antwort erhalten. Sofern Sie Ihren wirklichen Platz im Leben suchen, können Sie sich an diese Urkraft wenden, und sie wird Ihnen das Tor aufstoßen und jeden Ihrer Schritte lenken. Es ist Ihr angestammtes Recht, mit dieser Kraft im Einklang zu bleiben, sie durch Geist und Körper strömen zu lassen und mit ihrer Hilfe in allen Bereichen voranzukommen, emporzusteigen, sich Gott zu nähern.

Heilung eines gelähmten Armes

Folgender Brief zeigt, wie eine Frau, die meine Vorlesungen besuchte, Verbindung mit dieser wunderbaren Kraft aufnahm: Sehr geehrter Herr Dr. Murphy,
es gibt keine Worte, die meine Dankbarkeit ausdrücken könnten für Ihre Anweisungen, wie ich mit der unendlichen Kraft in mir Verbindung aufnehmen soll, und für die wunderbare Antwort, die ich erhielt. Ich begann über das nachzudenken, was Sie gesagt hatten, daß die ganze Kraft Gottes in meinem eigenen Geist sei und daß ich sie nutzen könnte. Ich begann zu denken, daß diese Kraft größer sei als Wasserstoffbomben, Atomenergie oder Elektrizität, daß alles dies nichts sei im Vergleich zu dem allmächtigen Gott, der mir innewohnt.

Zehn Tage lang war ich unfähig, meinen Arm hochzuheben, ohne unerträgliche Schmerzen zu leiden, die so heftig waren, daß ich von Zeit zu Zeit laut schrie. Auf dem Weg zu meinem Hausarzt stimmte ich mich auf die kosmische Kraft ein und behauptete: »Durch die Kraft des Allmächtigen in mir bewege ich meinen Arm jetzt ungehindert.« Ich hob den Arm ohne jeden Schmerz in die Waagrechte und bewegte ihn freier, als ich es seit Wochen gekonnt hatte. Der Arzt untersuchte meinen Arm, und es geht alles gut. Wahrlich, das Reich Gottes *ist* in jedem von uns!

Mit den besten Grüßen Mrs. Helen Hanford, Los Angeles, Kalifornien.
Frau Hanford nahm ganz bewußt Verbindung mit der Kraft in ihrem eigenen Inneren auf und erlebte eine wunderbare Heilung. Diese Frau erfuhr an sich die kosmische Dimension ihrer inneren Kraft. Schließen auch Sie sich an die Kraft Gottes an. Dann werden auch in Ihrem Leben Wunder geschehen!

Ihre unerschöpfliche Kraftquelle

Die Kraft in Ihrem Inneren ist unerschöpflich, ewig und unmeßbar. Sie besitzen eine unversiegbare Quelle unendlicher Weisheit, schrankenloser Liebe, höchster Intelligenz, absoluter

Harmonie, vollkommenen Friedens, beseligender Freude, unbeschreiblicher Schönheit und unbegrenzter Heilgegenwart. Die Summe dieser immensen Kräfte, Fähigkeiten und Energien schlummert in Ihnen und wartet nur darauf, erweckt und genutzt zu werden.

Ein General, der eine militärische Streitmacht befehligt, verfügt über Reserven an Menschen und Material, die er einsetzen kann; genauso können Sie, wenn Sie verwirrt, unruhig, angsterfüllt oder deprimiert sind, Ihre spirituellen Reserven einsetzen, die Sie stärken und mit neuer Weisheit, Wahrheit und Schönheit erfüllen werden.

Der nachstehende Brief veranschaulicht, wie eine Frau ständig aus der Schatzkammer des Unendlichen in ihrem Inneren schöpft:

Sehr geehrter Herr Dr. Murphy!
Vor genau einem Jahr nahm mich eine Freundin an einem Sonntagvormittag zu einer Ihrer Vorlesungen mit. Ich hatte mich gerade von meinem Mann getrennt und nach achtzehn Jahren einer schwierigen Ehe die Scheidung eingereicht. Ich war deprimiert, verängstigt und voller Schuldgefühle. Jetzt bin ich ständig auf das Unendliche eingestimmt, und in meinem Leben geschehen Wunder.

Ihr Vortrag an jenem Vormittag »erreichte« mich wirklich und machte mir klar, daß ich lernen mußte, mein Denken und meine Gefühle zu beherrschen. Bis dahin ließ ich mich von meiner Familie, von meinen Freunden und von destruktiven Gedanken, die mir von der Umwelt suggeriert wurden, beherrschen.

Seit damals, aufgrund Ihres Vortrages und einer Reihe Ihrer Bücher, die ich daraufhin las, widerfuhren und widerfahren mir wunderbare Dinge. Verschwunden sind die Beruhigungspillen und die Migräneanfälle, die zu meinem Alltag gehörten.

Jetzt mit vierzig bin ich gesünder, strahlender und glücklicher als je in meinem ganzen Leben, und meine positive, gesunde Lebenseinstellung wirkt sich beruhigend und sehr günstig auf das Leben meiner beiden Töchter aus, die im Teenageralter sind. Ich erfahre reichlich Segnungen und danke jeden Augenblick des Tages dafür. Neue Türen öffnen sich, ich verfüge über mehr Wohlstand und Seelenfrieden.

Ganz habe ich jedoch noch nicht gesiegt. Ab und zu gleite ich ohne ersichtlichen Grund in die alte Denk- und Gefühlseinstellung zurück; aber dank dessen, was ich von Ihnen gelernt habe, bin ich jetzt fähig, stillzusitzen, in mich zurückgezogen, und mich wieder umzustellen, indem ich Gott anrufe, worauf sein Frieden und seine Liebe mich durchströmen.

Vielen, vielen Dank noch einmal dafür, daß Sie mir die Augen für die Herrlichkeit geöffnet haben, die mich umgibt.

Ihre ergebene Mrs. E. C., San Diego, Kalifornien.

Das ständige Gebet dieser Frau lautet: »Gott ist, und seine Gegenwart durchströmt mich. Harmonie, Freude, Frieden und Schönheit erfüllen mich und führen zu richtigem Tun. Seine Liebe erfüllt meine Seele, und Wunder geschehen, wenn ich bete.«

Das Gebet ist für sie eine innere Melodie, sie singt es still vor sich hin, während sie ihren Hausarbeiten und anderen Pflichten nachgeht. Diese Frau empfängt, indem sie auf Gott und die kosmische Weisheit eingestimmt bleibt, Gedanken aus dem Fundus des Göttlichen, das in ihr ist, und sie wird mit den Mitteln versehen, die ihr die Freiheit geben, das zu sein und zu tun, was sie sich geistig vergegenwärtigt.

Einstimmung für eine sichere Reise

Aus dem nachfolgenden Brief wird ersichtlich, wie man auf einer Reise Kontakt mit der unerschöpflichen Quelle von Stärke, Frieden und Sicherheit hält, die uns allen immer zur Verfügung steht:

Sehr geehrter Herr Dr. Murphy,

zu sagen, ich sei dankbar, ist ein so schwacher Ausdruck für meine Gefühle! Weiß ich doch so gut, daß Gott, wenn man ihn anruft, wie ich es tat, sich einem voll Liebe zuwendet. Man ist nie allein, wenn man weiß, wie ich auf dieser Reise wußte, daß Gott mir vorausgeht und *alle meine Wege eben macht.*

Erst im Dezember muß ich wieder nach Monterey reisen zu der abschließenden Röntgenuntersuchung, die in allen Fällen einer früheren Krebserkrankung vorgenommen wird. Aber ich habe keine Angst, denn ich weiß, daß ich für alle Zeiten geheilt bin und daß diese Krankheit, die so viele Menschen als unheilbar bezeichnen, nicht unheilbar ist, daß es aber unheilbare Menschen gibt.

Ich nahm Ihren liebevollen Brief mit, den Sie mir am 12. Juli schrieben und worin Sie sagten: »Gott ist in seinem heiligen Tempel, und da dies wahr ist, durchströmt Sie seine Gegenwart und erfüllt Sie mit Liebe, Harmonie und Frieden; Sie werden in Ihrem Fleische Gott sehen.« Nun, ich trug diesen Brief bei mir, während ich unterwegs war, und las ihn jeden Tag viele Male.

Wenn Sie in dem Bemühen, anderen zu helfen, einen Teil meines Schreibens irgendwie benützen möchten, haben Sie die völlige Freiheit, das zu tun. Ich wünsche mir so sehr, allen zu helfen, denen vielleicht meine Beteuerungen nützen.

Mein Herz, wissen Sie, ist dankerfüllt – genau, wie Sie heute früh im Radio sagten: »Dies ist der Tag, den der Herr macht; lasset uns freuen und fröhlich darinnen sein.«

Dankbar, Mrs. R.

Wenn Sie eine Reise machen, sei es mit dem Flugzeug, der Eisenbahn, oder sei es mit Ihrem eigenen Auto, können Sie ständig Verbindung mit der grenzenlosen Weisheit und unendlichen Kraft halten, die Ihnen innewohnen. Sprechen Sie voll Gefühl und Überzeugung:

»Dieses Gefährt ist Gottes Idee von der ungehinderten, freudigen, liebevollen Bewegung von einem Ort zum anderen. Göttliche Liebe geht mir voraus und macht meinen Weg eben, schön, heiter und glücklich. Der Schutzschirm von Gottes unendlicher Liebe umgibt mich, und ich bin allezeit in der Mitte der heiligen Allgegenwart. Ich werde ständig geschützt von der Rüstung Gottes und des Guten. Es ist wunderbar!«

Ein Student stimmte sich richtig ein und bestand seine Examen

Der folgende Brief berichtet von einer Traumerfahrung, wie sie in ähnlicher Form schon sehr vielen Menschen geholfen hat.

Sehr geehrter Herr Dr. Murphy,
wie Sie wissen, habe ich wegen meiner Erkrankung eine Reihe
Vorlesungen versäumt; aber ich habe darum gebetet, daß Gott
mir alles Nötige für mein Examen liefert und mir offenbart,
was ich wissen muß, wie Sie es mir empfahlen. Vorigen Montag
vormittag fand das Examen statt. Sonntag nacht hatte ich einen
Traum, in dem Sie mir erschienen und mich auf die Seiten
hinwiesen, die ich in meinen Physik- und Chemiebüchern
besonders gut lernen sollte. Ich stand um zwei Uhr morgens auf
und las die Seiten durch, die ich in dem Traum erfahren hatte.
Eine Seite lernte ich auswendig.

Überflüssig zu sagen, daß ich alle Fragen mühelos zu
beantworten vermochte, nachdem ich ja den Stoff in der Nacht
vorher eingehend studiert und manche Seiten in meinen
Büchern wiederholt gelesen hatte. Ich erzählte einem der
Professoren von meinem Traum; aber er lachte mich aus und
meinte, ich würde scherzen! Vielen Dank für Ihre Hilfe.

D. L., Beverly Hills, Kalifornien.

Die dem Unterbewußtsein des jungen Mannes innewohnende
unendliche Weisheit hatte auf seinen Anruf reagiert, wie es ihrer
Natur entspricht. Er hatte einen präkognitiven Traum, und die
Professoren stellten eben jene Fragen, die der Student im Traum
gesehen hatte. In der Bibel heißt es: ... *dem will ich mich
kundmachen in einem Gesicht oder will mit ihm reden in einem
Traum* (4. Mose 12, 6).

Ein lange verschollener Bruder wurde wiedergefunden

Die Bibel sagt: *Wer festen Herzens ist, dem bewahrst du Frieden;
denn man verläßt sich auf dich* (Jesaja 26, 3).

Mir schrieb ein Mann, daß er seinen Bruder seit mehr als
zwanzig Jahren nicht gesehen und nicht gewußt habe, wo der
Bruder sich aufhalte. Inzwischen hatten sie gemeinsam ein großes
Grundstück geerbt, und er hätte dem Bruder die gute Nachricht
gern mitgeteilt. Der Brief des Mannes lautet:

Sehr geehrter Herr Dr. Murphy,
ich habe Ihr Buch *Das Wunder Ihres Geistes* gelesen und war
sehr beeindruckt. Ich richtete meinen Geist ganz auf das aus,

was Sie die unendliche Weisheit nennen; zwar konnte ich sie nicht sehen, aber aufgrund früherer Erfahrungen war ich von ihrer Wirklichkeit überzeugt. Ich sehe auch den Wind nicht, spüre aber die Brise auf meinem Gesicht.

Ich bat Gottes unendliche Weisheit, mir den Aufenthaltsort meines Bruders zu offenbaren, und wiederholte ständig: »Göttliche Führung wird mir jetzt zuteil, und unendliche Weisheit bringt uns zusammen.«

Vergangene Woche nahm ich in New York an einer Konferenz teil, und siehe da! Einer der Fahrgäste, die in der U-Bahn neben mir saßen, war mein Bruder, den ich seit mehr als zwanzig Jahren nicht gesehen hatte!

Ich könnte mir denken, daß Sie diesen Brief vielleicht für das neue Buch benützen möchten, das Sie schreiben. Ich bin sicher, daß mein Erlebnis vielen Menschen Glauben und Vertrauen an die mystische Kraft, die in uns ist, einflößen wird.

Gezeichnet T. L., San Francisco, Kalifornien.

In jedem von uns ist der Inbegriff allen Lebens gegenwärtig, und wir haben von allem, was wir brauchen, in Fülle. Nutzen Sie diese Fülle für sich. Der große Philosoph Ralph Waldo Emerson sagte: »Für jeden von uns gibt es Führung, und wenn wir demütig lauschen, *werden wir das richtige Wort hören.*«

Wir leben in einer Welt wechselseitiger Aktion und Reaktion, die nach kosmisch-universellen Gesetzmäßigkeiten ablaufen. Darum werden Sie ernten, was Sie säen. Und wenn Sie Gott anrufen, werden Sie Antwort erhalten.

Eine Witwe löste sich aus ihrem Gram

Aus dem folgenden Brief ersehen Sie, wie Sie sich in Zeiten des Kummers und der Tragödie auf den Friedensstrom in Ihrem Inneren einstimmen und ein Gefühl innerer Ruhe und Gefaßtheit, der Ausgeglichenheit und Heiterkeit erlangen können.

Sehr geehrter Herr Dr. Murphy!

Nach dem Tod meines geliebten Mannes war ich zutiefst niedergeschlagen. Eine Freundin lud mich ein, mit ins Wilshire Ebell Theatre zu gehen und Sie sprechen zu hören. Sie sagten,

Trauer sei ganz natürlich, wenn wir unsere Lieben auf einmal im Alltag vermissen, und befreiendes Weinen gehöre zum Heilprozeß: man solle deshalb in der Zeit des Übergangs die Tränen nicht zurückhalten oder unterdrücken. Sie sagten aber auch, daß allzu lange Trauer falsch ist, weil sie uns die Vitalität, Begeisterung und Energie raubt, und daß die Lösung darin besteht, für den Geliebten zu beten, der in einer anderen geistigen Dimension weiterlebt. Was meinen Kummer wirklich heilte, war Ihre Erklärung, wie unsere Lieben um uns sind, nur durch Frequenzunterschiede von uns getrennt – genau wie Stimmen mit unterschiedlichen Frequenzen ausgesendet oder durch ein Kabel geschickt werden oder wie ein Ventilator, wenn er sich sehr schnell dreht, »unsichtbar« wird und man die Wand durch die Rotorblätter sehen kann, so ist die Getrenntheit unserer Lieben von uns zu verstehen.

Während Ihres Vortrags erkannte ich plötzlich, daß mein verstorbener Mann genauso lebendig ist wie ich, daß seine eigentliche Realität eben die der Seele, des Geistes oder des Bewußtseins ist und immer schon war und daß sein Körper nur ein Instrument war. Ich erkannte, daß die Verbundenheit mit ihm als seelisch-geistige Realität höherer Dimension aufrechtbleibt.

Ich begriff, daß es keinen Tod gibt, weil das Leben nie geboren wurde und nie sterben wird. Ich begann so für meinen Mann zu beten, wie Sie es den Zuhörern empfohlen hatten. Mein Gebet lautete:

»Ich gebe meinen Mann Gott anheim. Ich weiß, daß er lebendig ist vom Leben Gottes, an dem er teilhat, und daß sein Weg vorwärts führt, aufwärts, Gott entgegen, weil das Leben nicht rückwärts geht und nicht beim Gestern verweilt. Ich strahle ihm gegenüber Liebe, Freude und Freundlichkeit aus, und ich weiß, daß Gottes Liebe und Frieden ihn umgeben und einhüllen. Das Licht Gottes leuchtet in ihm, durch ihn und um ihn herum. Ich weiß, daß Güte und Gnade ihm alle Tage seines Lebens folgen und daß er unsterblich im Hause Gottes wohnt. Seine Reise führt von Glorie zu Glorie, und immer, wenn ich an ihn denke, sage ich: Gott sei mit dir.«

Nachdem ich einige Tage so gebetet hatte, überkam mich ein

Gefühl großen Friedens, und ich wußte mit einemmal inner-
lich, daß das Leben ewig und die Liebe unsterblich ist.
Wahrlich, Gott wischte meine Tränen ab, und es gab kein
Weinen mehr.

Ihre ergebene S. B.

Die Einstimmung auf die kosmische Kraft und das Erlebnis ihrer
Ruhe und Freude, ihrer Seligkeit und Harmonie bringen die
Lösung aller Probleme. In der Bibel heißt es: *Wer festen Herzens
ist, dem bewahrst du Frieden; denn man verläßt sich auf dich*
(Jesaja 26, 3). Das Wort »du« ist zu verstehen als die Gegenwart
Gottes oder des unendlichen Lebens, an dem Sie teilhaben.

Die alten Hinduschriften sagten über dieses Lebensprinzip, das
alle Menschen beseelt und ihre eigentliche Realität ist: »Es wurde
nie geboren und wird nie sterben; Wasser benetzt es nicht; Feuer
verbrennt es nicht; Wind verweht es nicht. Da du diese Dinge
weißt, warum grämst du dich darum?« Und in unserer Bibel heißt
es: ... *Was suchet ihr den Lebendigen bei den Toten? Er ist nicht
hier; er ist auferstanden*... (Lukas 24, 5-6). Wunderschön erklärt
die Bibel das ewige Leben (Johannes 17, 3): *Das ist aber das ewige
Leben, daß sie dich, der du allein wahrer Gott bist* ... *erkennen.*

Ein Geschäftsmann nutzte die kosmische Kraft

Hier ist ein Brief, der aufzeigt, welche »Wunder« geschehen,
wenn man sich regelmäßig auf die innere kosmische Kraft
einstimmt:

Sehr geehrter Herr Dr. Murphy,
in der Bibel las ich, daß Glaube die Zuversicht auf das ist, was
man erhofft, und Nichtzweifeln an dem, was man nicht sieht.*
Ich weiß, daß mein Glaube ein wirksamer Geisteszustand ist,
unfehlbarer Vorläufer und sichtbar werdende Evidenz von
Aufschwung und Erfolg im Leben. Mein Glaube beruht auf
gültigen geistigen Gesetzmäßigkeiten, wie diese in Ihrem Buch
Die Macht Ihres Unterbewußtseins beschrieben sind. Ich weiß
jetzt, daß die Gesetze des Denkens und Glaubens von kosmi-

---

* Hebräerbrief 11, 1.

scher Dimension sind und, wenn ich sie richtig anwende, mich
nicht im Stich lassen.

Wenn ich früher zum Frühstück herunterkam, pflegte ich mit
Gott und der Welt zu hadern. »Dies wird wieder einer dieser
schwarzen Tage werden.« »Ich hasse es, zur Arbeit zu gehen!«
»Ich kann X. Y. nicht ausstehen, und das Land geht ohnehin
vor die Hunde« – solche und ähnliche destruktive Gedanken
und Aussprüche gehörten zur »Tagesordnung«.

Vergangenen Januar, nachdem ich Ihre Bücher *Die Macht
Ihres Unterbewußtseins* und *Die Gesetze des Denkens und
Glaubens* gelesen hatte, begann ich ein Verfahren anzuwenden,
indem ich mir jeden Morgen nach dem Eintreffen im Büro
bestimmte Wahrheiten vergegenwärtigte. Ich setze mich still
hin, und nachdem ich meinen Tagesplan angesehen habe, bitte
ich meine Sekretärin, mich fünfzehn Minuten lang nicht zu
stören. Dann bete ich um Frieden, Harmonie und Führung für
den Tag. Ich spreche jeden Morgen folgendes Gebet:

»Gott wohnt im Mittelpunkt meines Wesens. Gott ist Frieden; dieser innere Friedensstrom hüllt mich nun ein. Ich
handle den ganzen Tag über voll Vertrauen und Begeisterung.
Meine Angestellten im Büro und im Außendienst werden auf
allen ihren Wegen von Gott geführt und gedeihen. Zwischen
mir und meinen Teilhabern und Mitarbeitern herrscht ein
tiefes Verständnis. Es herrscht eine im Göttlichen begründete
harmonische Eintracht der Herzen und Geister, unsere Firma
und die mit ihr verbundenen Familien sind gesegnet und
gedeihen.

Die Liebe und das Licht Gottes walten über uns und in uns.
Bei meinen Entscheidungen werde ich von Gott gelenkt. Wenn
ich eine Besprechung abhalte, bin ich inspiriert, so daß ich das
Richtige sage und tue, das allen zum Segen gereicht. Ich
schöpfe ständig aus der göttlichen Schatzkammer, und ich
weiß, daß mein auf kosmischen Gesetzmäßigkeiten beruhender
Glaube an Gott sofort umgesetzt wird in Gesundheit, wirt-
schaftlichen und persönlichen Erfolg, in Liebe und Harmonie,
wonach ich, meine Teilhaber und meine Mitarbeiter eben hier
und jetzt streben. Ich strahle gegenüber allen Mitmenschen
Frieden und Freundlichkeit aus und bin selbst friedlich.«

Diese Formel zur Einstimmung auf die göttliche Kraft wende ich seit vielen Monaten an, und ich kann wirklich sagen, daß sich meine Leistungsfähigkeit sehr gesteigert hat. Zu Hause und im Büro herrscht Harmonie, und meine Mitarbeiter sind in allen Belangen glücklicher und erfolgreicher. Ich habe größeres Selbstvertrauen, mehr innere Überzeugtheit und ein stärkeres Glücksgefühl. Ich bin Gott in jeder Hinsicht näher. Es ist eine wunderbare neue Art zu leben!

Mit freundlichen Grüßen, J. W., Los Angeles, Kalifornien.

Der Schreiber dieses Briefes ist ein moderner Geschäftsmann aus Los Angeles. Er hat gelernt, daß der Weg zu Leistungsfähigkeit und Erfolg im Geschäftsleben über die Einstimmung auf die innere kosmische Kraft führt. Er hat zu sehen begonnen, welche Ordnung, Harmonie und Beglückung die Einstimmung auf die unbeschreiblichen Wunder unserer unerschöpflichen inneren Schatzkammer mit sich bringt.

Die ideale Weise der Einstimmung

Machen Sie es sich zur regelmäßigen Gewohnheit, nachstehende wunderbare Wahrheiten morgens und abends zu bekräftigen; empfinden Sie als wirklich, was Sie bekräftigen; füllen Sie die Worte mit Leben und Liebe und geben Sie ihnen in Ihrem Dasein echten Sinn:

»Ich weiß, daß die Lösung für mein Problem in der mir innewohnenden kosmischen Kraft zu finden ist. Ich entspanne mich jetzt, werde ruhig und still. Ich bin voller Frieden. Ich weiß, daß Gott, Inbegriff dieser kosmischen Kraft, in Frieden und nicht in Verwirrung spricht. Ich bin jetzt auf Gott eingestimmt; ich weiß und glaube zutiefst überzeugt, daß mir die perfekte Lösung enthüllt wird. Ich denke über die Lösung meines Problems nach und befinde mich jetzt in einer Stimmung der Freude und Dankbarkeit, als wäre mein Problem bereits gelöst. Ich lebe tatsächlich in dem festen Glauben und einem unerschütterlichen Vertrauen, daß es gelöst sei, denn dies ist die Stimmung, die die Lösung bringt. In mir strömt kosmische Kraft. Sie ist allmächtig und offenbart sich in meinem Leben. Mein ganzes Wesen freut sich über die Lösung, ich bin ja so froh. Ich lebe ganz in diesem Gefühl und sage Dank.

Ich weiß, daß Gott die Antwort kennt. Bei Gott ist kein Ding unmöglich. Gott ist die kosmische Kraft in mir, ist die Quelle jedweder Weisheit und Erleuchtung.

Angezeigt wird die Gegenwart Gottes in mir durch ein Gefühl des Friedens und der Ausgeglichenheit. Ich lege jedes Gefühl der Angespanntheit, jede aggressive Tendenz in mir ab, da ich mich jetzt auf die unendliche Kraft kosmischer Dimension einstimme. Ich weiß, daß alle Weisheit und Kraft, die ich für ein erfolgreiches, herrliches Leben brauche, als mein göttlicher Anteil in mir sind. Ich entspanne meinen ganzen Körper. Ich glaube an diese unendliche kosmische Kraft und werde frei. Ich bekräftige und spüre, daß Gottes Frieden mein Gemüt, meinen Geist, mein ganzes Wesen durchflutet. Ich weiß, daß man mit einem ruhigen Gemüt die Lösung seiner Probleme empfängt. In diesem Zustand bitte ich nun um Führung. In mir ist Friede.«

ZUSAMMENFASSUNG

1. Die kosmische Kraft, die unsere Welt bewegt, Gott, ist in Ihnen. Stimmen Sie sich darauf ein, dann setzen Sie »Wunder« und Herrlichkeiten frei. Die kosmische Kraft vermag Sie zu heilen, Ihnen neue Ideen einzugeben und Sie auf den erhabenen Weg zu Glück, Freiheit und Seelenfrieden zu bringen.

2. Kosmische Kraft hat Sie erschaffen. Sie kennt alle Heilprozesse. Eine Frau heilte ihren gelähmten Arm, indem sie voll Überzeugung bekräftigte: »Durch die Kraft des Allmächtigen in mir bewege ich meinen Arm jetzt ungehindert.«

3. Sie besitzen einen unerschöpflichen Vorrat an Kraft und Weisheit. Aus ihnen erwachsen Führung, Freiheit, Harmonie, Gesundheit und Frieden. Diesen inneren Vorrat können Sie jederzeit anzapfen, er ist für Sie immer sofort verfügbar. Sie können Ihre innere Schatzkammer mit folgender Formel aufschließen: »Gott ist, und seine Gegenwart durchströmt mich. Harmonie, Freude, Frieden und Schönheit erfüllen mich und führen zu richtigem Tun. Seine Liebe erfüllt meine Seele, und Wunder geschehen, wenn ich bete.«

4. Wenn Sie, mit welchem Verkehrsmittel auch immer, auf eine Reise gehen, können Sie voll Gefühl und Überzeugung bekräftigen: »Göttliche Liebe geht mir voraus und macht meinen Weg eben, schön, heiter und glücklich.« Sie werden dann wie durch einen Zauber geschützt sein, und auf Ihrer Reise wird Wunderbares geschehen.

5. Bekräftigen Sie vor einem bevorstehenden Examen, daß die unendliche Weisheit, die Ihrem Unterbewußtsein innewohnt, Sie bei Ihren Studien leiten wird, dann werden Sie entsprechend geführt werden und den Prüfungsstoff beherrschen. Wichtige Hinweise erhalten Sie – vielleicht – in Ihren Träumen.

6. Möchten Sie einen lange verschollenen Verwandten oder Gefährten wiederfinden, sollten Sie folgendermaßen beten: »Göttliche Führung wird mir jetzt zuteil und unendliche Weisheit bringt uns zusammen.« Wenn Sie sich das immer wieder vergegenwärtigen, werden Sie es erleben, daß Sie beide zusammengeführt werden.

7. Es gilt zu erkennen, daß es keinen Tod, sondern nur Leben gibt. Wenn Sie dann gegenüber einem geliebten Menschen, der in die Realität höherer Dimension eingegangen ist, Liebe, Frieden und Freude ausstrahlen und seine seelisch-geistige Neugeburt in Gott freudig preisen, werden Sie es erleben, daß Gott allen Schmerz von Ihnen wegnimmt, so daß Sie nicht länger weinen müssen. Ihre verstorbenen Lieben sind um Sie, von Ihnen nur durch Frequenz-

unterschiede getrennt. Das Zimmer, in dem Sie sich aufhalten, und die Luft draußen sind voller Rundfunksendungen und Fernsehbilder aller Art. Symphonien, Lieder, Gedanken und Reden von Menschen erfüllen den Raum, obwohl Sie davon nichts hören, nichts sehen; sie sind, geistig gesehen, präsent. In derselben Weise können Sie von der geistigen Präsenz der sogenannten Toten ausgehen.

8. Glaube ist ein Geisteszustand, eine Denkweise, eine innere Gewißheit, die auf der Kenntnis der universell gültigen geistigen Gesetze beruht. Ihr Unterbewußtsein hat eine kosmische Dimension. Diese Kraft wird Sie nicht im Stich lassen, wenn Sie sie richtig einsetzen.

9. Stimmen Sie sich morgens und abends auf die Ihnen innewohnende kosmische Kraft ein, dann werden Sie in jeder Weise leistungsfähiger und erfolgreicher. Sie kommen Gott näher, dem Spender alles Guten, und Ihnen werden Wunder widerfahren, wenn Sie beten.

10. Mit heiterem, ruhigem Gemüt empfangen Sie die Lösung der Sie belastenden Probleme. Sprechen Sie Ihre Bitte aus, vertrauen Sie der kosmischen Kraft, von der Überzeugung erfüllt, daß Sie Antwort erhalten werden.

KAPITEL 2

Wie die kosmische Kraft Sie zu führen vermag

Benötigen Sie Wasser, brauchen Sie nur den Hahn aufzudrehen, und Ihnen steht der ganze Vorrat der vorhandenen Wasserreserven zur Verfügung. Genauso stehen Ihnen alle Kräfte des kosmischen Reservoirs in Ihrem Inneren zur Verfügung. Sie brauchen sie nur freizusetzen, und wenn Sie das tun, wird die Ihnen innewohnende unendliche Kraft sich entfalten; sie wird in Ihrem Leben aktiv werden und Sie befähigen, der Menschheit und sich selbst in vielerlei Weise zu nützen.

Unfehlbare Führung durch Ihr Unterbewußtsein

In allen Bereichen menschlicher Bewährung und Leistung, insbesondere auf den Gebieten der Wissenschaft, Kunst und Religion, aber auch der Politik und Wirtschaft, werden Menschen mit Weitblick, Mut, Selbstvertrauen und Stärke benötigt, die fähig sind, aus dem unversiegbaren »Kraftwerk« zu schöpfen, das jeder von uns in sich trägt.

Hätte Winston Churchill beim ersten gegnerischen Angriff gewankt, wäre Großbritannien verloren gewesen. Doch Churchills unerschütterlicher Glaube richtete seine Landsleute auf und rief gewaltige Kräfte seines Volkes wach.

Die Biographen Abraham Lincolns berichten, daß Lincoln ein völliger Versager war, bis er in den Dienst seines Vaterlandes trat. Man könnte seine Fehlschläge als Trittsteine zu seiner späteren Großtat der von ihm durchgesetzten amerikanischen Verfassung betrachten. Lincoln hatte klar erkannt, daß es ein Kennzeichen von Furchtsamkeit und Feigheit ist, wenn man sich über richtiges Tun im klaren ist und dann nicht dementsprechend handelt.

Mahatma Gandhis frühes Leben war schmachvoll verlaufen. Er wurde herumgestoßen, zahllose Male geschlagen und ins Gefängnis geworfen. Bis zu seinem tragischen Ende trachteten ihm immer wieder haßerfüllte Mörder nach dem Leben. Doch Gandhi hielt unerschütterlich an seinem großen Werk fest und ging keinerlei Kompromisse in bezug auf seine Prinzipien ein, bis die »Unberührbaren« aus jahrhundertelanger Knechtschaft befreit waren. Sein Glaube an die höhere kosmische Gerechtigkeit, die Aufrichtigkeit seiner Überzeugungen und sein Mut zum Handeln zeitigten wundervolle Ergebnisse. Gandhi erklärte, Glaube sei nichts anderes als die lebendige, hellwache Bewußtheit der Existenz Gottes im eigenen Inneren, und wer diesen Glauben erreicht habe, dem mangle es an nichts.

Eine Diplomatenfrau gewann Anmut

Nach meinem Vortrag in der New Yorker Town Hall kam eine junge Frau zu mir und sagte: »Ein Mann aus dem diplomatischen Dienst hat mir einen Heiratsantrag gemacht. Ich habe schreckliche Angst, denn ich weiß, daß ich ein gastliches Haus führen muß; aber ich habe keine Ahnung von der diplomatischen Etikette oder von den Anstandsregeln und feineren Erfordernissen der diplomatischen Gesellschaft.«

Ich riet ihr, eine der besseren Schulen für gutes Benehmen in New York zu besuchen. Weil mir aber aufgefallen war, daß ihre Stimme einen scharfen Unterton hatte, empfahl ich ihr, sie solle ständig üben, liebevolle Freundlichkeit in ihre Worte zu legen. Sie könne sich, sagte ich ihr, ruhig an die Bibel halten: *Ein Wort, geredet zu seiner Zeit, ist wie goldene Äpfel auf silbernen Schalen,* und: *Die Reden des Freundlichen sind Honigseim, trösten die Seele und erfrischen die Gebeine* (Sprüche 25, 11 und 16, 24).

Sie folgte meinem Rat und machte mehrere Monate lang morgens, mittags und abends ihre Übungen. Auch im Alltagsleben versuchte sie, in alle ihre Reden Liebe, Freundlichkeit und Wohlwollen einzubringen. Dadurch vollzog sich in ihren Beziehungen zu anderen Menschen eine erstaunliche Wandlung zum Besseren. Sie schrieb mir, daß die Schule des guten Tons ihr viel genützt habe. Dort hatte man sie mit höflichen Umgangsformen und wünschenswerten Artigkeiten vertraut gemacht und sie gelehrt, sich richtig zu kleiden, zu gehen, zu sprechen, sich zu unterhalten und in jeder Situation die richtige Haltung einzunehmen.

Ich hatte ihr gesagt, wenn sie jemandem »guten Morgen« wünsche, müsse sie sich der alten Bedeutung dieses Wortes bewußt sein; sie könne den Gruß etwa auffassen als: »Das Licht Gottes leuchtet in dir.« Und wenn sie jemandem »gute Nacht« wünsche, müsse sie wissen und fühlen, daß sie damit meine: »Gott schenkt dir Schlaf.«

Die Erkenntnis dieser einfachen Wahrheiten wurde zum Wendepunkt in ihrem Leben. Heute führt sie eine glückliche Ehe mit dem jungen Diplomaten, sie bewirtet voll Anmut, Charme und Würde Botschaftsgäste für ihr Land, und jedermann hat sie gern.

Die kleinen alltäglichen Höflichkeiten versüßen das Leben, die größeren adeln es. Bedenken Sie, daß es dazuhin eine Höflichkeit des Herzens gibt; sie wird Liebe genannt, und aus ihr entspringt die reinste Höflichkeit im äußeren Verhalten.

Die unendliche Weisheit offenbarte eine verborgene Begabung

Ein jüngerer Journalist berichtete mir, er sei gefeuert worden, weil er als Reporter nichts tauge. Mehrere Tage lang war er verbittert und rachsüchtig gewesen. Dann hatte er beschlossen, seinem früheren Arbeitgeber zu verzeihen und dankbar für seine Entlassung zu sein. Er sagte sich: »Ich bin auf diesem Posten gescheitert. Ich gehörte dort nicht hin, meine Begabung liegt anderswo. Und ich werde ungeheuer erfolgreich sein, wenn ich das tue, wofür Gott mich geschaffen hat.«

Auf meinen Rat sprach er häufig folgendes Gebet: »Die unendliche Weisheit offenbart mir meinen wirklichen Platz im Leben, wo ich meine Begabung auf wunderbare Weise verwirklichen kann. Ich werde der unmißverständlichen Führung folgen, die mir zuteil wird.«

Schon früher hatte er bisweilen daran gedacht, ob er nicht Religionslehrer werden solle. Nun verdichtete sich dieser Wunsch zur Gewißheit. Heute unterrichtete er an einer Schule und ist glücklich. Vor kurzem schrieb er mir: »Hierher gehöre ich, und hier werde ich erfolgreich sein.«

Durch Änderung seines Denkens veränderte er sein Leben.

Richtige Nutzung der göttlichen Führung

Eine Frau beklagte sich bei mir brieflich darüber, daß eine andere Frau sie »Giftschlange« geschimpft habe. Die beiden gehörten dem gleichen Kirchensprengel an und arbeiteten in der Schulkommission zusammen. Der Schreiberin war bewußt, daß sich in ihr viel Groll und Unmut angestaut hatten.

In meinem Antwortbrief erklärte ich ihr, daß Adam allen Tieren Namen gegeben habe und daß Tiere in der Bibel für Stimmungen, Gefühle und lebhafte Bewußtseinszustände stünden. Im Manne seien beispielsweise der Stachel der Wespe, die Halsstarrigkeit des Esels, die Listigkeit des Fuchses und die Wildheit des Tigers, wie man unter anderem am Kriegsgeschehen in Vietnam sehen könne.

Ausdrücke wie »affig«, »hündisch« und »zickig« leiten sich natürlich von Tieren ab. Unsere Aufgabe im Leben ist es, die solchen Charakterisierungen zugrunde liegenden Gefühlshaltungen harmonisch umzupolen und konstruktiv in gottgefällige Kanäle zu lenken.

Ich schrieb der Frau, sie habe doch zweifellos nicht den giftigen Biß einer Schlange, und da sie auch nicht falsch sei, dürfe sie nicht gekränkt sein, wenn sie so töricht beschimpft werde. Dann empfahl ich ihr ein kurzes Gebet: »Gott führt mich auf allen Wegen. Zwischen Frau X. und mir herrschen Harmonie, Frieden und Verständnis. Gottes kosmische Weisheit offenbart mir den Weg.«

Eines Tages kam ihr der Gedanke, daß sie eigentlich eine Reise nach Palm Springs machen und dadurch ihren Horizont erweitern könne. Sie fuhr los, und zu ihrem Erstaunen traf sie am Schwimmbecken ihres Hotels die andere Frau. Die beiden unterhielten sich liebenswürdig und angeregt miteinander, und die ganze Angelegenheit war aus der Welt geräumt. Die Briefschreiberin hatte umgedacht und dann göttliche Führung erhalten.

Ein »unmöglicher« Fund

In dem folgenden Auszug aus einem an mich gerichteten Brief schildert einer meiner Bekannten, wie ihm als Kind ein inniger Wunsch erfüllt wurde:

Als sich mein achter Geburtstag näherte, fragte mich meine Mutter, was für ein Geschenk mir am meisten Freude machen würde. Ich verbrachte damals den größten Teil meiner Freizeit mit Holzbastelarbeiten und hatte von Zimmerleuten, die in der Nähe ein Haus bauten, viele gute Tips erhalten; voll Bewunderung hatten sie von einer Disston-Säge gesprochen und deren Stahlqualität und vielseitige Verwendungsmöglichkeit gelobt. So gestand ich meiner Mutter, wie sehr ich mir eine solche Säge wünschte, weil damit besseres Arbeiten möglich gewesen wäre.

Meine Mutter wollte mich überraschen und machte sich auf die Suche, erst in Eisenwarenhandlungen, dann in Gebrauchtwarenläden; aber die Antworten auf ihre Frage waren stets die gleichen: »Unmöglich, daß Sie eine finden; seit dem Krieg werden sie nicht mehr hergestellt – zumindest nicht mehr seit vielen Jahren!« (Inzwischen wurde die Produktion wieder aufgenommen.)

Mutter war sehr niedergeschlagen und erzählte mir von ihrer vergeblichen Suche. Sie sagte, da eine Disston-Säge unmöglich aufzutreiben sei, solle ich mir etwas anderes wünschen. Ich erklärte ihr, es sei nicht notwendig, daß die Säge von ihr oder aus einer Eisenwarenhandlung käme, aber ich wisse, daß ich sie bekommen würde.

Meine Eltern wollten zu jener Zeit unser Haus verkaufen und hatten schon einen Käufer, der eine Anzahlung geleistet hatte. Eine Untersuchung auf Termiten war bereits gemacht worden, der Inspektor hatte das Haus und den Keller geprüft, aber der Käufer bestand auf einer Nachuntersuchung durch eine andere Firma, was im Grunde unüblich war. Der zweite Inspektor war viel gründlicher und bestand darauf, auch den Dachboden zu untersuchen. Nach etwa einer Stunde kam er wieder ins Wohnzimmer herunter, in der Hand hatte er eine wunderschöne alte Säge mit handgeschnitztem Griff, und auf einer Blattseite war in schnörkeligen Buchstaben das Wort »Disston« eingraviert. Später erfuhr ich, daß beim Bau des Hauses, das ursprünglich für einen berühmten Musiker in Laurel Danyon errichtet worden war, einer der Zimmerleute die Säge verloren hatte: sie war in die schmale Öffnung zwischen dem Rahmen für ein breites Oberlicht im Wohnzimmer und dem Mauerwerk an der Rückseite des großen Kamins gefallen.

Ich bin Ihnen immer dankbar dafür, daß sie mich in so jungen Jahren lehrten, die dem Menschen innewohnende all-wissende Kraft zu verstehen und mich ihr anzuvertrauen.

Ihr Freund Roger Conrad.

Bereits im Alter von acht Jahren hatte der Mann die immensen Kräfte seines Unterbewußtseins entdeckt, und heute ist er eine Koryphäe in der Architektur.

Selbstverwirklichung im Einklang mit den großen Lebensprinzipien

In der Bibel heißt es: *Siehe, ich sende euch wie Schafe mitten unter die Wölfe; darum seid klug wie die Schlangen und ohne Falsch wie die Tauben* (Matthäus 10, 16).

Anders ausgedrückt: Seien Sie aufmerksam und scharfsichtig, so daß Sie erkennen, was um Sie vorgeht; seien Sie wachsam, umsichtig und offen für Führung von innen wie für Rat von außen. Seien Sie sanft in Ihrem Verhalten, gleichzeitig jedoch fest, und weigern Sie sich, im Hinblick auf die Wahrheit Kompromisse einzugehen.

Verbinden Sie Freundlichkeit mit Entschlossenheit, wie es der Zureiter eines ungestümen Pferdes macht. Er zeigt dem Pferd, daß er der Herr ist, behandelt es aber nicht grausam, sondern mit zärtlicher Schonung. Verschmelzen Sie diese beiden Grundhal-tungen, dann werden Sie innere und äußere Kräfte freisetzen, die

Sie zum Herrn der ständig wechselnden Situationen des Lebens machen.

Viele Menschen tragen eine falsche Maske. Diktatoren, Despoten, Tyrannen lieferten hierfür die Beispiele in der Geschichte. In Wirklichkeit verbargen sie hinter ihrer Fassade nur ihr tiefes Gefühl der Unsicherheit, Untauglichkeit und Minderwertigkeit, ihre unterdrückte Wut und ihren Selbsthaß. Doch auch im Alltag verstellen sich viele Menschen ständig, heucheln und täuschen vor, etwas zu sein, das sie nicht sind. Ein Mann sagte zu mir: »Um vorwärtszukommen, brauche ich lediglich einen guten Werbefachmann, der mich *falsch darstellt* und den Leuten erklärt, ich sei großartig; dann mache ich Schlagzeilen.« Er hielt die Verdrehung und Entstellung von Tatsachen für den richtigen Weg, um voranzukommen. Falsch! Man kommt voran, indem man an den grundlegenden Lebenswahrheiten und an den Lebensprinzipien festhält, die uns leiten und führen und die gestern genauso gültig waren, wie sie es heute sind und morgen sein werden.

Legen Sie jedweden Schein, jede Verstellung, Affektiertheit, eitles Bluff- und leeres Showgehaben ab. Auftragendes Wesen und Prahlerei künden nur von einem Gefühl der Unsicherheit, Minderwertigkeit und Selbstablehnung. Schaffen Sie sich ein neues Bild Ihrer Persönlichkeit, gelangen Sie zu neuer Selbsteinschätzung und echter Selbstschätzung. Wenn Sie Ihre geistige Haltung ändern und aus Ihrem Denken und Fühlen alle Relikte der Selbstverurteilung und Feindseligkeit gegenüber Ihrer Umwelt verbannen und Ihren Geist statt dessen beharrlich mit konstruktiven Gedanken der Harmonie, Gesundheit und Freude, echter Freundlichkeit und entschiedener Friedlichkeit füllen, werden Sie Ihr Leben in den kommenden Jahren verwandeln. Tatsächlich sind Sie genau das, was Sie den ganzen Tag über denken.

Denken Sie im Einklang mit den großen Lebensprinzipien und den ewigen Wahrheiten, dann erlangen Sie Selbstvertrauen, Sicherheit, innere Ausgeglichenheit und äußere Gelassenheit. Richten Sie sich auf die unversiegbare Lebensquelle aus, die in Ihnen fließt, und lassen Sie in Ihr Leben Fülle, Gesichertheit, richtiges Tun und echte Selbstverwirklichung einströmen.

Heute sind Sie, wozu Ihre Gedanken Sie gemacht haben. Sie sind die Gesamtsumme Ihres Denkens. Sie allein haben die Verantwortung für Ihr Leben. Andere Menschen und äußere Umstände oder Ereignisse haben mit Ihrem Erfolg, Glück oder Schicksal nichts zu tun. Sie können sich durch die Inhalte Ihres gewohnheitsmäßigen Denkens krank, arm und unglücklich machen; Sie können sich aufgrund Ihrer Gedanken sogar umbringen.

Beten Sie möglichst oft voll Überzeugung: »Ich glaube an Gott, seine kosmische Weisheit und alle guten Dinge. Ich lebe in freudiger Erwartung des Besten, und jeden Tag geschehen in meinem Leben unvorhergesehene Wunder.« Sofern Sie diese Wahrheiten unauslöschlich in Ihr Lebensbuch schreiben, das heißt Ihrem Unterbewußtsein einprägen, werden Ihnen tatsächlich Wunder widerfahren. Glauben Sie fest daran, daß Ihr tieferer Geist auf das Denken Ihres bewußten Geistes reagieren wird, dann werden Sie auf ganzer Linie vorankommen.

Marie Curie wollte die Leiden der Menschheit lindern. Sie mühte sich schwer im »Weinberg des Lebens«, bis sie ihre Entdeckungen gemacht hatte. In der erstickenden Hitze des Sommers arbeitete sie genauso wie in der eisigen Kälte des Winters, und sie hielt bis zum Ende durch. Sie war ihren inneren Kräften treu und gab niemals auf, arbeitete beharrlich bis zum Sieg. Ihr Blick blieb stets auf den Sieg gerichtet, ihr absoluter Glaube und ihre unerschütterliche Hingabe gereichten der Menschheit zum Segen. Die Welt preist sie zu Recht als Genie und Wohltäterin der Menschheit.

Ein Mensch mit der richtigen Einstellung zum Leben weicht nicht von seinem Weg ab, weil Schnee oder Regen ihn behindern oder weil er wiederholt Fehlschläge erleidet. Er weiß, daß ein einziger Erfolg oder eine gute Leistung hundert Fehlschläge wettmachen. Und er weiß auch, daß die sogenannten Fehlschläge gar keine sind; sie sind vielmehr Trittsteine auf seinem Stufenweg aufwärts zu Erfolg und Triumph.

Richtiger Glaube, der zu echten Segnungen führt

Ein Mann sagte vorwurfsvoll zu mir: »Ich hatte den absoluten Glauben, daß mein Vollblut das Rennen gewinnen würde.«

Dem Enttäuschten erwiderte ich, daß es unmöglich sei, absoluten Glauben an etwas anderes zu haben als an das Lebensprinzip und an die Gültigkeit der universellen Gesetze des Geistes. Prinzipien und universelle Gesetze ändern sich nie – sie sind ewig, unveränderlich und zeitlos. Das Pferd, um das es ging, war in dem Rennen tot zusammengebrochen. Es ist unmöglich, absoluten Glauben an den Ausgang eines Rennens oder irgendeines anderen Ereignisses im Leben zu haben.

Ich machte dem Mann klar, daß er seinen Glauben auf Gott, auf Gottes kosmische Gegenwart sowie auf alle guten Dinge richten müsse und daß er dann Erfolg, Wohlergehen und Glück in ungeahnter Weise erleben werde.

Zur Erläuterung schilderte ich ihm den Fall einer jungen Frau, die geglaubt hatte, daß sie einen bestimmten Mann heiraten würde. Der Hochzeitstermin war vereinbart, wir alle warteten in der Kirche, aber der Bräutigam erschien nicht – er war auf der Herfahrt im Taxi gestorben. Die junge Dame erkannte, daß sie *sein* Leben oder Schicksal nicht beherrschen konnte. Sie überwand ihren Kummer und betrachtete die Angelegenheit von einem neuen, richtigen Standpunkt aus: »Nun«, sagte sie sich immer wieder, »Gott hat einen anderen Plan mit mir. Er wird mir eines Tages auch den Mann senden, der für mich der ideale Partner sein wird.« Einige Monate später lernte sie einen Mann kennen, in den sie sich sofort verliebte und den sie dann auch heiratete.

Immer wieder sagen Menschen zu mir: »Ich hatte den vollkommenen Glauben, daß ich im Toto gewinnen würde.« Dies ist kein wirklicher Glaube, geschweige denn ein vollkommener. Es gibt keine Garantie dafür, daß die Fußballer spielen, wie Sie es erwarten.

Haben Sie vollkommenen Glauben an Gott, seine Liebe, seine Führung und seine Gesetze, dann können Sie nicht scheitern, und es wird Ihnen nie an guten Dingen mangeln. Nähren Sie in sich den tiefen Glauben an die Gesetze des Geistes und die Wege Gottes, dann werden alle ihre Unternehmungen freudvoll und glücklich enden.

Ein Filmproduzent erzählte mir, er habe aufrichtig um Erfolg, Harmonie und wunderbare Ergebnisse während der Drehzeit eines Films gebetet, den er produzierte. Doch die Dinge verliefen ganz anders, als er erwartet hatte. Mehrere Schauspieler erkrankten, zwei Techniker verunglückten bei einem Autounfall, das Wetter am Drehort war miserabel, kurz, die ganze Sache wurde ein Reinfall. Zu mir sagte er: »Ich stellte mir konstruktives Arbeiten und ein glückliches Endergebnis vor; aber ich habe keine Kontrolle über die Sonne, den Mond, die Sterne oder Gesundheit und Leben der Schauspieler. Doch ich habe erkannt, daß bei mir ein Scheitern auf lange Sicht unmöglich ist, weil ich an das Erfolgsprinzip glaube und in Harmonie mit dem Unendlichen lebe. Ich glaube an die Gottesgegenwart und bin von den ewigen Wahrheiten des Lebens überzeugt, die sich nie ändern.«

Sein nächster Film wurde ein durchschlagender Erfolg, und heute ist er einer der größten Filmproduzenten der Welt. Er glaubt an den nie endenden Weg des Lebens, der nicht in die Irre gehen kann; und er weiß, daß er dazu geboren ist, Erfolg zu haben. Es enttäuschte ihn nicht, daß er einige Fehlschläge hinnehmen mußte. Sein Glaube ist richtig: er gilt Gott und Gottes universellen Gesetzen, die Fehlschläge nicht kennen.

Dieser Filmproduzent sagte lächelnd zu mir: »Ich kann natürlich keinen absoluten Glauben an das Wetter oder daran haben, daß Tom Jones morgen noch leben wird oder daß der Mann, mit dem ich einen Vertrag schließen will, auch nur kommt. Aber ich glaube absolut daran, daß Gott Gott ist, und das genügt mir!«

Der Weg zu Freundlichkeit, Glück, Freude und Freiheit

Ralph Waldo Emerson sagte: »Allein das Endliche müht sich ab und leidet; das Unendliche liegt in lächelnder Ruhe ausgestreckt da.« Stimmen Sie sich auf das Unendliche in Ihrem Inneren, auf die kosmische Dimension Ihres Geistes ein – jetzt gleich. Wenn Sie sich auf dieses unendliche Meer des Lebens, der Liebe, Wahrheit und Schönheit ausrichten, werden sich noch im selben Augenblick die Gegenwart und die Macht Gottes in Ihrem Leben geltend machen, und ein tiefes Gefühl innerer Ruhe und Sicherheit wird Sie erfüllen.

Lernen Sie, ganz Sie selbst zu sein. Legen Sie falschen Stolz,

Arroganz, Verstellung und törichten Schein ab. Ehren und preisen Sie das Göttliche, an dem Sie in Ihrem Inneren Anteil haben. Seien Sie der in Ihnen waltenden Gottesgegenwart treu und erkennen Sie Gott als erste Ursache von allem, was ist, an. Dies bedeutet, Gott zu lieben. Und wenn Sie Gott lieben – der in Ihnen ist –, werden Sie natürlich, aufrichtig, ungekünstelt und menschlich sein und in die Freude am Herrn und die Wohltaten Gottes eintreten.

ZUSAMMENFASSUNG

1. Ihre sogenannten Fehlschläge sind nichts anderes als Trittsteine zu Ihrem Erfolg. Glauben ist nichts anderes als die lebendige, wache Bewußtheit der kosmischen Kraft in Ihrem Inneren. Wer diesen Glauben erlangt hat, dem mangelt es an nichts.

2. Üben Sie morgens, mittags und abends das Aussenden von Liebe, Freundlichkeit und Wohlwollen gegenüber Ihrer ganzen Umgebung, und Sie werden feststellen, daß in Ihren Beziehungen zu Ihren Mitmenschen eine erstaunliche Wandlung erfolgt.

3. Wenn Sie Führung suchen, sollten Sie in tiefer Überzeugung und voll Gefühl bekräftigen: »Gott führt mich auf allen Wegen.« Die Antwort wird klar in Ihr Bewußtsein treten.

4. Sie kommen bei Ihren sämtlichen Bemühungen voran, wenn Sie an den grundlegenden Lebenswahrheiten festhalten, die heute genau so sind, wie sie gestern waren und morgen sein werden. Konzentrieren Sie sich im Geiste auf die Vorstellung von Sieg und Triumph, dann können Sie des Erfolges sicher sein. Ein Erfolg macht hundert Fehlschläge wett.

5. Sie sind genau das, was Sie den ganzen Tag über denken. Richten Sie sich auf die unversiegbare Lebensquelle aus und lassen Sie das Leben in Form von Fülle, Sicherheit, richtigem Tun und echter Selbstverwirklichung durch Ihr Sein strömen.

6. Beten Sie oft: »Ich glaube an Gott und alle guten Dinge. Ich lebe in freudiger Erwartung des Besten, und jeden Tag geschehen in meinem Leben unvorhergesehene Wunder.« Wenn Sie dies tun, werden Sie auf der ganzen Linie vorankommen.

7. Wirklicher Glaube ist nicht der Glaube an ein Pferd, eine Institution, einen Menschen oder irgendein Kredo, sondern jener an Gott und die universellen Gesetze des Geistes, die sich nie ändern. Vertrauen Sie auf die unveränderlichen ewigen Wahrheiten.

KAPITEL 3

Wie Sie sich Ihrer kosmischen Kraft bewußt werden

Einer der sehnlichsten, tiefstsitzenden Wünsche des Menschen ist es, die Anerkennung seines Wertes zu erreichen – geachtet, geliebt und geschätzt zu werden. Der schottische Schriftsteller und Historiker Thomas Carlyle sagte: »Eines der gottähnlichen Dinge auf dieser Welt ist die Verehrung des menschlichen Wertes von den Herzen der Menschen her.«

Der Psalmist mahnt den Menschen mit nachstehenden majestätischen Worten der Weisheit, sein eigenes Ich zu schätzen (Psalm 8, 4–9):

Wenn ich sehe die Himmel, deiner Finger Werk, den Mond und die Sterne, die du bereitet hast: was ist der Mensch, daß du seiner gedenkst, und des Menschen Kind, daß du dich seiner annimmst? Du hast ihn wenig niedriger gemacht denn Gott, und mit Ehre und Schmuck hast du ihn gekrönt. Du hast ihn zum Herrn gemacht über deiner Hände Werk; alles hast du unter seine Füße getan. Schafe und Ochsen allzumal, dazu auch die wilden Tiere, die Vögel unter dem Himmel und die Fische im Meer und was im Meer geht.

In beredten, schönen Worten spricht David hier von den ungeheuren Möglichkeiten des Menschen. Und wir heute erleben, daß der Mensch den Weltraum erforscht, bereits den Mond betreten hat und zweifellos noch in unserer Zeit andere Planeten anfliegen wird. Wir sind Zeugen des Wirkens der unendlichen Weisheit im Menschen, das wir an der Überfülle menschlicher Entdeckungen und Errungenschaften erkennen. Die Wissenschaftler sagen, daß wir im Zeitalter des Lichts und der Überschallgeschwindigkeit, der Elektrizität und Elektronik, des Radios und Radars leben – und alle diese Wunder kommen aus dem Geist des Menschen.

Ein Mathematiker behauptete mir gegenüber, die Welt sei nur mit abstrakten Begriffen zu erklären, und Ereignisse, die heute zu Lande, zu Wasser und in der Luft geschähen, könnten nur Physiker und Mathematiker verstehen.

Der Mensch erforscht heute aber auch die Meere seines tieferen Geistes und wird sich allmählich des Reiches Gottes, das in seinem Inneren ist, bewußt. Die parapsychologischen Forschungen an der Duke University in Durham, USA, und in vielen anderen wissenschaftlichen Laboratorien der ganzen Welt gelten den immensen Geisteskräften des Menschen, die sich in so erstaunlichen Fähigkeiten wie jenen der außersinnlichen Wahrnehmung (ASW) – volkstümlich »Telepathie« und »Hellsehen« – sowie der Psychokinese (PK), also der Beeinflussung materieller, auch biologischer Prozesse kraft Geistes, offenbaren.

Kosmisches Bewußtsein verhalf einer Frau zu Selbstachtung

Vor einiger Zeit schrieb mir eine Frau aus Arizona, ihre Schwägerin und ihre Schwiegermutter würden sie nicht mögen und ihr offen ins Gesicht sagen, daß ihnen die frühere Frau des Bruders bzw. Sohnes viel lieber gewesen sei. Die beiden luden die Frau nie zu sich ein und empfingen ihren Mann immer nur, wenn er allein kam. Und obwohl die Frau ihr Möglichstes tat, nett zu sein, fanden die anderen für sie nur Worte der Kritik: sie kritisierten ihre Kochkunst, Wohnung, Kleidung und Redeweise. Die Frau sagte, sie fühle sich abgelehnt und minderwertig. Ihr Brief schloß mit der Frage: »Warum tun sie das, was stimmt denn an mir nicht?«

In meinem Antwortbrief machte ich ihr klar, daß sie unnötig und ohne eigentlichen Grund leide, daß sie die Kraft habe, die giftigen Äußerungen, all die Unhöflichkeiten und Grobheiten ihrer Verschwägerten zurückzuweisen. Ich wies sie darauf hin, daß sie ihre Schwiegermutter und ihre Schwägerin nicht erschaffen habe und nicht für deren Eifersucht, Neid und Komplexe verantwortlich sei. Dann gab ich ihr den Rat, die beiden keine Sekunde länger zu umwerben und sich von ihnen nicht mehr als »Fußabstreifer« benützen zu lassen. Es könne sehr gut sein, fügte ich hinzu, daß ihr Charme, ihre Anmut, ihre Freundlichkeit und ihr nettes Wesen die beiden Frauen ärgerten und daß diese sie nur deswegen quälten. Zum Schluß empfahl ich ihr, alle Beziehungen mit den beiden abzubrechen und aufzuhören, sich selbst herabzusetzen, indem sie sich von ihnen abhängig fühlte.

Diese Frau bedurfte dringend der eigenen Selbstachtung und Selbstschätzung, darum gab ich ihr nachstehendes Gebet, das sie dreimal täglich sprechen sollte:

»Ich überantworte die beiden Frauen voll und ganz Gott. Gott hat sie erschaffen und erhält sie. Ich strahle ihnen gegenüber Frieden, Freundlichkeit und Wohlwollen aus und wünsche ihnen alle Segnungen des Himmels. Ich bin ein Kind Gottes. Gott liebt mich und sorgt für mich. Wenn mir ein negativer Gedanke des Ärgers oder Grolls, der Angst, Selbstkritik oder Selbstverurteilung kommt, ersetze ich ihn sofort durch den Gedanken an Gott, der in meiner Mitte weilt. Ich weiß, daß ich die vollständige Kontrolle über meine Gedanken und Gefühle habe. Ich bin ein Kanal für das Göttliche. Ich dirigiere jetzt alle meine Gefühle und Empfindungen in eine harmonische, konstruktive Richtung um. Einzig Gedanken, die Gottes Gedanken sein könnten, kommen mir in den Sinn; sie bringen mir Harmonie, Gesundheit und Frieden. Sobald ich in Versuchung gerate, mich herabzusetzen oder zu erniedrigen, bekräftige ich voll Festigkeit: ›Ich preise Gott in meiner Mitte. Ich bin eins mit Gott, und zusammen mit Gott bildet man immer eine Mehrheit. Wenn Gott für mich ist, wer kann da gegen mich sein?‹«

Die Frau hielt sich an meine Empfehlungen und sprach das Gebet regelmäßig. Vor ein paar Tagen nun schrieb sie mir, daß ihr Gebet erhört worden sei:

Sehr geehrter Herr Dr. Murphy!

Vielen Dank für Ihren Brief und das beigeschlossene Gebet. Ich rief meine Verwandten an und sagte ihnen, sie sollten uns nicht mehr besuchen, außer wenn mein Mann und ich eine besondere Einladung aussprechen würden. Des weiteren sagte ich ihnen, daß ich ihnen aufrichtig alles Gute wünsche – und ich meinte es auch so. Ich sehe jetzt, wo ich meine Fehler machte und wie ich mich selbst behinderte, indem ich meinte, ich sei geringer als sie.

Das Gebet hat Wunder für mich gewirkt, und mein Mann sagte neulich zu mir: »Meine Liebe, du strahlst ja. Was ist los mit dir?« Ich erzählte es ihm. Wir sind beide so dankbar.

Gezeichnet Mrs. L. M.

Ist es nicht einfach wunderbar, was die Ausrichtung des menschlichen Geistes auf seine kosmische Dimension vermag?

Nur wer sich selbst achtet, vermag auch die Mitmenschen zu achten

Vor einiger Zeit führte ich ein Gespräch mit einem Verkäufer, der sagte, er sei schüchtern, scheu, verbittert und betrachte die Welt als hart und grausam. Tatsächlich versuchte er sich davor zu drücken, die rechtmäßige Herrschaft über sein Leben zu übernehmen: er behauptete, seine Frau, sein Chef und seine Kollegen würden ihn nicht schätzen, und seine Kinder sähen auf ihn herab.

Das Grundübel lag bei diesem Mann darin, daß er ein tiefverwurzeltes Gefühl der Unsicherheit und Untauglichkeit hatte und sich selbst nicht mochte. Er fragte: »Wie kann ich erreichen, daß die anderen mich schätzen?«

Ich rief ihm das große Wort aus der *Heiligen Schrift* ins Gedächtnis: *Du sollst deinen Nächsten lieben wie dich selbst* (Matthäus 19, 19).

Mit dem »Nächsten« sind Sie persönlich gemeint, denn Ihr wirkliches Selbst ist Gott in Ihnen. Der Dichter Alfred Lord Tennyson sagte (in wortwörtlicher Übersetzung): »Sprich mit ihm, denn er hört, und Geist und Geist können sich treffen. Näher ist er als der Atem, und näher als Hände und Füße.«*

Außerdem bedeutet dieses Wort, daß man seine Mitmenschen lieben soll wie sich selbst. Ich enthüllte dem Verkäufer die Wahrheit über seine eigene Person und erklärte ihm, wie er mit Hilfe nachstehender Überlegungen lernen könne, sich selbst mehr zu schätzen und zu lieben: Wenn ein Mensch sich herabwürdigt, verabscheut und haßt, kann er anderen keine Achtung, Freundlichkeit und Wertschätzung entgegenbringen, geschweige denn andere aufrichten oder mit Freude erfüllen; *denn es ist ein*

---

* *The Higher Pantheum*, Stanze 6.

kosmisches Gesetz des Geistes, daß der Mensch seine Gedanken, Gefühle und Überzeugungen ständig projiziert; und was er aussendet, kommt auf ihn zurück.

Der Mensch ist eine Gestaltwerdung des unendlichen Geistes, er ist mit göttlichen Eigenschaften und Kräften ausgestattet, die nur darauf warten, in ihm erweckt und sichtbar zum Ausdruck gebracht zu werden. Der Mensch muß den ihm innewohnenden Gott lieben und ehren.

Die wahre Bedeutung der Eigenliebe

Sich selbst zu lieben bedeutet in der wahren biblischen Auslegung, den dem eigenen Inneren innewohnenden lebendigen Geist anzuerkennen, zu ehren, zu preisen, zu achten und ihm bedingungslos treu zu sein. Dieser Geist, die Summe höchster Weisheit, hat Sie erschaffen und erhält Sie, er ist das Lebensprinzip in Ihnen. Solche Selbstliebe hat nichts mit Egoismus oder Selbsterhöhung zu tun, sondern sie ist – ganz im Gegenteil – ein Zeichen der Verehrung für das Göttliche, das unsere Wege gestaltet. In der Bibel heißt es, daß unser Körper ein Tempel Gottes ist; deshalb müssen Sie, wie Paulus sagt, *Gott in Ihrem Leib und Ihrem Geist preisen* (siehe 1. Korinther 6, 20). Wenn Sie Ihr Ich achten, ehren und lieben, dann lieben, achten und ehren Sie automatisch auch andere.

Der Verkäufer hörte mir aufmerksam zu und sagte schließlich: »So hat mir das noch niemand erklärt. Ich weiß jetzt genau, was ich falsch gemacht habe. Ich habe mich selbst nicht gemocht, war voller Vorurteile, Unwillen und Bitterkeit, und was ich ausgestrahlt habe, ist auf mich zurückgefallen. Jezt habe ich klaren Einblick in mich selber.«

Mehrmals täglich bekräftigte der Mann nun die nachstehenden Wahrheiten voll tiefer Überzeugung und in dem Wissen, daß sie von seinem Bewußtsein in sein Unterbewußtsein sinken und wie Samen gemäß ihrer Art aufgehen würden:

»Ich weiß, daß ich nur geben kann, was ich habe. Von diesem Augenblick an werde ich die gebührende Achtung vor meinem wirklichen Ich haben, das Gott ist. Ich bin ein Ausdruck Gottes, und Gott braucht mich an dem Platz, an dem ich stehe; sonst wäre ich nicht dort. Von diesem Augenblick an ehre, achte und preise ich das Göttliche in allen Menschen auf Erden. Ich habe Ehrfurcht vor dem höheren Selbst eines jeden Menschen und schätze es. Ich bin eins mit dem Unendlichen. Ich bin ungeheuer erfolgreich und wünsche allen Menschen, was ich mir selbst wünsche. In mir ist Friede.«

Der Mann hat sein Leben grundlegend verändert. Er ist nicht mehr scheu, schüchtern oder empfindlich und kommt mit Riesenschritten vorwärts. Dasselbe können Sie erreichen! Lernen Sie Ihr wahres Ich, Ihr höheres Selbst lieben, dann lernen Sie andere lieben und achten.

Was, Mensch, du siehst, mußt du auch werden:
Gott, wenn Gott du siehst, Staub, wenn Staub du siehst.
(Anonymus)

Ein Mann überwand seine Selbstverurteilung durch Anwendung der goldenen Regel

Vor mehreren Monaten schrieb mir ein Mann, er könne nicht verstehen, warum jeder in seiner Umgebung ihn ärgere. Auf meine Empfehlung hin kam er zu mir, und in dem Gespräch mit ihm fand ich bald heraus, daß er es war, der seine Mitmenschen ständig vor den Kopf stieß. Er mochte sich selber nicht, verurteilte sich ständig. Sein Ton war angespannt und gereizt, seine bissige Redeweise ging einem auf die Nerven. Von sich selber dachte er niedrig, und anderen gegenüber war er überaus kritisch und unverträglich.

Ich erklärte ihm, daß er zwar glaube, selbst schuldlos unglückliche Erfahrungen mit seinen Mitmenschen zu machen, daß in Wirklichkeit aber seine Beziehungen zu anderen Menschen von seinem abwertenden Denken über sich selbst und seinen eigenen Minderwertigkeitsgefühlen so nachteilig bestimmt würden. Ausführlich erläuterte ich ihm die Tatsache, daß er, solange er sich selbst nicht möge, keine Freundlichkeit und keine Achtung für andere empfinden könne, weil er gemäß einem Gesetz des Geistes seine Gedanken und Gefühle immer auf die Menschen seiner Umgebung projiziere.

Der Mann begriff, daß er, solange er Gefühle des Unwillens, der Voreingenommenheit und Verachtung auf andere projizierte, genau dies zurückbekam, weil seine Welt ein Spiegelbild seiner Haltungen und Stimmungen war.

Ich gab ihm eine spirituelle Formel, mit deren Hilfe er, so sagte ich ihm, seine Gereiztheit und Arroganz überwinden könne. Er beschloß, die darin enthaltenen Gedanken ganz bewußt seinem Unterbewußtsein einzuprägen:

»Ich wende ab sofort die goldene Regel an, die besagt, daß ich denke, spreche und anderen gegenüber handle, wie ich wünsche, daß andere über mich denken, von mir sprechen und mir gegenüber handeln. Ich gehe heiter meines Weges, und ich bin frei, denn ich gewähre allen Freiheit. Ich wünsche allen Menschen, denen ich begegne, aufrichtig Frieden, Wohlergehen und Erfolg. Ich bin immer gelassen, heiter und ruhig. Der Frieden Gottes durchströmt meinen Geist und mein ganzes Wesen.

Andere schätzen und achten mich, wie ich mich selbst schätze. Das Leben zeichnet mich über die Maßen aus, denn es sorgt reichlich für mich. Die kleinen Dinge des Lebens ärgern mich nicht mehr. Wenn Angst, Sorge, Zweifel oder Kritik seitens anderer mich erreichen, wird der Glaube an das Gute, an Wahrheit und Schönheit den Raum meines Geistes erfüllen und nichts Abträgliches einlassen. Die Aussagen und Suggestionen anderer haben über mich keine Macht. Machtvoll ist nur mein eigenes Denken. Wenn ich Gutes denke, ist Gottes Macht mit mir und unendliche Kraft in meiner Entfaltung des Guten.«

Diese Wahrheiten bekräftigte der Mann morgens, mittags und abends; er lernte das ganze Gebet auswendig und legte Liebe, Leben, den vollen Sinn in seine Worte, und wie durch Osmose sanken die Inhalte seines Bewußtdenkens langsam in die unterschwelligen Schichten seines Unterbewußtseins und prägten sich ihm ein. Vor ein paar Tagen kam nun ein Brief von ihm:

Sehr geehrter Herr Dr. Murphy,
darf ich Ihnen zunächst für alle die Gefühle der Ruhe und des Glücks, die ich jetzt habe, danken. Ich weiß sehr wohl, daß sie von meinem neuen Verständnis meines Geistes und seiner Wirkungsweise hervorgerufen werden. Ich weiß, warum ich eine hohe Meinung von mir selber und von allen Menschen

habe. Ich ehre mich selbst, und indem ich dies tue, ehre ich Gott; das weiß ich jetzt.

Ich bin im Begriff, mich in jeder Hinsicht zu entwickeln und meine Fähigkeiten zu entfalten. Ich komme gut voran und wurde in den letzten zwei Monaten zweimal befördert! Ich kenne die Wahrheit des Wortes: *Und ich, wenn ich erhöht werde . . ., so will ich sie alle zu mir ziehen.* *

Ihr dankbarer E. J.

Der Brief veranschaulicht, wie ein Mensch Gereiztheit und Geringschätzung seiner selbst und gegenüber den Mitmenschen überwinden kann. Dieser Mann erkannte, daß die Wurzeln seiner Schwierigkeiten in ihm selbst lagen. Er beschloß, sein gewohnheitsmäßiges Denken, seine Gefühlseinstellung und seine Reaktionen zu ändern, und erreichte dieses Ziel. Jeder Mensch kann dies tun. Dazu braucht man lediglich Entschlossenheit, Beharrlichkeit und den aufrichtigen Wunsch, sich ändern zu wollen. *So gehe hin und tue desgleichen* (Lukas 10, 37).

Mittels Selbsterkenntnis zu Selbstschätzung

Ein Astronom, mit dem ich befreundet bin, erzählte mir, er habe jahrelang mit dem Teleskop den Himmel durchforscht, um dem Rätsel der Schöpfungsgeschichte und dem Rätsel des Universums auf die Spur zu kommen, doch in letzter Zeit habe er in sich selbst zu schauen begonnen. Dabei sei ihm eingefallen, daß er ja unvermeidlicherweise »am kleinen Ende« des Teleskops in dieser Welt stehe, und dieses Ende sei das Wichtige: er habe erkannt, daß Gott, das ganze Geheimnis der Schöpfung und das Rätsel des Kosmos im Menschen zu suchen und zu finden sind.

Wenn der Mensch sich selbst kennenlernt, lernt er das Universum kennen. Es ist jetzt an der Zeit, den Analytiker zu analysieren! Bei dem Versuch, Glück, Frieden und Wohlergehen außerhalb seiner selbst zu finden, hat der Mensch es versäumt, in sich selbst zu blicken, auf die unendliche Schatzkammer seines Geistes, durch den er Anteil am kosmischen Geist hat.

---

* Johannes 12, 32.

Wo wollen Sie Gelassenheit, Frieden und Glück finden, wenn nicht in Ihrem eigenen Geist, aufgrund Ihrer seelisch-geistigen Ausgeglichenheit und eines Gefühls des Einsseins mit den ewigen Wahrheiten und unveränderlichen Werten des Lebens? William Shakespeare sagte: »Welch ein Meisterwerk ist der Mensch? Wie edel durch Vernunft! Wie unbegrenzt an Fähigkeiten? In Gestalt und Bewegung wie bedeutend und wunderwürdig, im Handeln wie ähnlich einem Engel! Im Begreifen wie ähnlich einem Gott!«

Und Ralph Waldo Emerson sagte: »Es gibt einen Geist, der allen Menschen gemein ist, und jeder Mensch ist ein Einlaß für denselben und ist ganz derselbe.« Des weiteren: »Wer rechtmäßigen Zugang hat zum Verstand, der ist Meister des gesamten Besitztums.«

Glauben Sie dies! Erkennen Sie, daß die unendliche Weisheit des Geistes kosmischer Dimension sich in Ihnen befindet und daß die unendliche Heilgegenwart Gottes alle Ihre lebenswichtigen Organe sowie alle biologischen Vorgänge und Funktionen Ihres Körpers steuert. Sie haben die Fähigkeit, sich zu entscheiden, die Ihnen innewohnenden Fähigkeiten und immensen Kräfte einzusetzen. Wenn Sie diese bewußt, entschieden und konstruktiv nutzen, werden Sie, wie Emerson sagte, »Meister des gesamten Besitztums«.

Mit einer tiefen Erkenntnis regt Emerson Sie zu einer erweiterten Auffassung von sich selbst an: »Was Platon gedacht hat, kann der Mensch denken; was ein Heiliger gefühlt hat, kann er fühlen; was zu irgendeiner Zeit irgendeinem Menschen eingefallen ist, kann er verstehen. Wer Zugang zum Universalgeist hat, ist Teil alles dessen, was ist oder was getan werden kann, denn dieser Geist ist der einzige, der souverän Handelnde.«

Ralph Waldo Emerson war der größte amerikanische Philosoph und einer der größten Denker aller Zeiten. Er hielt sich ständig auf das Unendliche eingestimmt und drängte die Menschen, ihre grenzenlosen inneren Möglichkeiten und Fähigkeiten freizusetzen. Emerson lehrte die Menschen, sich ihrer Würde und Großartigkeit bewußt zu werden, und er verdeutlichte seinen Hörern, daß uns die Großen nur groß erscheinen, weil wir auf den Knien liegen – und daß wir Platon und anderen Heroen des Geistes Größe zuerkennen, weil sie sich bei ihren Handlungen nach dem richteten, was sie selbst als wahr erkannt hatten, und nicht nach dem, was andere Menschen glaubten oder ihnen als zu glauben aufzwingen wollten.

Beginnen Sie eine Vorstellung von sich selbst als einem edlen und würdigen Menschen zu entwickeln und denken Sie an das Wort des Psalmisten: *Ich habe wohl gesagt: Ihr seid Götter und allzumal Kinder des Höchsten . . ."* (Psalm 82, 6).

Dank neuer Selbsteinschätzung besserte sich ihre Gesundheit

Dieser Brief einer Frau, die zu einer neuen Selbsteinschätzung fand, spricht für sich selbst:

Sehr geehrter Herr Dr. Murphy,

hiermit möchte ich Ihnen dafür danken, daß Sie *Das Wunder Ihres Geistes* geschrieben haben. Ich habe das Buch immer wieder gelesen, sechzehnmal; aber noch viel öfter habe ich die Techniken angewendet, die Sie empfehlen. Ich habe aufgehört, zu jammern und zu klagen, und ich bin nicht mehr bitter oder haßerfüllt.

Mein Mann verließ mich vor einem Jahr wegen einer jüngeren Frau. Ich litt unter so heftiger Wut, daß mein Arzt sagte, das plötzliche Auftreten von Arthritis werde durch meinen emotionellen Schock, durch Ärger und Haß verursacht. In den vergangenen drei Monaten habe ich mir jeden Tag vorgesagt, wie Sie es empfehlen, daß mein Leib ein Tempel des lebendigen Gottes ist und daß ich Gott in meinem Leib preise. Jeden Tag in den vergangenen paar Monaten bekräftigte ich morgens, mittags und abends etwa fünfzehn Minuten lang, daß Gottes Liebe jedes Atom meines Wesens durchdringt und daß seine himmlische Gegenwart mein ganzes Wesen erfüllt. Ich betete auch für meinen ehemaligen Mann.

In meinem Körper ging eine bemerkenswerte Wandlung vor sich; die Ödeme und die unerträglichen Schmerzen sind verschwunden, die Elastizität und Beweglichkeit meiner Gelenke haben sich beachtlich verbessert, und die Kalkablagerungen lösen sich allmählich auf. Mein Arzt ist ganz begeistert, und ich bin es auch.

Ich mache mir weiterhin klar, daß ich ein Kind Gottes bin und daß Gott mich liebt und für mich sorgt. Ich weiß, daß diese neue Selbsteinschätzung in meinem Leben Wunder wirkt. Aller Haß gegenüber meinem ehemaligen Mann ist verflogen, und ich bin auf dem Weg zu vollkommener Gesundheit. Göttliches Recht und göttliche Ordnung beherrschen mich.

Ich bin Ihnen ewig dankbar für Ihre Schriften.

Frau W. M.

Diese Frau hat entdeckt, was die Kraft echter Wertschätzung ihres wahren Ich bewirken kann. Als sie an sich selbst als Tempel, in dem Gott wohnt, zu denken begann und anfing, die göttliche Gegenwart in ihrem Inneren zu ehren und zu preisen, fand sie zu einer neuen Einstellung, die sich als ein Zustand des Friedens und Selbstvertrauens, der Freude, Vitalität, Unversehrtheit und freundlichen Wohlwollens geltend machte.

Als sie sich selbst zu achten und mit Wohlwollen zu betrachten begann, verschwand all ihr Haß, und Freundlichkeit füllte die entstandene Leere aus. Ein freundliches Wesen ist eine Garantie für Gesundheit, Glück, Erfolg und Wohlergehen.

Eine Formel für geschäftlichen Erfolg

Ein namhafter Geschäftsmann in Los Angeles erzählte mir, daß das Geheimnis seines Erfolges und Wohlstandes eine große Wahrheit sei, die er gelernt habe und jeden Tag demonstriere. Hier seine Formel:

»Ich weiß, daß in jedem Menschen das gleiche Göttliche ist wie in mir; deshalb würde ich, wenn ich einen Mitmenschen verletzte, mich selbst verletzen, und das wäre unvertretbar. Da ich dies weiß, wende ich die schönste aller Formeln an. Ich begrüße und preise das Gute in jedem Menschen, mit dem ich zu tun habe. Ich mache es mir zur Aufgabe, neben den meinen immer auch die Interessen des anderen zu fördern, und ich weiß, daß ich, indem ich dies tue, am besten zu meinem eigenen Vorteil handle. Ich weiß: Wenn er sein Glück macht, mache ich mein Glück.«

Wenden auch Sie diese einfache Formel an, dann werden Sie sich mehr achten und mehr lieben. Und Sie werden Steine sehen, die zu Ihnen sprechen, auch Bäume und Tiere, und überschäumende Bäche, die Lieder singen. Sie werden Gott in allem entdecken und Gott auch in Ihren Mitmenschen begrüßen.

ZUSAMMENFASSUNG

1. Einer der tiefsten Herzenswünsche des Menschen ist es, die Anerkennung seines wirklichen Wertes zu finden, und das heißt, geachtet, geschätzt und geliebt zu werden.

2. Wissenschaftliche Forschungen in aller Welt enthüllen die ungeheuren Kräfte, die in jedem Menschen schlummern, beispielsweise seine Fähigkeit, unabhängig von den körperlichen Sinnen und Organen zu sehen, zu hören, zu fühlen – die Parapsychologen bezeichnen diese Fähigkeit als außersinnliche Wahrnehmung (ASW).

3. Sie haben die Kraft, alle destruktiven Suggestionen und Bemerkungen zerstörerischer Kritik anderer zurückzuweisen. Immer wenn Sie dazu tendieren, sich selbst allzu hart zu kritisieren, herabzusetzen oder zu verurteilen, sollten Sie sofort bekräftigen: »Ich preise Gott in meiner Mitte.«

4. »Liebe deinen Nächsten wie dich selbst« – dies bedeutet, daß Sie die Ihnen innewohnende Gotteskraft, Ihr höheres Selbst, ehren, preisen, schätzen, lieben und ihr vollkommen treu sein sollen. Echte Eigenliebe hat nichts mit Egoismus, Selbsterhöhung oder morbider Selbstsucht zu tun. Im Gegenteil, sie ist ein Zeichen der Verehrung des Ihnen innewohnenden Göttlichen, der wahren Wirklichkeit aller Menschen.

5. Was Sie ausstrahlen, kommt zu Ihnen zurück. Das Leben ist ein Spiegelbild Ihres Denkens. Begegnen Sie darum allen Menschen und der ganzen Welt mit freundlichem Wohlwollen und dem Wunsch, sie möchten der Wohltaten Gottes teilhaftig werden, dann werden Ihnen selbst zahllose Segnungen zuteil werden. Bestärken Sie sich in Ihrer Selbstschätzung, indem Sie bewußt über folgende Wahrheiten nachsinnen: »Ich weiß, daß ich nur geben kann, was ich habe. Von diesem Augenblick an werde ich die gebührende Achtung vor meinem wirklichen Ich haben, das Gott ist. Ich habe Ehrfurcht vor dem höheren Selbst eines jeden Menschen und schätze es.«

6. Wenn Sie von sich selbst gering denken, können Sie von anderen nicht gut denken, weil Sie immer Ihr eigenes abwertendes Denken und Ihre Minderwertigkeitsgefühle auf Ihre Mitmenschen projizieren. Die goldene Regel wenden Sie an, wenn Sie im Hinblick auf die anderen so denken, sprechen und handeln, wie Sie möchten, daß andere über Sie denken, von Ihnen sprechen und Ihnen gegenüber handeln. Wünschen Sie allen Menschen, was Sie sich selbst wünschen, und Sie werden zahllose Segnungen erfahren.

7. Gott wohnt allen Menschen inne. Das Reich Gottes befindet sich in unserem Inneren, in der Schatzkammer unseres Geistes, durch den

wir Anteil am kosmischen Geist haben. Das ganze Geheimnis der Schöpfung und das Rätsel des Kosmos sind im Menschen beschlossen. Wenn der Mensch sich selbst tief genug erforscht, entdeckt er das Universum.

8. Entwickeln Sie eine Vorstellung von sich selbst als einem edlen und würdigen Menschen und denken Sie an das Wort des Psalmisten: *Ich habe wohl gesagt: Ihr seid Götter und allzumal Kinder des Höchsten* . . . (Psalm 82, 6).

9. Wenn Sie beginnen, Gott in Ihrer Mitte zu lieben, zu achten und zu preisen, werden alle Bitterkeit und aller Haß verschwinden. Liebe ist die Erfüllung der Voraussetzungen für Gesundheit, Glück und Seelenfrieden.

10. Die wirksamste Formel für gebührende Selbstschätzung und für die Achtung anderer beruht auf der Erkenntnis, daß das Ihnen innewohnende Göttliche auch allen anderen Menschen innewohnt, und daß Sie, wenn Sie die Interessen Ihrer Mitmenschen fördern, am besten auch Ihre eigenen fördern. Wenn der andere sein Glück macht, machen auch Sie Ihr Glück.

KAPITEL 4

Wie die kosmische Kraft Ihre Probleme löst

Ändern Sie Ihre Denkweise, und Sie ändern Ihr ganzes Leben! Ein Ingenieur erklärte mir vor kurzem, neunzig Prozent der Probleme der Leute in einem Betrieb seien eine Folge ihrer Persönlichkeitsdefekte und ihrer Unfähigkeit, mit anderen Menschen zurechtzukommen. Nur zehn Prozent seien technischer Natur.

Es gibt eine richtige Weise zu sprechen, zu gehen, ein Auto zu fahren oder einen Kuchen zu backen. Für alles, was man tut, gibt es eine richtige und eine falsche Weise.

Um ein erfülltes, glückliches Leben führen zu können, müssen Sie bestimmte unveränderliche, ewig gültige Prinzipien einhalten. Sie würden nie auf den Gedanken verfallen, ein Rad unzentriert benutzen zu wollen oder gar gegen die Gesetze der Elektrizität und Chemie zu verstoßen. Genauso verhält es sich mit Ihrem Leben. Wenn Sie vom Standpunkt der Ihnen innewohnenden unendlichen Weisheit kosmischer Dimension denken, sprechen und handeln, werden Sie feststellen, daß Ihr ganzes Leben von Freude, Glück, Erfolg und Seelenfrieden begleitet sein wird.

Verändertes Denken führte zur Heilung von Geschwüren und Bluthochdruck

Eine Frau, die auf ihre Vorgesetzte im Büro eifersüchtig war und sie haßte, litt unter Geschwüren und hohem Blutdruck. Dann jedoch begann sie sich für das spirituelle Prinzip des Vergebens und der Freundlichkeit zu interessieren. Sie erkannte, daß sich in ihr viel Ärger und Unmut angestaut hatten und daß ihre zerstörerischen, haßerfüllten Gedanken sie selbst krank machten. Sie versuchte mit ihrer Chefin zu sprechen, um die Angelegenheit zu bereinigen; doch die Chefin wies sie ab.

In dem Bemühen, die Situation trotz allem zu ändern, vergegenwärtigte sich die Frau jeden Morgen, bevor sie ins Büro ging, zehn Minuten lang die Prinzipien der Freundlichkeit und Harmonie, indem sie nachdrücklich bekräftigte: »Ich umgebe meine Chefin mit Harmonie, Frieden, Freude und Freundlichkeit. Zwischen uns herrschen Harmonie, Frieden und Verständnis, und wenn ich an meine Chefin denke, werde ich immer sagen: ›Gottes Liebe durchtränkt dein Gemüt.‹«

Ein paar Wochen später bestieg die Frau ein Flugzeug, um übers Wochenende nach San Franzisko zu fliegen. In der Maschine war nur noch ein einziger Platz frei – der neben ihrer Chefin! Sie grüßte freundlich und bekam eine höfliche, ja herzliche Antwort. Die beiden Frauen trafen sich in San Franzisko des öfteren und verlebten miteinander eine harmonische, fröhliche Zeit. Jetzt besuchen sie oft zusammen meine Vorträge.

Die Einstimmung auf kosmische Weisheit schuf eine Bühne für die Bereinigung des Problems der Frau. Ihr verändertes Denken änderte alles, es heilte unter anderem auch ihre Geschwüre aus und senkte ihren hohen Blutdruck auf das Normalmaß.

Sie änderte ihr Denken und wurde befördert

Eine junge Frau, die bei mir Rat suchte, klagte: »Niemand im Büro mag mich. Einige wollen sogar, daß ich entlassen werde.«

Ich fragte sie: »Warum kündigen Sie nicht und suchen sich eine andere Stellung?«

»Was soll das nützen?« erwiderte sie. »Ich bin schon in der sechsten Stellung.«

Die Frau war klug, gebildet und eine tüchtige Anwaltssekretärin. Der Großteil ihrer Probleme erwuchs aus ihrer Persönlichkeit.

Ich gab ihr ein spirituelles Rezept und empfahl ihr, sich die nachstehende Suggestivformel – ihr tägliches Gebet – mehrere Monate lang jeden Morgen und Abend zu vergegenwärtigen. Sie möge, sagte ich ihr, täglich vor dem Aufbruch zur Arbeit im Hinblick auf jeden Mann und jede Frau in ihrem Büro sich vorsagen:

»Ich sende gegenüber allen in meinem Büro freundliche Gedanken und Gefühle des Wohlwollens und Frohsinns aus. Ich behaupte, bekräftige und glaube zutiefst, daß meine Beziehungen zu jedem meiner Kollegen harmonisch, angenehm und befriedigend sein werden. Göttliche Liebe, Harmonie, Schönheit und Frieden strömen durch meine Gedanken, Worte und Taten, und ich setze die Summe der in mir eingeschlossenen Herrlichkeit frei. Ich bin glücklich, fröhlich und frei, ich schäume über vor Begeisterung und freue mich an der Güte Gottes, die sich in allen Lebenden ausdrückt, ich freue mich an der allen Menschen angeborenen Güte.«

Nach ein paar Monaten war sie eine neue Frau, und der Erfolg fiel ihr von selbst zu. Sie verstand sich gut mit ihren Kolleginnen und Kollegen und stieg zur Kanzleileiterin des Anwaltsbüros auf.

Wie eine Mutter dem Sohn zum Erfolg verhalf

Eine Frau in Beverly Hills hatte Sorgen wegen ihres Sohnes. Sie fürchtete, er würde beim medizinischen Abschlußexamen durchfallen. Auf meine Empfehlung hörte sie auf, sich zu quälen und zu zermartern, sondern begann sich in allen Details ein geistiges Bild von der Promotionsfeier zu machen, bei der ihr Sohn sein Diplom erhalten würde.

Mehrmals am Tag stellte sie sich die Szene bildhaft vor; sie ließ sie wie einen Film vor ihrem inneren Auge abrollen und freute sich über das Ereignis. Sie empfand die Natürlichkeit des Vorgangs – wie ihr Sohn zum Doktor der Medizin promoviert wurde und sie ihm gratulierte. Sie machte es sich zur Gewohnheit, diesen Film des innerlich Geschauten jeweils mindestens zehn Minuten lang ablaufen zu lassen. Wenn die Sorgen sie wieder zu bedrängen drohten, ließ sie sofort den Film abrollen. Beharrlich sah sie die vollendete Tatsache vor sich, sah sich selbst bei der Feier und durchlebte die Erfüllung ihres Traums.

Kurz nach der Änderung ihrer Einstellung begann ihr Sohn ernsthafter denn je zu arbeiten und erzielte schließlich bei allen Prüfungen überraschend gute Ergebnisse.

Die Überzeugtheit dieser Mutter, verbunden mit dem Gefühl der Freude über den Erfolg ihres Sohnes, übertrug sich auf ihn und führte ihn zur Verwirklichung des von ihr geistig vorweggenommenen Erfolges.

Ein Mann veränderte seine Persönlichkeit auf wunderbare Weise

Vor einiger Zeit gestand mir ein ratsuchender Mann: »Ich bin ganz durcheinander und regelrecht blockiert. Ich komme mit anderen nicht zurecht; ständig stoße ich sie, ohne es zu wollen, vor den Kopf.«

Der junge Mann war überempfindlich, egozentrisch und ziemlich verschroben. Trotzdem wollte er gute Beziehungen zu seinen Kollegen haben und sich mit ihnen in jeder Hinsicht gut vertragen.

Ich erklärte ihm, daß seine gegenwärtige Persönlichkeit die Gesamtsumme seines gewohnheitsmäßigen Denkens, seiner Erziehung und Schulung, seiner Gefühlshaltung und, aufgrund der ihm eingeflößten Überzeugungen, seiner Geisteshaltung sei. Ich machte ihm klar, daß er sich ändern könne. Er müsse erkennen, daß ihm wie allen Menschen Gott innewohne, daß göttliche Eigenschaften, daß kosmische Kräfte in ihm vorhanden seien, daß diese nur geweckt und in seinem urpersönlichen Leben sichtbar gemacht werden müssen.

Dann gab ich ihm ein besonderes Gebet. Dieses Gebet, sagte ich ihm, werde seine ganze Persönlichkeit verwandeln und ihn zu einem strahlenden, heiteren und erfolgreichen Menschen machen; er müsse es nur voll Gefühl und Hingabe mehrmals am Tag beten:

»Gott ist die Allmacht und das einzige Leben, das durch mich zum Ausdruck gebracht wird. Gott ist, und seine Gegenwart durchströmt mich jetzt als Harmonie, Freude, Liebe, Schönheit und Kraft; ich bin ein Kanal für das Göttliche. Gottes Unversehrtheit, Schönheit und Vollkommenheit werden ständig durch mich sichtbar gemacht. Heute werde ich spirituell wiedergeboren! Ich löse mich vollständig von meinen früheren Denkgewohnheiten und bringe ein für allemal göttliche Liebe, göttliches Licht und göttliche Wahrheit in meine Erfahrung. Ich empfinde ganz bewußt Liebe für jeden Menschen, dem ich begegne. Geistig sage ich zu jedem, mit dem ich in Berührung komme: ›Ich sehe Gott in dir, und ich weiß, daß du Gott in mir siehst.‹ Ich erkenne die Qualitäten Gottes in jedem Menschen. Ich übe mich darin morgens, mittags und abends; es ist eine lebendige Erfahrung meines Seins.

Ich werde jetzt spirituell wiedergeboren, weil ich mir den ganzen Tag über der Gegenwart Gottes bewußt bin. Was ich auch immer tue – ob ich auf der Straße gehe, einkaufe oder meine täglichen Pflichten erfülle –, sobald mein Denken vom Gottgefälligen oder dem Guten abwandert, lenke ich es durch geistige Betrachtung der göttlichen Gegenwart dorthin zurück. Ich fühle mich edel, würdig, ein Ebenbild Gottes. Ich wandle in gehobener Stimmung durch meine Tage, ich spüre mein Einssein mit Gott. Sein Friede erfüllt meine Seele.«

Dieser Mann machte es sich tatsächlich zur Gewohnheit, seine Gedanken auf die Eigenschaften und Qualitäten des kosmischen Guten auszurichten, und es ging mit seiner Persönlichkeit eine geradezu wunderbare Veränderung vor. Er wurde ein liebenswürdiger Mensch, umgänglich und gewandt, und natürlich verständnisvoller gegenüber seinen Mitmenschen. Heute strahlt er Freundlichkeit aus, wo immer man ihm begegnet. Und er ist auch in seinem Beruf blendend vorangekommen.

Ralph Waldo Emerson sagte, Religion beinhalte die Vergegenwärtigung Gottes. Gott ist der Inbegriff des Wahren und Schönen, der Inbegriff der Liebe und Freude, des Friedens, der Harmonie, des Glücks und der Kraft; Gott ist der heitere Rhythmus der Ordnung, und Gott ist auch das kosmische Gesetz. Wir bringen unsere gottgegebene Persönlichkeit, das Göttliche im Menschen zum Ausdruck, wenn wir bekräftigen, fühlen und wissen, daß Gottes Eigenschaften und Qualitäten uns durchströmen. Dann werden wir jeden Tag dem Ebenbild Gottes ähnlicher.

Ihr Einfühlungsvermögen machte eine Feindin zur Freundin

Den Ausdruck Einfühlungsvermögen könnte man umschreiben als »geistiges Versenken des eigenen Bewußtseins in einen anderen Menschen« oder als »mitfühlendes Verständnis«.

Mrs. Wright, Sekretärin und eine meiner engsten Mitarbeiterinnen, erzählte mir, wie sie ihr Einfühlungsvermögen gegenüber einer Arbeitskollegin in dem Büro entwickelt hatte, wo sie früher beschäftigt gewesen war. Das Mädchen war sehr abweisend, geradezu feindselig und widerspenstig gewesen; zwischen den beiden war es zu immer größeren Spannungen und Mißverständnissen gekommen.

Um dem abzuhelfen, hatte sich Mrs. Wright jeden Tag mehrmals still hingesetzt, sich geistig in das Mädchen versetzt und sich selbst mit dessen Augen betrachtet. Dann hatte sie korrigiert, was sie sah, und gebetet: »Gottes Frieden, Harmonie und Verständnis herrschen jederzeit zwischen uns. Sobald ich an Miss S. denke, bekräftige ich: ›Sie ist liebenswürdig und freundlich, arbeitet mit und stimmt mit mir überein.‹«

Zwei Wochen später hatte das Mädchen Mrs. Wright zu sich nach Hause zum Abendessen eingeladen, und bei dieser Gelegenheit hatten die beiden Frauen zu ihrer Überraschung entdeckt, daß viele gemeinsame Interessen sie verbanden. Im Laufe der Zeit wurden sie gute Arbeitskolleginnen und enge Freundinnen.

Zwei Schwestern fanden wieder zueinander

Während eines Aufenthaltes in San Franzisko, wo ich unter der Schirmherrschaft des Institute of Religious Science mehrere Vorträge hielt, frühstückte einmal eine alte Bekannte mit mir im Hotel. Sie erzählte, daß ihre einzige Schwester nicht mehr mit ihr rede; wenn sie die Schwester anrief, legte diese nach einem barschen Satz auf: »Ich habe zu tun, laß mich in Ruhe.«

Meine Bekannte konnte die Haltung der Schwester nicht verstehen, sie fand sie unvernünftig und dumm. Ich fragte sie, ob sie ihrer Schwester böse wäre, wenn diese Tuberkulose hätte.

Meine Bekannte antwortete: »Natürlich nicht. Ich hätte großes Mitleid mit ihr.«

Daraufhin erklärte ich ihr, wie ich die Sache sah: »Ihre Schwester hat eine Art geistige Tuberkulose. Sie müssen verstehen, daß viele Menschen eine verdrehte und krankhafte Denkweise haben, man könnte sagen, einen geistigen Buckel.«

Mit einemmal begriff meine Bekannte, daß sie nicht für den Geisteszustand ihrer Schwester verantwortlich war, genauso wenig wie sie für irgendeinen Trinker, Schizophrenen, Psychotiker oder Paranoiker verantwortlich gewesen wäre. Sie sagte: »Oh, ich verstehe! Ich kann nichts für ihre geistige Krankheit und ihre Feindseligkeit mir gegenüber, und ich schulde ihr, wie Paulus sagte, nichts anderes als Liebe. Ich liebe sie wirklich und wünsche ihr alle Wohltaten des Lebens.«

Sie betete von nun an folgendermaßen: »Ich überantworte meine Schwester voll und ganz Gott. Ich strahle ihr gegenüber Frieden, Freundlichkeit und Liebe aus, und zwischen uns herrschen Harmonie und göttliches Verständnis. Ich gebe sie frei und lasse sie in Frieden gehen.«

Nach einigen Tagen rief die Schwester bei ihr an und entschuldigte sich wegen ihrer Grobheit und Feindseligkeit. Sie gestand ihr, daß sie die über die Auflösung ihrer Verlobung angestaute und nie mehr überwundene Bitterkeit auf sie als ihre Schwester und auf viele andere Menschen projiziert habe.

Ich sollte vielleicht hinzufügen, daß meine Bekannte ein geistig und emotionell reifer Mensch war, aber sich übergroße Sorgen wegen der verschrobenen, ungesunden Denkweise ihrer Schwester gemacht hatte.

Verständnis bewahrt Sie vor Ärger, destruktiver Kritik und Haß oder auch vor eventuellen Rachegelüsten gegenüber Menschen mit verschrobener Denkweise. Führen Sie sich vor Augen, daß Sie niemanden wegen eines körperlichen Gebrechens hassen würden, beispielsweise wegen eines Buckels; Sie wären vielmehr dankbar, daß Sie von solchem Unglück verschont blieben.

Ein Mensch mit einer gestörten Persönlichkeit ist innerlich sehr unglücklich, in ihm brodelt und siedet es. Oft schlägt er gerade nach jenen, die am freundlichsten und großzügigsten zu ihm sind, weil ihre innere Heiterkeit, Ruhe und Gelassenheit seinen eigenen gestörten Gemützustand enthüllen; und weil er sie in ihrer Ruhe nicht erreichen kann, versucht er unbewußt, sie in seinen eigenen Gemütswirrwarr zu ziehen. Das Elend wünscht Gefährten!

Die Anwendung der goldenen Regel führte zu der gewünschten Beförderung

Vor einigen Monaten sprach ich mit einem jungen Mann, der nach dem Erwerb seines Doktortitels in Philosophie geglaubt hatte, dieser sei eine Garantie für Erfolg, Ansehen und Anerkennung. Er hatte jedoch feststellen müssen, daß in dem Verlag, in dem er unterkam und nun arbeitete, Männer ohne jeden akademischen Grad weit mehr verdienten als er und größere Verantwortung trugen.

Ich wies den jungen Mann darauf hin, daß es viele Doktoren der Philosophie, Sprachwissenschaftler, Schriftsteller und andere Menschen mit glänzenden Fähigkeiten, auch ehemalige Dozenten, Professoren, gibt, die heute in den Slums leben. Gewöhnlich schreiben diese Männer ihre Schwierigkeiten dem Alkohol oder Frauen zu; die wirkliche Ursache liegt jedoch in Selbsterniedrigung, Selbstverurteilung, Selbsthaß und in dem fehlenden Kontakt zur Schatzkammer ihrer kosmischen Kräfte, die sie auf den sicheren Weg zu Glück, Freiheit und Seelenfrieden führen könnten. Diese Männer sind sich selbst gram, sie akzeptieren sich nicht und können sich deshalb nicht verwirklichen. Ihre Denkweise bringt Elend, Leiden und Armut über sie. Dabei waren sie vielleicht einst auf ihren Fachgebieten durchaus anerkannt. Alkoholismus, Drogenabhängigkeit und abnormes Verhalten sind bei ihnen lediglich Symptome für ihre gestörte Persönlichkeit.

Der Mann, von dem hier die Rede ist, war neidisch und eifersüchtig auf seine Kollegen und ihnen gegenüber überkritisch. Sein Problem lag darin, daß er die goldene Regel nicht anwandte.

Auf meinen Rat begann er die anderen zu behandeln, wie er selbst gern seitens der anderen behandelt worden wäre. Er übte sich darin, freundlich zu sein, zu lächeln, seinen Kollegen nett und liebenswürdig gegenüberzutreten. Diese Haltung wurde bei ihm nach und nach zur Gewohnheit, und heute ist er einer der umgänglichsten, freundlichsten, wohlwollendsten Menschen, die man sich denken kann. Erfolg ist ihm gewiß, er hat bereits eine großartige Beförderung erfahren, indem man ihm das Lektorat eines wichtigen Sachgebietes des Verlages anvertraut hat. Das bestätigt auf anschauliche Weise, daß man sein ganzes Leben ändern kann, wenn man seine Denkweise ändert.

Jeder wird in jedem Alter gebraucht

Ralph Waldo Emerson sagte: »Die große Überseele braucht ein Organ, wo ich bin, sonst wäre ich nicht hier.«

Immer wieder begegnen mir Menschen, die klagen: »Ach, meine Kinder sind alle erwachsen, sie wollen mich nicht haben und besuchen mich nicht mehr.«

Denken Sie daran, Gott und seine kosmische Welt brauchen Sie. Einen unnötigen oder ungewollten Menschen gibt es nicht! In der großen Sinfonie der Schöpfung ist jeder Mensch eine Note. Auch Sie haben einen ganz bestimmten, eigenen Part zu spielen. In der Bibel steht: *Es ist eine Stimme eines Predigers in der Wüste: Bereitet dem Herrn den Weg, macht auf dem Gefilde eine ebene Bahn unserm Gott!* (Jesaja 40, 3).

Die Wüste der Verwirrung, des Mangels und der Einge-schränktheit – das ist Ihr eigener Geist. Aber Sie können der inneren Stimme lauschen, die zu Ihnen in Form Ihres Herzens-wunsches spricht und Ihnen sagt, daß Sie sich erheben und höher steigen sollen, weil Gott Sie braucht. Sagen Sie zu sich selbst: »Gott gab mir diesen Wunsch ein, und er offenbart mir den vollkommenen Plan für dessen Erfüllung in göttlicher Fügung.«

Wenn Sie an dieser Wahrheit festhalten, wird sich Ihnen der Weg eröffnen, und an Ihrem Wegrand wird die Wüste erblühen und prächtig sein wie ein Rosengarten.

Die Bibel rät: *Eure Rede aber sei: Ja, ja; nein, nein. Was darüber ist, das ist vom Übel* (Matthäus 5, 37). Sagen Sie »ja« zu allen Ideen und Vorstellungen, die heilen, aufbauen, inspirieren, erheben und in Ihrem Leben eine Stärkung bedeuten. Sagen Sie »nein« zu allem, was Sie herabsetzt und schwächt. Fassen Sie den klaren Entschluß, nur die ewig gültigen Wahrheiten und die spirituellen Werte des Lebens zu akzeptieren, und bauen Sie diese dann zielbewußt in Ihr Leben ein. Genießen Sie das Gefühl des Einsseins mit der unendlichen Weisheit und der unendlichen Kraft kosmischer Dimension und betrachten Sie das Wunder Ihrer Gotteskindschaft. Sagen Sie entschieden und kühn »nein« zu allen Lehren, Ideen, Überzeugungen und Dogmen, die hemmen, beschränken und Ihrem Gemüt Angst einflößen. Mit anderen Worten: Akzeptieren Sie geistig nichts, was Ihre Seele nicht mit Freude erfüllt.

Machen Sie sich klar, daß Gott das Leben ist und daß er – jetzt und hier – Ihr Leben ist. Gott ist Liebe, und seine Liebe erfüllt Ihre Seele. Gott ist Freude, und Sie bringen die ganze Fülle dieser Freude zum Ausdruck. Gott ist Weisheit, und Ihr Verstand wird ständig mit seinem Licht gespeist. Gott ist Friede, und in Ihren Gedanken, Worten und Taten scheint immer mehr von seinem Frieden auf.

Wenn Sie es sich zur täglichen Gewohnheit machen, sich diese Wahrheiten zu vergegenwärtigen, dann werden Sie im Laufe der Zeit eine immer strahlendere Persönlichkeit entwickeln, und Sie schaffen eine »ebene Bahn«, die Sie in allen Belangen zum Guten hinführt.

Überwinden Sie Depressionen und alle Hindernisse

In der Bibel heißt es: *Alle Täler sollen erhöht werden, und alle Berge und Hügel sollen erniedrigt werden, und was ungleich ist, soll eben, und was höckericht ist, soll schlicht werden* (Jesaja 40, 4).

Wenn Sie sich in den Talniederungen der Verzweiflung, Mutlosigkeit und Melancholie befinden, sollten Sie sich an die Gottesgegenwart in Ihrem Inneren wenden und sich klarmachen, daß materielle Begebenheiten und die gegebenen Umstände niemals kausal sind, also nichts zu verursachen vermögen. Alle Dinge vergehen, und Umstände schaffen keine weiteren Umstände.

Die grundlegende Ursache für alles, was in Ihrem Leben geschieht, ist Ihr Denken und Fühlen, das heißt Ihre seelisch-gei-

stige Haltung, die Art Ihres Denkens und Glaubens. Dagegen
sind Zustände und Umstände lediglich in ihrer suggestiven
Wirkung bedeutsam, und Sie haben die Macht, sie zu akzeptieren
oder zurückzuweisen.

Sagen Sie sich deshalb voll Überzeugung, daß unendliche
Weisheit kosmischer Dimension Ihnen den Ausweg offenbaren
wird. Stellen Sie sich die Dinge vor, wie sie nach Ihrem Wunsch
sein sollen, und betrachten Sie sie geistig. Dann wird der Berg –
das Problem – abgetragen und der Hügel – das Hindernis oder
die Schwierigkeit – beseitigt werden. Wenn Sie bekräftigen, daß
göttliches Recht und göttliche Ordnung Ihr Leben beherrschen,
werden Ungleichheiten – das Auf und Ab im Leben bzw. das
wechselnde Glück – »eben« oder ausgeglichen, und »Höckerich-
tes«, also alles Bucklige, wird »schlicht« und glatt, das heißt, Sie
werden ein ausgewogenes Leben ständigen Wachstums, zuneh-
mender Leistung und zwingenden Erfolges führen, in dem es
keine Umwege infolge Krankheiten, Unfällen, Verlusten und
törichter Verschwendung von Energie, Zeit und Mühe mehr
geben wird.

Sofern Sie Ihre Bestrebungen stets auf die Fülle kosmischer
Kraft ausrichten, sofern Sie beharrlich auf die Ihnen innewohnende universelle Weisheit kosmischer Dimension eingestimmt bleiben und durch Ihr Denken und Fühlen mit ihr Verbindung
halten, werden alle Schranken, Beeinträchtigungen, Verzögerungen und Schwierigkeiten verschwinden, und die Wüste Ihres
jetzigen Lebens wird tatsächlich erblühen und prächtig sein wie
ein Rosengarten.

ZUSAMMENFASSUNG

1. Ändern Sie Ihre Denkweise, und Sie ändern Ihr Schicksal. Es gibt eine richtige und eine falsche Weise, zu denken und zu handeln. Um ein erfülltes, glückliches Leben zu führen, müssen Sie im Einklang mit den Prinzipien kosmischer Weisheit denken und leben.

2. Wenn Sie die unendliche Weisheit kosmischer Dimension anrufen, wird sie reagieren und die richtige Bühne für die Lösung Ihres Problems schaffen.

3. Ein wunderwirkendes spirituelles Rezept besteht darin, für alle zu beten, mit denen Sie zusammenarbeiten, und ihnen sämtliche Wohltaten des Lebens zu wünschen. Was Sie anderen wünschen, das bringen Sie auch über sich selbst.

4. Lassen Sie vor Ihrem inneren Auge einen geistigen Film ablaufen und sehen Sie darin das glückliche Ende oder den guten Ausgang einer Sache. Stellen Sie sich die Erfüllung Ihres Wunschtraums so häufig wie nur möglich vor, dann wird er in Ihrer Erfahrung zur Wirklichkeit werden.

5. Wenn Sie es sich zur Gewohnheit machen, Gottes Liebe und Gottes Eigenschaften durch Ihren Geist und Ihr Gemüt strömen zu lassen, werden Sie eine neue, einmalige, begeisternde Persönlichkeit werden.

6. Falls Sie mit einem anderen Menschen nicht auskommen, sollten Sie Einfühlungsvermögen aufbringen und mitfühlendes Verständnis beweisen. Betrachten Sie die Situation mit den Augen des anderen.

7. Machen Sie sich keine zu großen Sorgen wegen der verschrobenen Mentalität eines Verwandten, denn Sie sind nicht dafür verantwortlich. Strahlen Sie vielmehr ihm gegenüber Frieden, Liebe und Freundlichkeit aus, dann wird sich zwangsläufig bald alles regeln und sich zwischen Ihnen ein harmonisches Verständnis einstellen.

8. Die große Überseele kosmischer Weisheit, ein anderes Wort für Gott, braucht Sie an dem Ort, wo Sie sich befinden, sonst wären Sie nicht dort. Sie werden jetzt und immer gebraucht und sind erwünscht. Sagen Sie »ja« zu allen Ideen, die heilen, aufbauen, inspirieren, erheben und Ihre Seele und Ihre Persönlichkeit würdigen.

9. Wenden Sie sich, wenn Sie melancholisch oder deprimiert sind, an die Ihnen innewohnende kosmische Kraft und lassen Sie Gottes Strom der Heiterkeit und Liebe in Ihre Seele fließen. Machen Sie sich klar, daß alles Nächtige vergeht, daß immer ein neuer Tag anbricht und die Schatten weichen.

KAPITEL 5

Wie Sie die kosmische Heilkraft einsetzen können

Überall auf Erden beginnen Menschen aller Weltanschauungen und Glaubensrichtungen zu erkennen, welche ungeahnten therapeutischen Ergebnisse durch die einfache Anwendung der spirituellen Gesetze richtigen Denkens und Glaubens erzielt werden können. In der Medizin, der Psychiatrie und der Psychologie sowie in allen diesen verwandten Gebieten sammelt sich immer mehr Beweismaterial an und erscheinen laufend wissenschaftliche Berichte über die zerstörerischen Auswirkungen von seelischen und emotionellen Konflikten in Verbindung mit bestimmten Krankheiten. Man ist sich heute darin einig, daß ein Großteil aller Krankheiten psychogener Natur ist (psychosomatische Krankheiten) und daß solche Erkrankungen auch mit seelisch-geistigen Mitteln behandelt werden müssen und geheilt werden können.

Wenn ein Kranker sein Denken ganz bewußt in gottgefällige Kanäle umlenkt und auf diese Art sein Unterbewußtsein positiv prägt, erfolgt eine Reinigung, und unendliche Heilgegenwart kosmischer Dimension wird freigesetzt – worauf das »Wunder« der Heilung geschieht.

Eine verkrüppelte Hand wurde geheilt

Das wortwörtliche Zeugnis einer Frau veranschaulicht, wie diese unendliche Heilgegenwart tatsächlich zu heilen vermag, wenn man sie anruft:

Sehr geehrter Herr Dr. Murphy!

Ich brach mir das linke Handgelenk, und die Knochen in

meinem Gelenk und in der Hand waren so zersplittert, daß der
Arzt sie unter dem Röntgenbildschirm einrichten mußte. Man
sagte mir, meine Hand würde verkrüppelt bleiben und ich
müsse lernen, dieses Handikap mit der anderen Hand auszu-
gleichen. Da ich Sekretärin bin, muß ich beide Hände gebrauchen können. Eine wunderbare Heilkraft erneuerte und heilte
meine Knochen und Muskeln. Nach dreieinhalb Monaten
konnte ich wieder arbeiten. In dieser Zeit hatte ich viele Male
am Tag voll Überzeugung und im Gefühl der Freude über die
vonstatten gehende Genesung gebetet: »Die schöpferische
Weisheit, die mein Handgelenk geschaffen hat, heilt mich
jetzt.«

Der Arzt hatte mir ferner gesagt, ich würde in meinem
Handgelenk Arthritis bekommen und bei Wetterwechseln
Schmerzen haben. Das alles war vor sieben Jahren. Heute kann
ich meine Hand voll gebrauchen, ich habe keine Arthritis, und
Wetterwechsel machen mir nichts aus. Tatsächlich sind mein
linkes Handgelenk und meine linke Hand elastischer und
beweglicher als die rechte Hand!

Ich danke Ihnen noch einmal für Ihre Ratschläge über den
Einsatz der inneren Heilkraft, die uns innewohnt.

Ihre ergebene Frau M. D. B.

Diesem Brief möchte ich hinzufügen, daß die junge Frau das
Zusammenwirken ihres Bewußtseins und Unterbewußtseins genau kennt. In einem Postskript erwähnte sie, daß sie immer
wieder in meinem Buch *Die Macht Ihres Unterbewußtseins* liest.
Diese Frau hat begriffen, daß die spirituelle Therapie in einem
synchronen, harmonischen, zielorientierten Funktionieren der
bewußten und unbewußten Geistesebenen besteht.

Bestimmt haben Sie bemerkt, daß die Frau die ärztliche
Diagnose, ihre Hand würde verkrüppelt bleiben, nicht akzeptierte
und voll Glauben und tiefem Verständnis behauptete, dieselbe
unendliche Weisheit, von der ihre Hand geschaffen wurde, heile
sie auch. Diese Überzeugung prägte sich ihrem Unterbewußtsein
auf, und die Heilung erfolgte.

Eine Fünfundachtzigjährige konnte wieder gehen – sogar
ohne Stock

Nachstehenden Brief erhielt ich von einer prächtigen Frau, die mir Jahre früher einmal geschrieben hatte:

Sehr geehrter Herr Murphy,

Sie haben mir so viele Male geholfen, daß es mir schwerfällt, bei der wichtigsten Gelegenheit anzuknüpfen. Ich erinnere mich, daß ich schreckliche Schmerzen hatte, während unser Hausarzt auf Urlaub war. Zwei fremde Ärzte sagten mir übereinstimmend, ich hätte eine Zyste am rechten Eierstock und einen Nierenabszeß. Ich betete, und die Schmerzen verschwanden über Nacht. Eine Untersuchung zeigte, daß der Abszeß und die Zyste verschwunden waren. Ich hatte gebetet: »Gottes heilende Liebe, die mein Unterbewußtsein durchströmt, löst in diesem Moment alles auf, was ihr nicht gleicht.« Ich hatte das als wahr empfunden, und das »Wunder« geschah. Ich weiß, daß auch Sie beteten, und ich danke Ihnen dafür.

Die wunderbarste Demonstration fand bei meiner Mutter statt. Als sie fünfundachtzig war, stürzte sie und brach sich den Beckenknochen und das Schulterblatt. Sie bekam eine Lungenentzündung, und der Arzt meinte, sie würde das wohl nicht überleben – und wenn doch, würde sie auf den Rollstuhl angewiesen sein. Mutter sagte: »Das ist seine Meinung, nicht meine«, und kraft Glaubens und mit Hilfe der von Ihnen empfohlenen Gebete konnte sie nach drei Monaten wieder gehen – sogar ohne Stock!

Natürlich können Sie unsere Namen nennen. Mutter hieß Bertha Sparrow.

Gezeichnet Mrs. Eric B. Marlor, Los Angeles.

Der Brief dieser Frau zeugt von einem tiefen Verständnis der jeder Heilung zugrunde liegenden Gesetze des Denkens und Glaubens.

Die Anwendung der kosmischen Heilkraft

Die spirituelle Heilmethode besteht weder im Schwingen irgendeines Zauberstabes noch in der Beschwörung irgendwelcher okkult-magischer Kräfte, sondern in der geistigen Reaktion des Menschen auf die ihm innewohnende Kraft kosmischer Dimension, die ihn sowie alle Lebewesen am Leben hält.

Spirituelle Heilung ist nicht dasselbe wie Glaubensheilung. Ein Glaubensheiler kann ein Mensch sein, der ohne Kenntnis oder wissenschaftliches Verständnis der Kräfte des Bewußtseins und Unterbewußtseins heilt. Er kann behaupten, über eine »magische Heilgabe« zu verfügen, »schwarze« oder »weiße Magie« zu betreiben und dergleichen mehr, und der blinde Glaube der Kranken an ihn oder seine Kräfte mag durchaus zu Ergebnissen führen. So mancher »Lebensberater« oder nichtprofessionelle Heilpraktiker arbeitet auf diese Art.

Der spirituelle Therapeut muß wissen, was er tut und warum er es tut. Er stützt sich auf die universellen Gesetze des Geistes. Er weiß, daß alles, was Sie durch Ihr Denken und Glauben Ihrem Unterbewußtsein auf- oder einprägen, den Inhalten Ihres Denkens und Glaubens entsprechend in Ihrem Leben als Erfahrung und Ereignis zum Ausdruck kommen wird.

Prägen Sie Ihr Unterbewußtsein mit Gedanken des Friedens, der Harmonie, Gesundheit und Vollkommenheit, indem Sie aufrichtig und voll Interesse über diese mit dem universellen kosmischen Geist in Einklang stehenden Ideen nachdenken. Ihr Denken und Fühlen (Interesse und Überzeugung) werden innere Heilkräfte kosmischer Dimension auslösen, und Sie werden genesen.

Wie ein Schneider vor dem Erblinden bewahrt wurde

Vor kurzem kam ein Schneider zu mir, der zu erblinden drohte. Er hatte mehrere Netzhautblutungen gehabt, und sein Arzt hatte ihm empfohlen, das Schneiderhandwerk aufzugeben und aufs Land zu ziehen. Er arbeitete jedoch weiter, und seine Sehfähigkeit verschlechterte sich laufend. Der Arzt, ein alter Freund von mir, sagte zu dem Schneider, er solle doch einmal mit mir über sein häusliches Leben sprechen.

Im Laufe unserer Unterredung bekannte der Schneider, daß er den Anblick seiner Schwiegermutter nicht ertragen könne. Die

Schwiegermutter wohnte seit Jahren bei ihm im Haus und war ständig verdrossen, mürrisch und streitsüchtig, kurz, ein Stein des Anstoßes, was endlose Schwierigkeiten zur Folge hatte. Ich riet dem Schneider, die Schwiegermutter sofort zum Auszug aufzufordern, was er auch tat; gleichzeitig wünschte er ihr alle Wohltaten des Lebens und merzte dadurch aus seinem Unterbewußtsein jeden Groll und jede Feindseligkeit ihr gegenüber aus.

Er meditierte nun, wie ich ihm geraten hatte, täglich zehn bis fünfzehn Minuten lang anhand des folgenden Gebetes: »Tagsüber und auch nachts sehe ich in allen Menschen und Dingen immer mehr von Gottes Liebe, Licht, Wahrheit und Schönheit. Gott heilt mich jetzt, und ich danke für meine einwandfreie Sehfähigkeit.«

Wenig später kam ein kurzer Brief von ihm:

Sehr geehrter Herr Dr. Murphy!

Ich schreibe Ihnen, um Ihnen für die Heilung meiner Augen zu danken. Sie haben mir die Augen geöffnet, als Sie mir erklärten, was die Ursache für mein Augenleiden war. Mein Arzt sagte, daß meine Sehfähigkeit jetzt normal ist, und ich muß die Schneiderei nicht aufgeben.

Gott segne Sie. E. S.

Die Ausrichtung seines Lebens auf Gottes Liebe hat diesen Schneider von seinem Gefühlskonflikt und seiner Augenerkrankung befreit.

Eine Schriftstellerin löste ihr Titelproblem

Die folgenden Absätze sind wortwörtlich aus dem Brief der Schriftstellerin J. R. Arnold übernommen und zeigen, wie sie spontan ein Problem, das sie lange belastet hatte, zu lösen vermochte. Sie hatte viel Zeit und Sorgfalt auf die Verfassung eines Manuskripts verwandt, empfand aber ihren vorläufigen Arbeitstitel als vollkommen falsch.

Lieber Herr Dr. Murphy,

. . . seit mehreren Wochen schreibe ich mir immer wieder Titel auf, streiche sie aus und versuche es von neuem. Am Sonntag hatte ich den starken Drang, zu Ihrem Vortrag zu gehen, und ich mußte mich noch sehr beeilen, denn wegen meiner Haushaltspflichten war ich ein bißchen spät dran.

Als ich ins Ebell Theatre kam, setzte ich mich ruhig und entspannt hin und sagte zu mir selber: »Ich weiß und glaube, daß mir heute das Göttliche in mir den Titel für mein Manuskript liefern wird.« Im Laufe Ihres Vortrages sagten Sie dann: »Der Intellekt allein kann die meisten Probleme nicht lösen, denen wir uns heute gegenübersehen.« Da erkannte ich, daß ich mein Problem auf bewußter Ebene nicht lösen könnte. Und plötzlich sprang mir dann der Titel in den Sinn – »wie eine Scheibe Toast aus dem Toaster springt« – wie Sie es einmal sagten. Ich wußte, daß der Titel absolut treffend war und genau ausdrückte, was ich in dem Manuskript zu sagen versucht hatte. Ich war so selig, daß ich hätte laut lachen können – es war so einfach, »das Unmögliche war möglich geworden«, und zwar im Vertrauen auf die Antwort des Unterbewußtseins.

Ich werde den Titel nicht verraten – nicht einmal Ihnen, lieber Herr Dr. Murphy. Aber er ist genau das, was ich brauchte, damit meine Begeisterung für die Arbeit an dem Manuskript neu erwachte, und ich möchte dieses Gefühl oder die Wirksamkeit der »Antwort« nicht abschwächen, indem ich zuviel darüber rede. Es sei hier nur gesagt, daß ich sehr dankbar bin.

Aufrichtig Ihre J. R. Arnold, Los Angeles.

Frau Arnold hat erkannt und weiß, daß die innere Kraft kosmischer Dimension in unserer beruflichen oder geschäftlichen Welt genauso funktioniert wie bei der Heilung des Körpers.

Eine Lehrerin heilte ihre Geschwüre und verbesserte sich beruflich

Nachstehenden aufschlußreichen Brief bekam ich von einer Lehrerin:

Sehr geehrter Herr Dr. Murphy!

Seit Monaten betete ich um Heilung meiner Beschwerden und um Erfolg in meinem Beruf. Vor etwa vier Wochen nun besuchte ich an einem Sonntag vormittag im Wilshire Ebell

Theatre Ihren Vortrag über das Thema: »Wie Sie die kosmische Heilkraft nutzen können.«

Während Sie sprachen, wurde mir plötzlich klar, daß ich beim Beten unbewußt meine Schmerzen und Wehwehs aufsagte und daß ich ständig meinen Schwierigkeiten im Klassenzimmer und mit meinem Schuldirektor nachsann. Ich hatte die Angewohnheit, Schüler, Eltern und Schulbehörden ständig zu kritisieren und zu tadeln. Außerdem hatte ich, ich muß es zugeben, die noch schlechtere Angewohnheit, mich selbst wegen meiner Krankheit zu kritisieren und zu verurteilen. Ich war überzeugt, daß mein Wunsch, als Lehrerin befördert zu werden, nicht in Erfüllung ginge.

Mir schien, daß Sie während Ihres Vortrages mit mir redeten, doch ich wußte, daß Sie von meiner Anwesenheit unter den dreizehnhundert Zuhörern nichts wußten. Noch vor dem Ende Ihres Vortrags wurde ich mir aber der Tatsache bewußt, daß ich in Wirklichkeit die Schätze des Lebens verspielte und meine Fähigkeiten an negative Gedanken und Vorstellungen verschwendete, die ausgesprochen zerstörerisch waren.

Ich befolgte im Anschluß an Ihre Lesung Ihre Anweisungen: ich begann mich mit der unendlichen Heilgegenwart zu identifizieren und sprach häufig das von Ihnen empfohlene Meditationsgebet:

»Denn Gott hat uns gegeben den Geist nicht der Furcht, sondern der Kraft und der Liebe und der Zucht.* Ich glaube fest und unerschütterlich an Gott als das mildtätige, immer gegenwärtige Gute für mich. Ich werde belebt, mit Energie erfüllt, geheilt, ganz wiederhergestellt. Eine Beförderung wird mir jetzt gewährt. Ich strahle gegenüber meinen Schülern, meinen Kollegen und allen Menschen meiner Umgebung Liebe und Freundlichkeit aus und wünsche ihnen allen aus tiefstem Herzen Frieden, Freude und Glück. Gottes Weisheit beseelen und stärken allezeit die Schüler in meinen Klassen, und ich werde inspiriert und erleuchtet. Wenn ich in Versuchung

---

* 2. Timotheus 1, 7.

komme, destruktiv zu denken, werde ich sofort an Gottes heilende Liebe denken.«

Ich möchte Ihnen für diesen Vortrag danken. Meine Geschwüre sind ausgeheilt, ich bin befördert worden und habe eine sehr harmonische Beziehung zu meinen Kollegen und Schülern herzustellen vermocht. Ich habe begriffen, daß der Grund für dies alles in der Tatsache zu suchen ist, daß die Kinder in meiner Klasse unbewußt meine neue Geisteshaltung und Stimmung der Liebe, der Freundlichkeit und des Vertrauens aufnahmen, und sie dankten es mir dementsprechend.

Hochachtungsvoll E. R. B.

Der Brief spricht für sich selbst. Das zitierte Gebet hat die Lehrerin mitstenographiert.

Eine Formel aus vier Wörtern heilte Epilepsie

Während ich an diesem Kapitel arbeitete, erhielt ich einen interessanten Brief über die Wirkung der kosmischen Heilkraft:

Sehr geehrter Herr Dr. Murphy,

ich höre mir jeden Morgen Ihr Rundfunkprogramm an. Heute früh verlasen Sie einen Brief von einer Hörerin über die wunderbare Heilung, die sie erlebte. Darf ich Ihnen von meiner wunderbaren Heilung berichten?

Es ist fast vierzehn Jahre her, daß ich an Epilepsie erkrankte. Ich kam nie dahinter, was die Anfälle verursachte. Täglich nahm ich drei oder vier Pillen Phenobarbital und war die ganze Zeit sehr schläfrig. Eines Morgens erörterten Sie im Radio psychosomatische Forschungsarbeiten über Epilepsie und sagten, *unterdrückte Gefühle, intensiver Haß und aufgestaute Feindseligkeit gegenüber den Eltern seien oft die verursachenden Faktoren.* Dies traf in meinem Fall zu. Ich begann systematisch zu beten und gedachte meiner Eltern in Liebe und Freundlichkeit, bis ich ihnen im Geist begegnen und dabei ganz friedlich bleiben konnte.

Etwa sechs Monate lang wiederholte ich jeden Abend und Morgen ganz langsam: *»Gott heilt mich jetzt.«* Eines Morgens wußte ich, daß ich geheilt war, weil ein ungeheures Gefühl der

Freude in mir aufwallte. Ich nahm das Mittel nicht mehr und ging zu meinem Arzt; er machte die üblichen Hirntests – alle waren negativ. Das war vor fast vier Jahren.

Die Formel aus vier Wörtern (Gott heilt mich jetzt), die Sie im Radio nannten, sank in meine Seele, und ich bin ewig dankbar dafür. Es ist so richtig, daß unterdrückte negative Energie ein negatives Ventil haben muß, und in meinem Fall kam sie als Epilepsie zum Ausdruck. Es ist wahr, daß die Liebe die große Heilerin ist.

Ihre sehr ergebene J. D. M.

Wenden auch Sie diese Formel an, wenn Sie Gefühlen der Feindseligkeit und Aggression gegenüber Ihren Mitmenschen unterliegen. Gott heilt Sie gleich.

»Heilwunder« in unserer Zeit und die Gesetze des Denkens und Glaubens

Was gemeinhin als ein »Wunder« bezeichnet wird, stellt keineswegs einen Verstoß gegen die Naturgesetze dar. Schon der heilige Augustinus sagte: »Ein Wunder geschieht nicht gegen die Natur, sondern gegen unser Wissen von der Natur.« Ein Wunder beweist nicht das, was unmöglich ist, sondern, ganz im Gegenteil, gerade das, was möglich ist. Ein Wunder ist etwas, das geschieht, wenn Kräfte höherer Dimension ins Spiel gebracht werden, als sie der Mensch bisher kannte.

Es handelt sich dabei um die Gesetze des Denkens und Glaubens. Glauben könnte man kurz als eine Überzeugung, die Sie in Ihrem Geiste hegen, charakterisieren. Glauben heißt, etwas als wahr zu akzeptieren. Was Ihr bewußter, überlegender Verstand als wahr akzeptiert, prägt sich Ihrem Unterbewußtsein ein, das eins ist mit der Ihnen innewohnenden unendlichen Weisheit kosmischer Dimension, und ruft in Ihnen Kräfte auf den Plan, die selbständig, sozusagen autonom, Ihre Überzeugungen im Leben verwirklichen.

Ihr Unterbewußtsein wirkt aufgrund schöpferischen Gesetzes, das auf die Natur Ihres Denkens reagiert und Zustände, Erfahrungen und Ereignisse hervorbringt, die ein Spiegelbild Ihrer

Denk- und Glaubensinhalte sind. Darum handelt es sich schon
bei der in der Bibel so kurz und bündig ausgedrückten Wahrheit:
Des Menschen Herz erdenkt sich seinen Weg (Sprüche 16, 9). Wie
der Mensch im innersten Herzen denkt, so ist er.

ZUSAMMENFASSUNG

1. Die unendliche Heilgegenwart, die Ihnen innewohnt, kann Sie heilen und wiederherstellen. Es gibt nur eine einzige kosmische Heilkraft, und das ist Gott, der in Ihnen wohnt.

2. Eine Frau heilte ihre verkrüppelte Hand, indem sie die unendliche Heilgegenwart anrief; und der Frau geschah gemäß ihrem Glauben. Das sogenannte »Unmögliche« wurde möglich.

3. Eine Zyste am Eierstock und ein Nierenabszeß lösten sich bei einer Frau vollkommen auf, weil sie zutiefst glaubte, daß Gottes Liebe alles auflösen kann, was ihr nicht gleicht. Wenn Sie einen Tumor herbeidenken können (und das können Sie!), ist es auch möglich, ihn »wegzudenken«.

4. Bei der spirituellen Heilung müssen Sie verstehen, was Sie tun und warum Sie es tun, und sich auf die universellen Gesetze des Geistes stützen. Jeder spirituellen Heilung liegt die synchrone Verbindung Ihres Bewußtseins und Ihres Unterbewußtseins zugrunde, durch die kosmische Kraft auf den Plan gerufen und die Heilung bewirkt wird.

5. Ein Schneider erlangte seine Sehkraft wieder, als er bereit war zu vergeben und indem er voll Überzeugung und Gefühl bekräftigte: »Tagsüber und auch nachts sehe ich in allen Menschen und Dingen immer mehr von Gottes Liebe, Licht, Wahrheit und Schönheit.«

6. Eine Schriftstellerin überwand ihr Titelproblem durch die Erkenntnis, daß die ihr innewohnende unendliche Weisheit immer die Antwort weiß und sie sofort liefern kann. Die Antwort sprang ihr in den Sinn, wie »Toast aus dem Toaster springt«.

7. Eine Lehrerin sagte beim Beten unbewußt ihre Schmerzen und Schwierigkeiten auf. Als sie sich an Gott wandte und um Frieden, Gesundheit, Harmonie und Beförderung bat, wurden ihre Wünsche erfüllt. In der Bibel heißt es: *Er ruft mich an, so will ich ihn erhören* ... (Psalm 91, 15). Gott ist die Ihnen innewohnende unendliche Weisheit, die die Inhalte Ihres Denkens und Glaubens verwirklicht.

8. Es gibt eine aus vier Wörtern bestehende Heilformel: *Gott heilt mich jetzt.* Eine Frau wandte sie an und wurde von einer zehn Jahre währenden Epilepsie geheilt.

9. Ein »Wunder« ist etwas, das ganz natürlich geschieht, wenn Kräfte höherer, nämlich kosmischer Dimension ins Spiel gebracht werden.

KAPITEL 6

Wie Sie ein erfolgreiches Leben zu führen vermögen

Das Leben jedes Menschen ist vom Anfang bis zum Ende ein Plan Gottes. Goethe sagte, das Leben sei ein Quader, aus dem wir den Charakter formen und meißeln müßten. Und in der Bibel heißt es: *Ich bin gekommen, daß sie das Leben und volle Genüge haben sollen* (Johannes 10, 11).

Sie sind hier auf Erden, um ein erfülltes, glückliches, herrliches Leben zu führen. Sie sind hier, um Ihre verborgenen Talente für die Welt freizusetzen, Ihren wahren Platz im Leben zu finden und sich auf höchster Ebene zu verwirklichen. Wenn Sie Ihren wahren Platz im Leben gefunden haben, werden Sie automatisch sehr erfolgreich sein. Sie werden vollkommen glücklich sein, und als Folge davon werden Ihnen Gesundheit, Reichtum und alle Wohltaten des Lebens beschieden sein.

Ihr Erfolg oder Scheitern in der Kunst, ein herrliches, wunderbares Leben zu führen, hängen von der Art Ihrer Denkgewohnheiten und von der Echtheit und Intensität Ihres Wunsches ab, die Inhalte Ihres Denkens und Glaubens entscheidend zu ändern. Gewinnen Sie eine neue Perspektive, eine neue Einstellung zum Leben, zu Gott, zu sich und zum Universum!

Bedenken Sie, daß es eine richtige und eine falsche Weise gibt zu denken, zu sprechen, zu handeln – wie es eine richtige und eine falsche Weise gibt zu singen, ein Auto zu fahren, ein Geschäft zu betreiben und einem Beruf nachzugehen. Lernen Sie, wie man gestützt auf kosmische Weisheit richtig denkt, richtig fühlt, richtig handelt, sich richtig verhält und – richtig betet, dann werden alle Ihre Wege angenehm und Ihre Tage von Glück und Frieden erfüllt sein.

Eine Frau erlangte besondere Führung

Nachfolgender Brief stammt von Vera Radcliffe, einer namhaften Organistin:

Lieber Herr Dr. Murphy,

vor drei Jahren kam ich im Zuge einer ausgedehnten Indien-Reise nach Kaschmir. Ich lernte in Srinigar einen bekannten Juwelier kennen, den mir gemeinsame Freunde empfohlen hatten. Da ich dort weit unter dem amerikanischen Marktpreis einkaufen konnte, kaufte ich für achthundert Dollar von ihren Spezialitäten, die gleichwertigen Edelsteinen aus anderen Ländern weit überlegen sind, darunter Sternrubine, einen Topas und einen Saphir. Ich erkundigte mich nach der Bonität des besagten Juweliers, und weil ich gute Auskünfte erhielt, gab ich ihm einen Scheck über den Kaufpreis. Da ich unbeschwert weiterreisen wollte, ließ ich die Ware an meine Heimatadresse schicken.

Als ich wieder zu Hause war, traf die Sendung zur vereinbarten Zeit nicht ein. Im Laufe des nächsten Jahres erhielt ich keine Antworten aus Kaschmir auf meine acht höflichen, aber bestimmten, drängenden Briefe. Nachdem mir meine bewußten Handlungsmöglichkeiten erschöpft zu sein schienen, begann ich um göttliche Führung zu beten; ich gewann dabei die Überzeugung, daß der Auftrag voll und ganz ausgeführt würde.

Ich habe eine Freundin, die ich sehr gerne mag, aber nur selten sehe, weil wir etwa fünfzig Meilen voneinander entfernt leben. Nun rief Gene mich an und sagte, wir hätten uns seit mehr als zwei Jahren nicht mehr gemütlich unterhalten und ob ich nicht zum Mittagessen kommen könne. Also trafen wir uns in einem hübschen Lokal, das für uns beide auf halbem Weg gelegen war. Nachdem wir wieder gegenseitig »auf dem laufenden« waren, fragte sie mich, wie mir Indien gefallen habe. Ich antwortete, daß ich dort eine wunderbare Zeit verlebt hätte, mit dem einen einzigen Makel – der geschilderten Transaktion. Sie verriet mir, daß sie mit dem Vizepräsidenten Indiens befreundet sei; er hatte vor vielen Jahren als Austauschstudent bei ihr im Haus gewohnt. Das alles kam völlig überraschend für mich.

Gene erbot sich, für mich brieflich um Hilfe zu bitten. Innerhalb von fünf Wochen wurden die Steine komplett geliefert – mit Entschuldigungen! Bitte nehmen Sie meinen aufrichtigen Dank dafür entgegen, daß Sie mir bei diesem Problem geholfen haben.

Mit freundlichen Grüßen

Vera Radcliffe, Studio City, Kalifornien.

Dank ihres überzeugten Glaubens wurde ihr Gebet erhört.

Verborgene Talente wurden offenbart

Eine junge Frau, die mich vor mehreren Monaten aufsuchte, klagte: »Ich bin eine Eigenbrötlerin. Niemand will mich haben. Ich bin ein Mensch am falschen Platz.«

Ich erklärte ihr, daß jeder Mensch einmalig ist und daß keine zwei Menschen gleich sind, genausowenig wie zwei Schneekristalle oder zwei Blätter eines Baumes. Gott wiederholt sich niemals; eine unendliche Differenzierung ist dem Gesetz allen Lebens eigen, und so etwas wie einen überflüssigen Menschen gibt es nicht. Ich zitierte für sie Emerson, der gesagt hatte: »Ich bin ein Organ Gottes, und Gott braucht mich, wo ich bin, sonst wäre ich nicht hier.«

Sie fragte: »Was wünscht Gott, daß ich tue?«

Die Antwort ist einfach, und auch das Gebet, das sie sprach, um Gottes Willen zu folgen, ist einfach, klar und direkt:

»Gott offenbart mir meine verborgenen Talente und gibt meinem Herzen ein, was ich nach seinem Wunsche tun soll. Ich weiß, daß Gott die Summe unendlicher Weisheit ist und durch mich Ausdruck sucht. Ich bin ein Brennpunkt des unendlichen Lebens, genau wie die Glühbirne ein Brennpunkt für die Sichtbarmachung der Elektrizität ist. Gott durchströmt mich als Harmonie, Gesundheit, Friede, Freude, Wachstum und Weiterentwicklung auf der ganzen Linie. Ich erkenne die *Führung,* die in mein überlegendes Wachbewußtsein tritt, und danke jetzt für die Antwort.«

Einige Tage später überkam sie das heftige Verlangen, einen bestimmten Handelskurs zu machen, und jetzt arbeitet sie in

einem Reisebüro und ist von ihrer Tätigkeit, wie sie mir kürzlich
sagte, sehr begeistert.

Sichern Sie sich Gesundheit, Reichtum und Glück jetzt

Vor einigen Jahren hielt ich am Unity Center in New Orleans,
Louisiana, mehrere Vorträge. Ein dort tätiger Journalist erzählte
mir, er habe einmal den Auftrag gehabt, einer bestimmten
Anzahl Menschen die Frage zu stellen: »Wozu leben Sie?« Er
sagte, ein Teil der Antworten habe ihm den Atem verschlagen,
bei anderen hätten sich ihm die Haare gesträubt.

Viele der Befragten gaben Antworten, für die die folgende
typisch ist: »Ich bin da, um zu essen, zu trinken und fröhlich zu
sein, denn morgen bin ich tot.« Ein großer Prozentsatz der
Interviewten sagte, sie warteten darauf, mit fünfundsechzig in
Rente gehen zu können, und dann wollten sie verschiedene
Länder der Welt bereisen. Einige erklärten, sie warteten auf den
Tod, sie seien gute Christen, darum würden sie in den Himmel
kommen und ewig bei Gott weilen.

Unter den Befragten meinten etwa zehn Prozent, sie wüßten
nicht, wozu sie hier seien und wohin ihr Leben führe, und ihr Tod
sei das Ende: sie würden einfach zu Erde zerfallen, ein künftiges
Leben in welcher Form immer gebe es nicht. Rund fünf Prozent
warteten darauf, daß ihre Kinder erwachsen würden und heirate-
ten; dann wollten sie reisen und alles das tun, was sie schon
immer hatten tun wollen. Einige wenige warteten auf den Tod der
Eltern und wollten dann über ihr weiteres Tun entscheiden.

Alle diese Leute warteten auf etwas, anstatt sich klarzumachen,
daß Gott das *ewige Jetzt* ist.

Die richtige Zeit ist immer *jetzt*. Zahllose Menschen hoffen auf
bessere Zeiten in der Zukunft. Sie sagen ständig, daß sie eines
Tages glücklich, erfolgreich und wohlhabend sein werden.

Unlängst in einem Restaurant hörte ich einen Mann zu seinem
Gefährten sagen, er werde irgendwann das große Los ziehen und
eine Menge Geld machen. Der andere erwiderte: »Ich hoffe, daß
ich eines Tages von meiner Arthritis geheilt werde.« Die beiden
schieben das Gute hinaus und erwarten die Erfüllung ihrer
Wünsche erst in der Zukunft.

Doch der Mensch trägt die immensen Kräfte des universellen kosmischen Geistes in sich. Friede herrscht jetzt; Sie können um Frieden bitten und bekräftigen, daß Gottes Friedensstrom durch Ihr ganzes Wesen fließt. Heilung findet jetzt statt; fühlen und glauben Sie, daß Gottes endliche Heilgegenwart jetzt jedes Atom Ihres Seins verwandelt, heilt und wiederherstellt. Behaupten und bekräftigen Sie, daß Gottes schöpferische Weisheit, die Sie erschaffen hat, genau weiß, wie Sie zu heilen sind, und daß göttliche Ordnung in Ihrem Geist, Ihrem Gemüt und Ihrem Körper herrscht.

Wohlstand steht jetzt in Ihrer Reichweite; er ist ein Vorstellungsbild, das Sie sich im Geiste machen. Wenn Sie sich jetzt vergegenwärtigen, daß Sie wohlhabend sind, und sich jetzt darüber freuen, wird Ihnen eine neue schöpferische Idee kommen, die vielleicht ein Vermögen wert ist. Bekräftigen Sie: »Gottes Reichtum ist jetzt in meinem Leben im Umlauf. Ich präge meinem Unterbewußtsein diese Vorstellung ein, und ich weiß, daß alles, was ich meinem Unterbewußtsein einpräge, sich verwirklichen wird.« Ihr Unterbewußtsein wird selbständig reagieren, und Sie werden geradezu gezwungen sein, in Ihrem Leben Reichtum sichtbar zum Ausdruck zu bringen. Warum noch länger darauf warten?

Stärke ist jetzt erreichbar. Rufen Sie die unendliche Kraft Gottes, Ihre innere Kraft kosmischer Dimension, an, und diese Kraft wird Sie beleben, mit Energie erfüllen und Ihr ganzes Wesen erneuern.

Liebe ist jetzt zu gewinnen. Seien Sie überzeugt und glauben Sie, daß Gottes Liebe Ihren Geist, Ihr Gemüt und Ihren Körper vollkommen durchdringt, daß diese göttliche Liebe nach außen ausgestrahlt und sich in allen Phasen Ihres Lebens geltend machen wird.

Führung ist jetzt zu erlangen. Gottes unendliche Weisheit, an der Sie in Ihrem Geiste Anteil haben, kennt die Antwort auf jede Frage und löst jedes Problem gemäß der Art Ihrer Bitte.

Fordern Sie das Gute *jetzt* für sich. Sie erschaffen nichts; Sie verleihen lediglich dem, was immer war, was jetzt ist und was immer sein wird, Form und Ausdruck. Moses hätte, wenn er es sich im Geiste vergegenwärtigt hätte, einen Lautsprecher oder einen Fernseher benutzen können. Die Idee oder das Prinzip, nach welchem diese Dinge hergestellt sind, existiert seit jeher im unendlichen Geist kosmischer Dimension. Platon sprach von »Archetypen des göttlichen Geistes«, womit ganz einfach gemeint ist, daß hinter der erschaffenen Dingwelt des Universums, hinter allen Dingen ein Gedanke oder ein Muster im göttlichen Geist steht.

Wie Sie eine erfüllte, beglückende Zukunft planen

Ist Ihnen je der Gedanke gekommen, daß Sie, wenn Sie etwas für die Zukunft planen, dies jetzt planen? Daß Sie, wenn Sie vor irgend etwas Künftigem Angst haben, jetzt Angst haben? Daß Sie, wenn Sie an die Vergangenheit denken, jetzt daran denken? Um eine erfüllte, beglückende Zukunft zu haben, müssen Sie lediglich Ihr gegenwärtiges Denken ändern. Sie sind sich der Inhalte Ihres gegenwärtigen Denkens und Glaubens, Ihrer Überzeugungen, bewußt – gut. Nun können Sie aber einzig und allein die Ihnen jetzt gegenwärtigen Inhalte Ihres Denkens und Glaubens in Ihrem Leben verwirklichen: das für Sie Gute, wenn dies der Inhalt ist, oder das für Sie Abträgliche, wenn Sie destruktive Überzeugungen hegen.

Vergangenheit und Zukunft sind Diebe, alle beide. Wenn Sie sich der Selbstkritik und übertriebenen Reue wegen früher begangener Fehler oder erlittener Verletzungen hingeben, bringen Sie sich um Ihren Seelenfrieden; die geistige Agonie, die Sie durchmachen, erwächst Ihrem gegenwärtigen Denken.

Wenn Sie sich wegen der Zukunft sorgen, berauben und bestehlen Sie sich der Freude, Gesundheit und des Erfolges. Zählen Sie die Ihnen jetzt zufallenden Wohltaten des Lebens und machen Sie sich frei von den beiden Dieben.

Das Nachdenken über eine fröhliche, glückliche Episode aus Ihrer Vergangenheit ist eine gegenwärtige Freude. Bedenken Sie: Vergangene Ereignisse und deren Folgen – ob gute oder schlechte – sind nichts anderes als Verkörperungen Ihres Denkens. Lenken Sie Ihr gegenwärtiges Denken in die richtigen Kanäle. Erheben Sie in Ihrem Geist Frieden, Harmonie, Freude, Liebe, Glück und

Wohlstand auf den Thron. Sinnen Sie häufig und ganz bewußt über diese Begriffe und Vorstellungen nach, fordern Sie sie für sich – und vergessen Sie alles andere.

Weiter, liebe Brüder, was wahrhaftig ist, was ehrbar, was gerecht, was keusch, was lieblich, was wohl lautet, ist etwa eine Tugend, ist etwa ein Lob, dem denket nach! (Philipper 4, 8).

Nehmen Sie diese spirituelle Medizin möglichst oft ein, und Sie haben eine herrliche Zukunft vor sich.

Ein Dienstmädchen schrieb sich selbst einen Brief und bekam das erträumte Auto

Ein Dienstmädchen legte von ihrem mageren Wochenlohn jeweils drei Dollar beiseite, um sich ein Auto zu kaufen. Eines Tages gab ihre Schwester ihr eines meiner Bücher, *Die Macht Ihres Unterbewußtseins,* das sie voll Aufmerksamkeit und Eifer las.

Später erzählte sie meiner Sekretärin, Mrs. Jean Wright, daß sie sich eines Abends hingesetzt und sich selbst einen Brief geschrieben habe, um ihrem Unterbewußtsein die Vorstellung von einem Auto einzuprägen. Der Kern ihres Briefes war, daß sie Gott für das schöne Auto dankte, das sie jetzt besitze, daß sie es gern angenommen habe und sich darüber freue, daß es ganz bezahlt sei und einwandfrei funktioniere. Sie legte den Brief in eine Schreibtischschublade, nachdem sie den Umschlag so gekennzeichnet hatte: »Mein erhörtes Gebet. Danke, Vater.«

Der Fortgang der Geschichte ist interessant. Sonntags darauf ging das Dienstmädchen wie üblich in die Kirche, und bei einem Gespräch mit einem der Kirchendiener machte sie eine Bemerkung über einen schönen Cadillac. Da mischte sich ein Mann in ihr Gespräch und sagte: »Ich möchte eines meiner Autos verkaufen. Wissen Sie niemanden, der einen Wagen sucht?« Sie antwortete: »Ich suche einen, aber ich habe erst fünfundvierzig Dollar gespart.« Warauf der Mann erklärte: »Ist in Ordnung; ich habe keinen Abstellplatz dafür. Nehmen Sie den Wagen für fünfundvierzig Dollar.« Was sie auch tat. Der Wagen lief über zwei Jahre lang einwandfrei.

Ursprünglich hatte sie gemeint, daß sie drei Jahre brauchen würde, um bloß die Anzahlung für einen Wagen zusammenzusparen. Doch dann hatte sie den Wagen gleich erbeten, *jetzt*.

Ein achtjähriger Junge kriegte den ersehnten Hund

Shakespeare sagte, alle Dinge stünden bereit, wenn der Geist bereit sei. Und in der Bibel heißt es: *Sagt ihr nicht, es sind noch vier Monate, so kommt die Ernte? Siehe, ich sage euch: Hebet eure Augen auf und sehet in das Feld; denn es ist schon weiß zur Ernte* (Johannes 4, 35).

Diese beiden Worte beziehen sich auf Ihre geistige und spirituelle Welt. Wie ich schon erwähnte, sind alle Dinge im unendlichen Allgeist als Ideen, geistige Muster und Prinzipien vorhanden.

Ein knapp achtjähriger Junge wurde von seiner Mutter zu mir gebracht, weil er ungehorsam, eigensinnig und aufsässig war. Offenbar hatten alle seine Spielgefährten Hunde, die meisten Irische Terrier, und er wollte unbedingt auch einen haben. Er grollte seinen Eltern, weil sie gegen einen Hund waren. Seine Mutter hatte ihm erklärt, Hunde seien schmutzig und sie wolle keinen im Haus haben, aber wenn er achtzehn und erwachsen sei, könne er einen haben und selbst dafür sorgen.

Der Junge konnte nicht einsehen, daß er zehn Jahre auf einen Hund warten sollte. Auf meine Bitte ließ die Mutter uns beide etwa eine halbe Stunde allein, und er schüttete mir sein Herz aus. Ich sagte ihm, er solle sich den Hund genau vorstellen, den er sich wünschte, und ihn jeden Abend vor dem Einschlafen in seiner Phantasie streicheln und hätscheln, er solle einfach das Gefühl haben, daß ein Hund bei ihm im Zimmer sei und er die Arme um das Tier lege. Ich riet ihm, das jeden Abend zu tun.

Ein paar Wochen danach hatte der Junge Geburtstag. Sein Großvater kam und schenkte ihm einen Scheck über dreitausend Dollar für seine spätere Ausbildung – dazu einen Welpen, einen Irischen Terrier! Der Großvater wurde von der ganzen Familie begeistert empfangen, und jeder Widerstand gegen den Hund schmolz im Applaus für die Geschenke dahin.

Der Junge brauchte also doch nicht zehn Jahre auf seinen Hund zu warten. Er hatte durch die Intensität seiner Gedanken bei der empfundenen Freude darüber, den Hund *jetzt* zu haben, die Zeit verkürzt. Im Buch der Sprüche heißt es: *Die Hoffnung, die sich verzieht, ängstet das Herz* ... (Sprüche 13, 12). Die Ernte ist *jetzt* in Ihrem Geist reif. Machen Sie Ihren Geist bereit dafür, das Gute *jetzt* zu empfangen, ohne weiteren Aufschub.

Wie eine Witwe den neuen Partner fürs Leben fand

Eine ratsuchende Witwe erzählte mir, sie bete seit drei Jahren um einen Ehemann, habe aber bisher nicht den richtigen kennengelernt. Im Gespräch mit ihr fand ich heraus, daß sie in ihrem Geiste Hindernisse und Barrieren errichtet hatte, denn ihr Wunsch lief auf den Gedanken hinaus: »Wenn ich in Rente gehe, möchte ich heiraten, dann könnte ich mit meinem Mann reisen und das Leben unbeschwert genießen.« Sie hatte die Heirat gedanklich in die Zukunft verlegt und so selbst ihrem Ziel entgegengearbeitet.

Ich erklärte ihr, wie man die Zeit verkürzt. Dann riet ich ihr, abends vor dem Schlafengehen den Ring an ihrem Finger zu spüren, ganz greifbar und natürlich; bedeuten solle dies für sie, daß die Heirat mit einem ideal zu ihr passenden Mann bereits stattgefunden habe und sie sich jetzt über die Wirklichkeit der Ehe freuen könne.

Sie tat dies eine Zeitlang jeden Abend. Sie weckte dadurch tatsächlich in sich das starke Glücksgefühl, das sie empfunden hätte, wäre sie bereits verheiratet gewesen. Ein paar Wochen später lernte sie den Pfadfinderführer ihres Sohnes, den sie von gesellschaftlichen Veranstaltungen her schon flüchtig kannte, näher kennen und lieben, und er machte ihr bald darauf den ersehnten Heiratsantrag.

Im Geiste kann man seinen Herzenswunsch ohne Aufschub verwirklichen. Das von dieser Witwe gehegte geistige Bild und ihr als lebensecht empfundenes Gefühl, den Ring am Finger zu haben, wurden ihrem Unterbewußtsein vermittelt, und die ihrem Unterbewußtsein innewohnende unendliche Weisheit führte die

Frau und den für sie idealen Partner zusammen. Die Frau nannte ihr Unterbewußtsein scherzhaft ihren »unsichtbaren Ehevermittler«. Und Scherz beiseite: Sie hat recht!

*Ein Ingenieur beseitigte geistige Barrikaden
und stieg sprunghaft empor*

Unlängst erzählte mir ein Ingenieur, er arbeite hart, um befördert zu werden, doch weil andere in der Firma ihm viele Dienstjahre voraus hätten, würde er vermutlich noch manche Jahre warten müssen. Der Ingenieur hatte auch den Flugzeugführerschein und flog zu Forschungszwecken oft Maschinen von Los Angeles nach New York und in andere Städte. Ich fragte ihn, wie lange ein Flug nach New York dauere. »Oh«, sagte er, »mit dem Jet knapp fünf Stunden.« Dies bedeutet, daß er jeweils mehr als viereinhalbtausend Kilometer in fünf Stunden oder weniger überbrückte. Mit den alten Pferdefuhrwerken hätte man eineinhalb Jahre gebraucht.

Unsere Mathematiker und Physiker weisen darauf hin, daß Raum und Zeit eins sind, die sprechen von Raumzeit und sagen, daß wir, wenn wir die Zeit abkürzen, auch den Raum verkürzen. Ich erklärte dem Ingenieur, daß nur er selbst sich befördern könne, daß er aber, wenn er dies tun wolle, zuerst die Barrikaden und Stolpersteine in seinem eigenen Geist abbauen müsse – Hemmnisse wie: »Andre haben mir viel voraus«, und »ich werde warten müssen.«

Aufgrund meiner Ratschläge entspannte sich nun der Mann jeden Morgen und Abend für etwa fünf Minuten und meditierte. Er stellte sich seine Frau vor, wie sie zu ihm sagte: »Mein Lieber, ich bin ja so glücklich über deine Beförderung und die schöne Gehaltserhöhung. Es ist einfach wunderbar.« Er fühlte lebhaft ihre Umarmung und empfand ihre Gesten, ihre Stimme und Freudensäußerungen als wirklich.

Schon wenige Wochen später ging sein Wunsch in Erfüllung. Er arbeitet nun an einem großen Projekt, leistet Arbeit, die strengster Geheimhaltung unterliegt, und stieg sowohl im Ansehen als auch in seinem Einkommen sprunghaft empor.

Ein Mann gewann neue Lebenszuversicht

Ein Mann aus Texas, der mir am Telefon des langen und breiten seine vielen Schwierigkeiten schilderte, schloß damit, daß er Gott die Schuld an all seinen Rückschlägen gab. Ich erwiderte ruhig, daß im Universum Gesetz und Ordnung herrschen, daß Gott der Inbegriff aller Lebensprinzipien ist und daß ein Mensch, wenn er gegen diese Prinzipien verstößt, eben entsprechend leidet.

Hier ist jedoch nicht die Rede von einer Bestrafung durch einen zornigen Gott. Im Gegenteil, es geht um eine *unpersönliche* Angelegenheit von Ursache und Wirkung. Wenn ein Mensch die Gesetze des Geistes falsch anwendet, ist seine Erfahrung negativ; wendet er sie dagegen richtig an, dann kommt er voran. Ich erläuterte dem Texaner am Telefon, wie er ein freier Kanal für den Strom göttlichen Lebens werden könne, und nannte ihm ein Gebet, das er möglichst oft sprechen sollte:

»Ich bin ein freier, offener Kanal für das Göttliche. Unendliches Leben durchströmt mich ungehindert und kommt in meinem Leben in Form von Gesundheit, Frieden, Wohlergehen und richtigem Tun zum Ausdruck. Ich setze ständig neue schöpferische Ideen, die ganze gefesselte Herrlichkeit in meinem Inneren frei.«

Der Mann gewann dadurch neue Lebenszuversicht und sagte mir bei einem zweiten Anruf, daß er eigentlich erst jetzt zu leben beginne. Voll Freude fügte er hinzu: »Ich habe aufgehört, mich dem Guten zu verschließen. Ich habe sozusagen den Fuß vom Schlauch genommen, und das Lebenswasser fließt nun reichlich in mein Leben.«

Er hat gelernt, sich zu entspannen und locker zu sein, und er drückt den unendlichen Lebensstrom nicht mehr mit den Gewichten negativen Denkens ab. Als Folge dieser Änderung seiner Geistes- und Gefühlshaltung geht es ihm jetzt auch in materieller Hinsicht wieder besser.

Die richtige Steuerung Ihrer Geistes- und Gefühlshaltung

Es gibt nur eine einzige universelle kosmische Kraft, und diese belebt das gesamte Universum. Gott ist das Leben, und zwar auch Ihr Leben, hier und jetzt. Doch dieses Lebensprinzip kann sich konstruktiv oder auch destruktiv auswirken – einfach weil Sie die Fähigkeit haben, zu wählen und sich zu entscheiden.

Wenn Sie sich auf das Göttliche in Ihnen, auf die immense Kraft kosmischer Dimension einstimmen und sie harmonisch, in einer friedlichen und freudigen Grundhaltung durch Ihr ganzes Sein strömen lassen, wenn Sie richtig denken, richtig fühlen und richtig handeln, werden Sie ein Leben des Glücks und Erfolges auf ganzer Linie führen – hier und jetzt.

Destruktiv verhalten Sie sich, wenn Sie sich Gefühlen der Angst überlassen, des Bedauerns, der Reue oder irgendeiner Form negativen Denkens. Besonders unheilvolle Auswüchse der falschen Gefühlseinstellung sind Ärger, Bitterkeit und Feindseligkeit, des weiteren anmaßender Stolz, verbohrter Eigensinn sowie die Kritik und Verurteilung anderer Menschen.

Wenn wir seelisch-geistig mit Gedanken und Gefühlen der Angst, des Ärgers, des Hasses oder der Eifersucht zusammenleben, verfilzt sich unsere ganze Lebenskraft in diesem Nährboden der Destruktion und Aggression, und die Wirkung ist genau so, wie wenn Sie den Fuß auf Ihren Gartenschlauch stellen und das Fließen des Wassers unterbinden. Negative Emotionen, die in unserem Unterbewußtsein angestaut werden, machen sich früher oder später in unserem Leben als körperliche oder seelisch-geistige Krankheiten geltend.

Sie sind auf Erden, um alle Attribute, Kräfte und Aspekte Gottes sichtbar zu machen. Da dies der wahre Grund und Sinn Ihrer Existenz ist, sollten Sie alles ablehnen, was nicht zu innerer Harmonie, Gesundheit und Freude verhilft.

Innere Unruhe oder Rastlosigkeit infolge erlittener Enttäuschungen oder bestehender Mängel und Eingeengtheit sollten für Sie zum großen Ansporn werden und Sie befähigen, alle Schwierigkeiten vermittels der Ihnen innewohnenden immensen Kraft kosmischer Dimension zu überwinden. Überwinden bringt echte Freude. Probleme und Konflikte, Schwierigkeiten und Herausforderungen des Lebens helfen Ihnen, Ihre geistigen und spirituellen Werkzeuge zu gebrauchen, Ihre verborgenen Kräfte anzuzapfen und die Reichtümer der unendlichen Schatzkammer Ihres Inneren freizulegen.

Was Sie sich auch wünschen, es ist als Gedanke vorweggenommen in Ihrem Geist bereits vorhanden. Vergegenwärtigen Sie sich, was Sie sich wünschen, und empfinden Sie die Wirklichkeit des Gewünschten, stellen Sie es sich als verwirklicht vor. Ihre geistige Realität kennt weder Raum noch Zeit. Hören Sie auf, sich selbst einzuengen. Entfernen Sie alle in Ihrem Geist vorhandenen Schranken und treten Sie *jetzt* in die Freude des von Gott erhörten Gebetes ein.

. . . *Hebet eure Augen auf und sehet in das Feld; denn es ist schon weiß zur Ernte* (Johannes 4, 35). Die Ernte ist die Frucht Ihres Einklangs mit der Kraft kosmischer Dimension.

ZUSAMMENFASSUNG

1. Der Mensch ist auf Erden, um ein erfülltes, glückliches, herrliches Leben zu führen.

2. Es gibt eine richtige und eine falsche Weise zu denken, zu sprechen, zu handeln – wie es eine richtige und eine falsche Weise gibt zu singen, ein Auto zu fahren, ein Geschäft zu betreiben und einem Beruf nachzugehen. Sie sollten den Unterschied jetzt kennen.

3. Rufen Sie die Ihnen innewohnende göttliche Weisheit an, und sie wird Ihrem Herzen eingeben, was Sie nach ihrem Wunsche tun und wissen sollen.

4. Sie können Gesundheit, Stärke und Reichtum jetzt haben, Liebe und Führung jetzt erlangen. Gott ist das *ewige Jetzt.* Wenn Sie etwas für die Zukunft planen, planen Sie jetzt. Wenn Sie an die Vergangenheit denken, denken Sie an sie jetzt.

5. Ein guter Weg, dem Unterbewußtsein eine Idee oder einen Wunsch einzuprägen, besteht darin, sich selbst einen Brief zu schreiben. Kennzeichnen Sie einen solchen Brief mit: »Mein erhörtes Gebet.« Nehmen Sie die Freude des erhörten Gebetes vorweg, jetzt.

6. Ihr Unterbewußtsein ist auch Ihr »unsichtbarer Heiratsvermittler«. Wenn Sie den lebhaft vorgestellten Ehering vor dem Schlafengehen an Ihrem Finger fühlen und ihn als natürlich und greifbar empfinden, wird Ihr Unterbewußtsein Ihnen den für Sie idealen Lebenspartner zuführen.

7. Jeder Mensch befördert sich selbst. Stellen Sie sich immer wieder vor, daß Ihnen ein geliebter Mensch zu Ihrer großartigen Beförderung gratuliert. Tun Sie dies mit Ausdauer! Das beharrliche Festhalten an Ihrem Vorstellungs- und Wunschbild bringt Sie an das Ziel.

8. Im Universum herrschen Gesetz und Ordnung, und wenn jemand gegen das universelle Lebensprinzip verstößt, wird er entsprechend darunter leiden. Vertrauen Sie dem Göttlichen in Ihnen.

9. Die Auswüchse destruktiver Geistes- und Gefühlshaltung, die sich im Unterbewußtsein anstauen, kommen in unserem Leben unfehlbar als Krankheiten und Fehlleistungen zum Ausdruck.

KAPITEL 7

Wie Sie das tiefste aller Wissensgeheimnisse entschlüsseln

Ihre Gebete werden nicht wirksam sein, solange Sie die größte aller Wahrheiten und das tiefste aller Wissensgeheimnisse auf Erden nicht kennen. Sie finden es im 5. Buch Mose 6,4: *Höre, Israel, der Herr, unser Gott, ist ein einiger Herr.*

Dies bedeutet: *Höre* (verstehe), *Israel* (erweckter oder erleuchteter Mensch), *der Herr* (die großartigste, höchste Kraft), *unser Gott* (die Allmacht, die Kraft kosmischer Dimension), *ist ein einiger Herr* (eine einzige Kraft – nicht zwei Kräfte, nicht drei, nicht zehn und nicht tausend). Vergegenwärtigen Sie sich diese Wahrheit und was daraus folgt!

Ein wirksames Gebet, das Ihr Leben verändert

»Gott ist, und alles, was ist, ist Gott. Gottes Gegenwart und Kraft sind das Göttliche im Menschen: sie wohnen mir inne, durchströmen mein ganzes Wesen und finden in meinem Leben als Harmonie, Gesundheit, Friede, Freude, Inspiration, rechtes Tun, Fülle und echte Selbstverwirklichung Ausdruck. Ich bin ein freier, offener Kanal für das Göttliche, und ich weiß, daß ich, wenn ich diese Wahrheiten denke und empfinde, alle Wohltaten des Lebens an mir erfahren werde. Ich mache mir dieses Gebet zur Gewohnheit, und in meinem Leben werden ›Wunder‹ geschehen. Ich beginne jetzt eine neue Bewußtseinsperiode, die mein Leben verändert.«

Bewegen Sie sich nicht länger im Kreis. Halten Sie Ihre Augen auf Gottes Glorie gerichtet und steigen Sie in seinem Licht empor. Gehen Sie nicht länger wie ein Roboter auf eingeschliffenen Denkgeleisen durchs Leben, der alte Klischees wiederholt, in destruktiver Weise denkt und darauf in unheilvoller, nachteiliger Weise reagiert.

Wenn Ihr Auto alt wird, bekommen Sie ein neues. Aus den gleichen Gründen erhalten Sie von Zeit zu Zeit neue Kleider, ein neues Haus oder, zum Beispiel, ein neues, besseres Büro. Wie wäre es, wenn Sie ein neues Bild von sich selbst erhielten, jetzt gleich? Erwarten Sie das Beste, blicken Sie voll Hoffnung einer verheißungsvollen herrlichen Zukunft entgegen. Halten Sie eine solche, eine schöne Zukunft für das, was kommt – für Sie und Ihre Mitmenschen. Leben Sie mit diesem neuen Bild von sich selbst, dann werden Sie die Freude und die Genugtuung haben, daß sich Ihr Leben zum Besten wendet.

Wessen sind Sie sich heute bewußt? Welches Spektrum umfaßt Ihre Wahrnehmungsfähigkeit? Sie betrachten die Mitglieder Ihrer Familie, sehen Ihre Frau oder Ihren Mann und Ihre Kinder in ihrem Tun und Lassen und hören sie sprechen; doch in Ihrem Heim gibt es viele Dinge, deren Sie sich nicht bewußt sind. Sie wissen, daß Sie, wenn Sie den Fernseher oder das Radio einschalten, Stimmen oder Musik hören und Menschen sehen würden, die jetzt bereits, auch wenn Sie sie jetzt nicht sehen, da sind. Aber sind Sie sich auch des Göttlichen, das in Ihnen, das in jedem Menschen ist, bewußt, das Sie heilen, inspirieren, aufrichten, Ihnen Ihre verborgenen Talente offenbaren und in Ihrem Leben buchstäblich Wunder wirken kann? Diese immense Kraft ist für Sie jederzeit verfügbar. Zapfen Sie sie an, *jetzt gleich!* Machen Sie sich das eingangs empfohlene Gebet, das Ihnen den Zugang zu dieser Kraft kosmischer Dimension erschließt, zur täglichen Gewohnheit.

Machen Sie es wie dieser Weltraumwissenschaftler

In meiner Nachbarschaft lebt Dr. Lothar von Blenk-Schmidt, ein Weltraumwissenschaftler und Mitglied der Rocket Society. Er erzählte mir, daß er, wenn er bei Raumfahrtprojekten in der Konstruktionsabteilung ein Problem hat, sich einfach zu entspannen pflegt, sozusagen die Räder seines Geistes stillstellt und dann ruhig bekräftigt: »Die unendliche Weisheit, an der ich teilhabe, wirft Licht auf dieses Projekt.«

Die Lösung des Problems tritt ihm oft plötzlich ins Bewußtsein. Manchmal kommt sie, so versicherte er mir, spontan wie eine Erleuchtung, manchmal zeichnet sie sich als graphische Darstellung vor seinem inneren Auge ab.

Dieser Naturwissenschaftler und Techniker muß sich ständig auf seinen Verstand verlassen können und tut es auch, aber seine größten Erfolge verdankt er seiner geläuterten Geisteshaltung und seinem tiefen Glauben.

Wie Sie das werden können, was Sie gern sein möchten

Sie müssen sich geistig von den hergebrachten zersetzenden Denkmustern lösen und im autonomen Reich Ihres Geistes die Dinge so sehen, wie Sie sie haben möchten. Bei diesen Ihren geistigen Bildern müssen Sie verweilen.

Wenn Sie eine Reise machen möchten, ist es selbstverständlich unumgänglich notwendig, daß Sie Ihre gewohnte Umgebung verlassen. Und wenn Sie ein glücklicher, heiterer, erfolgreicher und wohlhabender Mensch werden wollen, ist es ebenso unumgänglich notwendig, daß Sie Ihr gewohntes, im Negativen verwurzeltes Denken, zerstörerische Selbstverurteilung und destruktive Einstellung gegenüber Ihrer Umwelt ablegen und gleichsam als geschlossenes Buch hinter sich lassen. Nur so können Sie ein neues Selbstbild entwickeln.

Stellen Sie sich vor, daß Sie der Mensch sind, der Sie gern sein möchten. Bleiben Sie dem neuen Bild treu, und dieses Bild wird durch einen mit der Osmose vergleichbaren Prozeß in Ihr Unterbewußtsein sinken, dort wird es im verborgenen geistige Gestalt annehmen und nach einiger Zeit in Ihrem Leben als Erfahrung zum Ausdruck kommen. So können Sie ein neuer Mensch in Gott werden und von Herrlichkeit zu Herrlichkeit wandeln.

Halten Sie heiter, beharrlich und entschieden auf Ihre neue Richtung zu, auf gute Leistung, Beförderung, Vorankommen und auf die Erfüllung Ihrer Wünsche. Bewegen Sie sich seelisch-geistig und spirituell vorwärts, richten Sie sich einen neuen geistigen Wohnsitz ein, wo Sie in einer harmonischen seelisch-geistigen Atmosphäre der Erfüllung Ihrer Herzenswünsche leben können. Indem Sie Ihr neues Bild von sich selbst als Wirklichkeit nehmen und gedanklich und gefühlsmäßig als Realität empfinden, wird sich Ihre Vorstellung in Ihnen festigen und so die zunächst geistig vollzogene Tatsache auch äußere Tatsache werden, nämlich in Ihrem Leben.

Fahren Sie nicht jeden Tag auf dem gleichen Weg zur Arbeit oder von der Arbeit nach Hause; lesen Sie nicht immer die gleichen alten Zeitungen; sprechen Sie nicht immer in der selben alten Weise; vermeiden Sie gewohnte Klischees! Suchen Sie sich neue Freunde, begeben Sie sich auf neue Wege – sehr wahrscheinlich nehmen Sie Gelegenheiten und Werte wahr, die Sie zuvor nicht beachtet haben! Denken Sie an Menschen und Dinge stets vom Standpunkt des mit Gott erreichbaren Guten aus, dann wird Ihnen Großes gelingen, und Sie werden Phantastisches erreichen.

Ein Pechvogel wird zum Glückspilz

Voriges Jahr beriet ich einen Mann, der kurz zuvor Bankrott gemacht hatte; außerdem hatte er Geschwüre bekommen, litt an hohem Blutdruck und saß, wie er selbst sagte, »gehörig in der Patsche«. Er meinte, ihm hänge ein Fluch an, Gott strafe ihn für frühere Sünden, Gott zeige ihm seinen Zorn und nun habe er seinen »verdienten Lohn«. Dies alles sind verhängnisvolle Überzeugungen.

Ich erklärte dem Mann, solange er glaube, ein Pechvogel zu sein, werde er aus einem einfachen Grund leiden: weil die Überzeugungen eines Menschen im Leben Gestalt annehmen und als Erfahrungen oder Ereignisse sichtbar werden. Ich empfahl ihm ein Gebet, das für ihn Wunder wirkte und auch für Sie Wunder wirken kann:

»Ich denke, spreche und handle vom Standpunkt des unendlichen göttlichen Geistes aus. Ich weiß, daß Gedanken und Gefühle mächtig sind, daß ich anziehe, was ich fühle, und daß ich werde, was ich mir vorstelle. Ich verweile geistig bei diesen Wahrheiten. Rechtes Tun beherrscht mein Leben, denn göttliches Gesetz und göttliche Ordnung beherrschen mein Leben in allen Phasen. Göttliche Führung wird mir jetzt zuteil. Erfolg ist mir jetzt beschieden, Wohlstand erlange ich jetzt. Göttliche Liebe erfüllt meine Seele. Göttliche Weisheit leitet mich in allen meinen Unternehmungen. Wenn mich Angst oder Sorge zu befallen drohen, bekräftige ich sofort: ›Gott führt mich jetzt‹, oder: ›Gott kennt die Antwort.‹ Ich mache mir dies zur Gewohnheit, und ich weiß, daß in meinem Leben Wunder geschehen.«

Der Mann sprach dieses Gebet jeden Tag fünf- oder sechsmal laut. Nach einem Monat war er wieder ganz gesund. Ein halbes Jahr später konnte er als leitender Ingenieur in ein bedeutendes Konzernunternehmen einsteigen. Sein ganzes Leben hat sich verwandelt. Aus dem einstigen Pechvogel ist ein Glückspilz geworden.

Gedanken und Gefühle sind unsere heimlichen Herrscher – wir werden von ihnen gelenkt und gesteuert. Verankern Sie Ihr Sein in den göttlichen Prinzipien, die ich diesem Mann empfahl, und Sie werden sehen, daß auch in Ihrem Leben Wunder geschehen.

Ihr Glaube an Gottes Allmacht heilte sie

Eine Frau, die wegen ihrer Arthritis mit Ultraschall und Aspirin behandelt wurde, kam zu mir um Rat. Sie hatte zu beten versucht, sagte aber: »Immer wenn ich an Gesundheit, Harmonie und Frieden zu denken beginne, erfüllen mich Gedanken an Unheilbarkeit, Schmerzen und Mißbildung; ich vermag einfach nicht an Gesundheit zu denken.«

Der Grund lag darin, daß die Frau seit ihrer Kindheit darauf »trainiert« worden war, an die Unheilbarkeit vieler Krankheiten zu glauben; und weil sie glaubte, die verkrüppelnde Arthritis könne nicht geheilt werden, schien ihr die Fähigkeit abzugehen, sich entschlossen und nachhaltig für Gesundheit und Unversehrtheit zu entscheiden. Indem sie jedoch meine Anweisungen befolgte, gelang es ihr, ihre Haltung zu ändern.

Ich erkiärte ihr, daß sie als erstes ihren Glauben an die gleichsam gleichwertige Macht des Guten und Bösen ablegen müsse, an eine böse Macht, die angeblich die Krankheit verursacht, und an eine andere, eine gute Macht, die angeblich die Gesundheit gewährt. Die Frau glaubte das tatsächlich und kannte die einfache Wahrheit nicht, daß die Ursache jedweder Krankheit, Armut und Not sowie überhaupt aller Leiden gerade eben dieser ambivalenten Überzeugung erfließt, als deren Folge der Mensch wankelmütig, körperlich und seelisch-geistig anfällig und in jeder Weise unstabil ist.

Die Frau beschloß nun, ihre Sicht der Dinge zu ändern. Sie hielt sich an das folgende Gebet, das ich ihr im Hinblick auf ihre Krankheit und ihre fehlgeleiteten Überzeugungen aufschrieb mit der Empfehlung, sich diese Wahrheiten täglich zu vergegenwärtigen:

»Ich glaube ein für allemal, daß es nur eine einzige kosmische Macht gibt, Gott, und seine Macht ist gleichbedeutend mit Unversehrtheit, Schönheit und Vollkommenheit. Ich weiß und glaube, daß das größte Geheimnis im Leben das Wissen um die Allmacht Gottes und der Glaube an das Göttliche im Menschen ist, diese unendlich gute und vollkommene Kraft. Ich bekräftige ganz bewußt, daß Gottes heilende Liebe, die mich erschaffen hat, jetzt alle Ablagerungen in meinem Körper auflöst, die dort nicht hingehören. Ich bin ein Tempel des lebendigen Gottes und verherrliche Gott in meinem Leib.«

Die beharrliche Versenkung der Frau in den Inhalt dieses Gebetes stärkte ihren Glauben an die einzige Kraft kosmischer Dimension immer mehr und baute ihren Fehlglauben an die Macht auch des Bösen allmählich ab, bis sie schließlich tatsächlich der Überzeugung war, die sie tagtäglich in ihren Gebeten bekräftigte.

Die Frau ließ sich weiter mit Ultraschall behandeln, und nach und nach erlangten ihre Glieder die frühere Gelenkigkeit zurück. Die für die Arthritis so charakteristischen Kalkablagerungen lösten sich auf, die Ödeme verschwanden, und ihr Körper wurde zu einem Kanal für Gottes Allgegenwart, die sich stets als Liebe, Gesundheit und Frieden ausdrückt. Der Glaube der Frau hat ihr geholfen.

Lassen Sie Ihr »Verstandeswissen« zum »Herzenswissen« werden

Vor einiger Zeit erzählte mir eine Frau von ihrer, ich muß sagen, faszinierenden Lebensphilosophie. Sie hatte ein Buch mit dem Titel *Eine Art zu leben* geschrieben, die vom wissenschaftlichen Standpunkt aus sehr vernünftig und nach geistigen Kriterien vollkommen zutreffend war. Ihr eigenes Leben jedoch war ein reines Chaos: sie hatte fünf Scheidungen hinter sich (mit fünfundzwanzig Jahren!), jetzt war sie Alkoholikerin und konnte nicht einmal mehr ihre Miete bezahlen.

Ich erklärte ihr, daß ihre philosophischen Erkenntnisse, Theorien und Postulate sich in ihrer Erfahrung verkörpern und offenbaren müßten, sonst seien sie bedeutungslos. Mit anderen Worten: Ihr »Verstandeswissen« mußte zum »Herzenswissen« werden, das heißt, sie mußte die zutage geförderten Wahrheiten in sich aufnehmen und zu einem lebendigen Teil ihrer selbst machen, genau wie Nahrung, die man in sich aufnimmt, in den Blutkreislauf eingeht.

Ihre schönen Gedanken, Ideen und Theorien kamen in ihrem Körper, ihrem Charakter und ihrem Leben nicht zum Ausdruck. Der einzige Weg, um sie zum Ausdruck zu bringen, besteht natürlich darin, sie im eigenen Leben anzuwenden – was die Frau bisher versäumt hatte.

Ich gab ihr ein Gebet, und indem sie sich die darin enthaltenen Wahrheiten systematisch vergegenwärtigte, wurde sie ein ganz anderer Mensch. Das Gebet lautete:

»Gott ist die Liebe, und Liebe erfüllt meine Seele. Gott ist Frieden, und sein Frieden erfüllt meinen Geist und Körper. Gott ist vollkommene Gesundheit, und seine Gesundheit ist meine Gesundheit. Gott ist Freude, und seine Freude ist meine Freude. Ich fühle mich herrlich. Das Leben ist wunderbar!«

Ein Wissenschaftler stellt eine Theorie auf, doch bevor sie allgemein als wissenschaftliche Tatsache akzeptiert wird, muß sie sozusagen auf dem Bildschirm des Raums objektiv bestätigt sein; andernfalls bleibt sie bloße Theorie. Der Gedanke muß Fleisch werden, was bedeutet, daß er in unserer Erfahrung konkrete Form annehmen muß. Sie müssen Ihre Glaubensüberzeugungen in allen Bereichen Ihres Lebens demonstrieren.

Warum tut Gott nichts gegen Krieg, Verbrechen und Krankheit?

Herausfordernd stellte mir ein Mann die Frage: »Wenn es Gott gibt, warum macht er dann nicht dem Krieg und dem Verbrechen ein Ende und merzt die Krankheit aus?« Solche Fragen stellen die Menschen schon seit jeher. Oft hört man jemanden jammern: »Warum läßt Gott zu, daß ich so leide? Warum hat Gott mich mit dieser Krankheit gestraft? Ich halte doch alle Gebote und Dogmen der Kirche ein, und trotzdem leide ich. Warum?«

Die Antwort ist ziemlich einfach – ich bin froh, dies sagen zu können: Gott, der unendliche Weisheit und unendliches Leben ist, wohnt jedem Menschen inne, und jedesmal, wenn der Mensch denkt, nutzt er die unendliche schöpferische Kraft – zum Guten oder zum Bösen. Ralph Waldo Emerson sagte: »Der Mensch ist, was er den ganzen Tag über denkt.« Wie der Mensch im innersten Herzen denkt, so ist er.

Gelegentlich besuche ich Menschen in Krankenhäusern und manche sagen: »Warum ist mir dies passiert? Ich hasse doch niemanden.« Andere fragen: »Gott straft mich, warum nur?« In den meisten dieser Fälle bringt die Erklärung schon die Heilung: Wenn man Gutes denkt, ist Gutes die Folge; wenn man Schlechtes denkt, ist Schlechtes die Folge.

Seit alten Zeiten trichtern Ereiferer des Bösen den Menschen die Angst vor dem Teufel ein. Das mittelalterliche Angst- und Zerrbild von einem Teufel mit Hufen und Hörnern, Fledermausohren und einem spitzen, stechenden Schwanz lebt, zumindest unbewußt, noch heute in manchen Menschen fort. Ein solches monströses Ungeheuer, das uns zum Schlechten zu verleiten versucht, gibt es nicht; es ist eine Ausgeburt menschlicher Phantasie und eine irregeleitete Projektion verdrehter Schuldgefühle des Menschen.

In der Jugend sind wir geistig leicht zu beeinflussen, und wir vermögen noch nicht abstrakt zu denken. Deshalb akzeptieren wir mehr oder weniger alles, was uns Eltern und Erzieher suggerieren, genau wie eine hypnotisierte Person die Suggestion akzeptiert: »Sie sehen eine Schlange durchs Zimmer kriechen.« Das Unterbewußtsein der hypnotisierten Person akzeptiert die Suggestion sofort, und diese Person sieht im Geiste eine Schlange, die ihr selbst natürlich vollkommen wirklich vorkommt. Aus diesem Grund kann man auch lesen, daß Martin Luther ein Tintenfaß nach dem Teufel schleuderte; und doch war der Teufel nichts anderes als eine Projektion seiner Angst und ein Produkt seiner Vorstellungen von Gut und Böse.

Das Gute und das Böse – Sie wählen es

Als Kinder dachten wir nur in Bildern bzw. Vorstellungsbildern, und weil wir es nicht besser wußten, projizierten wir diese Bilder von einem Gott und einem Teufel. Wir stellten uns Gott im Himmel droben und den Teufel irgendwo drunten in der Hölle vor, ohne uns darüber klar zu sein, daß tatsächlich wir selber unseren Himmel und unsere Hölle schaffen: durch den Inhalt unseres Denkens, Glaubens und Fühlens.

Der Mensch in der Morgendämmerung der Menschheit schrieb alle Freuden den Göttern und alle Schmerzen und Leiden den bösen Geistern zu. Der prähistorische Mensch erkannte, daß er Naturkräften ausgesetzt war, über die er keine Kontrolle zu haben schien. Die Sonne spendete ihm Wärme, dörrte aber auch den Boden aus. Das Feuer verbrannte ihn; der Donner entsetzte ihn; das Wasser überschwemmte sein Land, so daß Mensch und Vieh ertranken. Sein mangelhaftes Verständnis der Naturkräfte lief auf einen primitiven, grundsätzlichen Glauben an viele Arten von Göttern, auf gute und böse Geister hinaus.

Aus dieser Frühform des Glaubens heraus begann er die Geister des Windes, der Sterne und des Wassers anzuflehen, in der Hoffnung, sie würden sein Gebet erhören. Dann ging er dazu über, den Göttern des Windes und des Regens Opfer zu bringen. Der Mensch der Frühzeit unterteilte die Götter, Genien und Geister in wohlwollende und böswillige Kräfte. Daher rührt die fast in allen Religionen anzutreffende Auffassung von zweierlei Wesen und die Polarität von Gut und Böse. Und heute kranken wir an den Relikten dieser uralten Überzeugungen.

Als kleiner Junge, bevor ich abstrakt denken konnte, bekam ich gesagt, Gott sei ein wohlwollender, freundlicher alter Mann im Himmel oben, wo Engel ihn umgäben, und die Straßen im

Himmel seien mit Gold gepflastert. Wenn ich brav sei, käme ich eines Tages in den Himmel, wenn ich aber nicht brav sei, müsse ich in die Hölle.

Der Mensch ist ein freies Wesen. Er hat unter anderem die Freiheit, ein Halsabschneider, Bandit oder Mörder oder aber ein gesunder, fröhlicher, glücklicher und erfolgreicher Mensch zu werden, der sich Gott, den Mitmenschen, seinem Land und der Welt verschrieben hat. Nichts zwingt den Menschen, gut zu sein. Er hat die Freiheit, gut oder schlecht zu sein. Wäre er gezwungen, gut zu sein, gäbe es keine Freiheit; der Mensch wäre dann ein Automat ohne Wahl, ohne freien Willen.

Unsere sämtlichen Leiden, Schmerzen und Nöte sind auf unsere Unwissenheit und auf den Verstoß gegen universelle Prinzipien zurückzuführen. Die Unkenntnis der Gesetze des Lebens und des Universums muß der klugen Anwendung dieser Gesetze weichen.

Es gibt nur eine einzige schöpferische Kraft, aber sie trägt viele Namen: Gott, Allah, Brahma, Allgeist usw. Im absoluten Sinne ist diese Kraft als Eintracht, Harmonie, Frieden, Schönheit, Ordnung, Rhythmus und Liebe zu erkennen. Doch hat eben der Mensch die Wahl, diese Kraft konstruktiv oder destruktiv zu nutzen, nach seiner Wahl. *Siehe, ich lege euch heute vor den Segen und den Fluch; den Segen, so ihr gehorcht den Geboten ... den Fluch aber, so ihr nicht gehorchen werdet ...* (5. Mose 11, 26 – 28).

Es gibt nur eine einzige Kraft kosmischer Dimension, und ich möchte noch einmal nachdrücklich betonen, daß Sie kein wirkliches Glück und keinen echten Seelenfrieden erlangen können, solange Sie nicht zu tiefem, beständigem Glauben an diese einzige in Ihrem Leben wirkende göttliche Gegenwart und Kraft gefunden haben.

Aufgrund dieser neuen Bewußtheit und Überzeugung erwächst allein das Freisein von Mangel, Angst und Krankheit. Sie müssen sich sagen: Es kann gar keine zwei schöpferische Kräfte geben; die eine Kraft würde die andere aufheben, und überall würde Chaos herrschen. Werden Sie ein freier Kanal für Gottes Liebe, Harmonie und Frieden und lassen Sie sich davon durchströmen.

Das Wissen, das Ihnen Frieden, Harmonie und die Lösung Ihrer Probleme bringt

Gott ist unendlich, und Unendliches läßt sich weder teilen noch multiplizieren. In der Bibel heißt es: *Der ich das Licht mache, und schaffe die Finsternis; der ich Frieden gebe, und schaffe das Übel. Ich bin der Herr, der solches alles tut* (Jesaja 45, 7).

Dieses Bibelzitat veranschaulicht klar und deutlich, daß es nur eine einzige Schöpferkraft gibt, die Sie benutzen und von der Sie sich Licht geben lassen können. Rufen Sie bewußt Gott an, so können Sie Licht in jedes Problem bringen. Dunkelheit schaffen Sie, wenn Sie sagen: »Ich sitze fest. Ich bin bestraft. Es gibt keinen Ausweg. Die Lage ist hoffnungslos.« Mit einer solchen Geisteshaltung fällen Sie ganz klar das Urteil: »Niemand, nichts, selbst Gott kennt den Ausweg nicht.« Und entsprechend Ihrer Überzeugung leben Sie in Dunkelheit und Verwirrung, die Sie aufgrund Ihrer falschen Überzeugung selbst geschaffen haben.

Frieden stellen Sie her, indem Sie geistig bei Dingen verweilen, die wahr, gut, liebenswert, edel und schön sind. Schlechtes bringen Sie in Ihre Lebenserfahrung, wenn Sie negativ, das heißt niedrig und zerstörerisch denken. Gott wohnt Ihnen inne. Darum müssen Sie sich die Frage stellen: »Wie benutze ich diese immense Kraft?« Benutzt man sie aufbauend, harmonisch und gemäß ihrer Natur, kann man buchstäblich von »Gott in Aktion« sprechen; benutzt man sie hingegen destruktiv, zerstörerisch und entgegen ihrer Natur, dann tritt jene chaotische seelisch-geistige Dunkelheit ein, bei der so viele Menschen »den Teufel am Werk« sehen.

Alle Naturkräfte lassen sich gegensätzlich einsetzen. Wie soll ein Mensch auf Erden ein neuer Mensch werden, also eine Art zweite Geburt im Geiste oder innere Verwandlung erleben, wenn ihm die hier aufgezeigte einfache Wahrheit verschlossen ist? Denken Sie daran: Sie können nicht wirklich wachsen und seelisch-geistig vorankommen, wenn Sie nicht der unbedingten Überzeugung sind, daß es nur eine einzige beherrschende Kraft gibt. *Ich, der Herr, das ist mein Name; und will meine Ehre keinem andern geben, noch meinen Ruhm den Götzen* (Jesaja 42, 8).

Sie können die Elektrizität dazu benützen, Ihr Haus zu beleuchten oder jemanden umzubringen. Sie können Wasser dazu benutzen, ein Kind zu ertränken oder es zu baden. Derselbe Wind, der ein Schiff an den Felsriffen zerschellen läßt, trägt es auch in Sicherheit. Salpetersäure läßt sich konstruktiv in verschiedenen chemischen und industriellen Prozessen verwenden, aber man kann damit auch jemanden blenden. Atomenergie können Sie als Antriebskraft eines Schiffes einsetzen oder auch zur Vernichtung von Städten und Menschen.

Gutes und Schlechtes liegen in der Reichweite des Menschen – nirgendwo sonst. Und der Mensch hat die Wahl.

Glauben Sie nichts, was Sie nicht verstehen. Legen Sie Dinge, die Sie nicht verstehen, sozusagen im Geiste auf ein Regal und sagen Sie zu sich selbst: »Mein höheres Selbst wird Licht auf dieses Thema werfen.« Jeder Glaube tendiert dazu, sich sichtbar zu offenbaren. Wenn Sie beispielsweise glauben, daß Sie immer wieder auf diese irdische Ebene zurückkehren müssen, um Ihre Sünden zu sühnen, legen Sie sich zweifellos Ketten und Fesseln der Knechtschaft an und hemmen dadurch Ihr seelisch-geistiges Wachstum.

Denken Sie von jetzt an in anderen Kategorien. Weiten Sie Ihre Sicht der Dinge aus. Betrachten Sie im Geiste unveränderliche Werte wie Freiheit, Frieden, Fülle und Freundlichkeit gegenüber allen Menschen. Sie werden das, was Sie geistig betrachten. Ihr neues Selbstbild hat seine eigene Mathematik und seine eigene Kraft des Selbstausdrucks; es gibt nichts, was sich ihm widersetzen kann, darum besteht keinerlei Grund zu Angst oder Sorge.

Wenden Sie Ihre Augen der Ihnen innewohnenden unendlichen Kraft kosmischer Dimension zu und bleiben Sie auf dem Weg von Gottes Glorie, dann werden Sie Tag für Tag höher steigen und von Herrlichkeit zu Herrlichkeit gehen. Möge Gott Sie jetzt und allezeit auf diesem Weg halten.

ZUSAMMENFASSUNG

1. Das tiefste aller Wissensgeheimnisse ist die Erkenntnis der Wahrheit, daß es nur eine einzige Allmacht gibt: Gott. Es gibt nur diese eine *einzige* Kraft, nicht zwei Kräfte, nicht drei und nicht mehr.

2. Ein wirksames Gebet sprechen Sie, wenn Ihnen klar ist, daß Gottes Gegenwart Sie durchströmt und zu Harmonie, Gesundheit, Frieden, Freude, rechtem Tun, Inspiration, Fülle und echter Selbstverwirklichung befähigt.

3. Wenn Sie ein Problem haben, das Sie nicht lösen können, sollten Sie ruhig behaupten: »Die unendliche Weisheit, an der ich teilhabe, wirft Licht auf dieses Projekt.«

4. Stellen Sie sich vor, daß Sie der Mensch sind, der Sie gern sein möchten. Bleiben Sie diesem neuen Bild Ihrer selbst treu, und es wird zunächst geistige Gestalt annehmen und sich sodann in Ihrem Leben verwirklichen.

5. Denken Sie in bezug auf alle Menschen und Dinge vom Standpunkt des göttlichen Prinzips aus, dann werden Sie Großes bewerkstelligen. Gedanken und Gefühle sind unsere Herren, wir werden von ihnen, die wir selbst schaffen oder zulassen, gelenkt und gesteuert.

6. Bekräftigen Sie bewußt, daß Gottes Heilkraft, die Sie erschaffen hat, jetzt die Krankheitsablagerungen in Ihrem Körper auflöst. Lassen Sie sich von Gottes Liebe heilen.

7. »Verstandeswissen« genügt nicht; es muß zum «Herzenswissen« werden, um bedeutungsvoll und wirksam zu sein.

8. Immer wenn der Mensch denkt, bedient er sich seiner schöpferischen Kraft. Nutzen Sie sie für das Gute in Ihrem Leben. Der Mensch schafft sich seinen eigenen Himmel und seine eigene Hölle durch die Art seines Denkens, Glaubens und Fühlens. Sie haben die Freiheit, Gesundheit oder Krankheit zu wählen, Reichtum oder Armut. Sie haben die Freiheit des Willens und der Entscheidung. Entscheiden Sie sich für Gesundheit, Harmonie und Glück, Ihr angestammtes kosmisches Geburtsrecht.

9. Es gibt nur die eine einzige unendliche Kraft kosmischer Dimension. Nutzt der Mensch diese ihm innewohnende Kraft konstruktiv, kann man von »Gott in Aktion« sprechen. Nutzt er sie destruktiv, dann sehen abergläubische Menschen »den Teufel am Werk«. Alle Naturkräfte lassen sich für gute oder schlechte Zwecke einsetzen. Der Schlüssel zum Glück des Menschen liegt ausschließlich in seinem Denken und Glauben.

10. Jeder Glaube tendiert dazu, sich sichtbar zu offenbaren. Glauben Sie nur an das Gute, Schöne, Edle und das Göttliche im Menschen, dann kommt dies in Ihrer Erfahrung zum Ausdruck. Konzentrieren Sie Ihre Aufmerksamkeit auf die großen Wahrheiten Gottes – dies ist die beglückende kosmische Art des Sehens.

KAPITEL 8

Wie Sie mit Hilfe kosmischer Kraft richtig entscheiden

Alle erfolgreichen Menschen haben eine herausragende Eigenschaft gemeinsam, nämlich die Fähigkeit, unverzüglich Entscheidungen zu treffen und diese dann beharrlich und zielstrebig zu verwirklichen.

Ein Großunternehmer erzählte mir, er habe während seiner fünfzigjährigen Erfahrung im Umgang mit Menschen aus Industrie und Handel festgestellt, daß die sogenannten Versager eines gemeinsam hätten: Sie zögern angesichts notwendiger Entscheidungen, zaudern unschlüssig und schwanken hin und her; und wenn sie endlich eine Entscheidung getroffen haben, halten sie nicht beharrlich daran fest.

Die Fähigkeit, zu wählen und sich zu entscheiden, ist die vornehmste Eigenschaft und das höchste Vorrecht des Menschen. In der Fähigkeit, etwas zu wählen und das, wofür man sich entschieden hat, dann in die Wege zu leiten, wird die Kraft des Menschen sichtbar, »des Gottes voll«, wie Schiller sagte, schöpferisch zu wirken.

Mut zur Entscheidung verwandelte ihr Leben

Eine Frau fühlte sich einsam und, so jung sie war, vom Leben enttäuscht. Sie hatte schon zweimal erwogen zu heiraten und war dann doch zu keiner Entscheidung gekommen. Ihre Mutter war sehr herrschsüchtig und erhob Einwände gegen jeden jungen Mann, an dem die Tochter interessiert war. Die junge Frau hatte jegliche Initiative eingebüßt und rundweg den Mut zu irgendeiner Entscheidung verloren. Kein Wunder, daß sie einsam und gehemmt geworden war.

Auf meinen Vorschlag hin machte sie sich von der mütterlichen Bevormundung frei. Sie begann eine Entscheidung nach der anderen selbst zu treffen, wogegen früher stets ihre Mutter für sie entschieden hatte. Sie beschloß, sich eine eigene Wohnung einzurichten. Sie faßte den Entschluß, ihre Kleider selbst einzukaufen. Sie entschied sich, Tanzstunden zu nehmen und regelmäßig zum Schwimmen und Tennisspielen zu gehen.

Im Laufe der Zeit gewöhnte sie sich an, sämtliche Entscheidungen selbst zu treffen. Das gab ihr eine neue Sicherheit und die Ausstrahlung einer ausgeglichenen jungen Frau. Schließlich verlobte sie sich mit einem sympathischen jungen Mann, ohne ihre Mutter oder jemand anderen um Rat zu fragen; sie folgte ganz einfach dem Diktat ihres Herzens. Diese Frau entdeckte, wie man sein Leben durch einen grundsätzlichen Entschluß selbst in die Hand nehmen kann und dann auf einmal alle wie immer gearteten Entscheidungen eigenverantwortlich zu treffen und ein glückliches Leben zu führen vermag.

Denken Sie daran: Es ist nie zu spät, in seelisch-geistige oder materielle Unordnung Ordnung zu bringen, indem man klare Entschlüsse faßt und entschieden zu diesen steht.

Sie entschied, gesund zu werden, und wurde gesund

Nachstehender Brief verdeutlicht den Glauben einer Frau an die ihr innewohnende Heilkraft und an die Freiheit ihrer Entscheidungsfähigkeit, die von ihrem Wissen getragen wird, daß ihr Geist eins ist mit dem kosmischen Geist Gottes.

Sehr geehrter Herr Dr. Murphy!

Vor einigen Jahren hatte ich einen sehr schweren Autounfall. Der Arzt sagte, er habe noch nie einen an so vielen Stellen gebrochenen Hals und Rücken gesehen. Jedermann bezweifelte, daß ich durchkommen würde.

Ich beschloß, daß ich am Leben bleibe und mit Gottes Hilfe geheilt würde. Ich wußte, daß durch meine entschiedene Überzeugung göttliche Heilkraft mobilisiert würde, weil ich Sie am Radio oft hatte sagen hören, daß einem gemäß seiner

Überzeugung geschieht. Ich betete täglich, ja stündlich, während ich darniederlag in meinem engen Spitalzimmer, daß Gottes unendliche Heilgegenwart mich wiederherstellen und vollkommen gesund machen möge, und freute mich an meiner Genesung. Und tatsächlich fand eine wunderbare Heilung statt!

Man hatte mir gesagt, ich müßte mehrere Monate lang, vielleicht ein Jahr lang, ein Körperkorsett und ein Halsstützband tragen. Ich trug es nur ein paar Wochen. Und meinem Hals und Rücken fehlt jetzt nichts mehr!

Mein Herz ist voller Dankbarkeit. Ich weiß, es geschieht dem Menschen gemäß seiner Überzeugung. Ich entschied mich dafür, gesund zu werden, und Gott heilte mich.

Gezeichnet E. D.

Wie sich ein Apotheker bei seinen Entscheidungen leiten läßt

Vor einiger Zeit hatte ich ein interessantes Gespräch mit einem bekannten Apotheker unserer Stadt. Er sagte, das Leben mit seinen beruflichen und geschäftlichen Komplikationen und der daraus resultierenden Verwirrung mache es oft schwer, Entscheidungen zu fällen; ihm sei es aber gelungen, sich eine nach seiner Meinung ideale Methode anzueignen, um richtige Entscheidungen zu treffen und das Richtige zu tun.

Der Apotheker berief sich auf die Bibel, und zwar auf den Psalm: *Seid stille und erkennt, daß ich Gott bin . . .* (Psalm 46, 11). Er erklärte: »Ich sinne über die Tatsache nach, daß Gott mir innewohnt, und konzentriere meine Aufmerksamkeit auf seine unendliche Gegenwart. Ich stelle mir vor, daß Gott mir antwortet. Ich entspanne mich, werde ganz locker und fühle mich ganz in Gottes Ruhe und Stille eingebettet. In meinem Inneren kommt mir kristallklar die Antwort, und sie ist immer richtig für die jeweilige Situation.«

Dieser Apotheker hat eine Technik entwickelt, um seine Probleme zu lösen und mit Hilfe der Kraft kosmischer Dimension die richtigen Entscheidungen zu treffen. Thomas Carlyle sagte einmal: »Stille ist ein Element, in dem große Dinge sich gestalten.«

Ein wirksames Gebet um richtiges Entscheiden

Dies ist ein Gebet, das ich zahllosen Männern und Frauen empfohlen habe, die Führung bei ihren Entscheidungen suchten.

»Alles, was ich wissen muß, erfahre ich von meinem Inneren. Der unendliche Geist kosmischer Dimension wirkt durch mich und offenbart mir, was ich wissen muß. Ich strahle gegenüber allen Menschen in Gedanken, Worten und Taten Frieden und Freundlichkeit aus. Ich weiß: Was ich aussende, kommt tausendfach zu mir zurück. Gott in mir kennt die Antwort. Die vollkommene Antwort wird mir jetzt bekannt gemacht. Göttliche Weisheit trifft alle Entscheidungen durch mich, und in meinem Leben gibt es nur richtiges Entscheiden und richtiges Tun.

Ich hülle mich in den Mantel der Liebe Gottes ein und weiß, daß göttliches richtiges Entscheiden mir jetzt beschieden ist. In mir herrscht Friede. Ich wandle im Licht, ich bin voll Glauben, Vertrauen und Zuversicht. Ich erkenne die Führung, die meinem bewußten, überlegenden Verstand zuteil wird. Es ist mir unmöglich, sie unbeachtet zu lassen. Gott spricht zu mir in Frieden. Hab jetzt Dank, Vater, für die Antwort.«

Wenn Sie unschlüssig sind, was Sie tun oder sagen oder wie Sie etwas entscheiden sollen, empfiehlt es sich, die Wahrheiten dieses Gebetes langsam, ruhig, voll Überzeugung und Gefühl zu bekräftigen. Tun Sie dies etwa dreimal in entspannter, friedlicher Stimmung, dann werden Sie einen göttlichen Impuls erhalten, das stumme innere Wissen der Seele empfangen. Manchmal kommt die Antwort als inneres Gefühl der Gewißheit, manchmal als starke Ahnung oder auch als eine spontane Idee, die klar in Ihr Bewußtsein tritt. Intuitiv werden Sie die Antwort erkennen und wissen, welches die richtige Entscheidung ist.

Entscheiden Sie sich für das Denk- bzw. Folgerichtige

Wenn Sie den Ausdruck »logisch« gebrauchen, wollen Sie zum Ausdruck bringen, daß Ihr Urteil vernünftig, gesund und gültig ist und auf den Gesetzen des Denkens beruht; oder Sie wollen damit zum Ausdruck bringen, daß etwas denkrichtig bzw. folge-richtig ist.

Logisch ist, wenn Sie Gutes denken, weil daraus nur Gutes folgen kann. Unlogisch ist, wenn Sie Schlechtes denken und hieraus Gutes erwarten, denn Samen – wie Gedanken – wachsen artgetreu. Wir leben maßgebend in einem geistigen Universum, und die Gesetzmäßigkeiten unserer geistigen Realität dominieren stets Logische Entscheidungen gründen sich immer auf kosmi-sche Weisheit.

Die Gesetze des Denkens und Glaubens sind logisch, also folgerichtig. Sie sind nicht ungerecht, nicht parteiisch, genauso wenig wie andere Naturgesetze es sind. Unlogisch wäre, wenn Sie die Hand auf einen heißen Ofen legten; wenn Sie dies täten, müßten Sie die Konsequenzen erleiden. Unlogisch wäre es, aus dem zwölften Stock eines Gebäudes zu springen, denn das Gesetz der Schwerkraft ist nicht parteiisch und wird im Fall Ihres Todessprungs keine Ausnahme machen. Unlogisch wäre der Glaube, daß zwei und zwei fünf ist.

Unlogisch, nämlich denkunrichtig, und deshalb völlig unsinnig ist es, gegen die Naturgesetze anzugehen, gegen die unwandelba-ren Gesetzmäßigkeiten von Gottes Universum – des Geistes wie auch der Dingwelt.

Eine Frau wurde trotz aller Widrigkeiten Effektenhändlerin

Eine Verkäuferin in einem Warenhaus von Los Angeles interessierte sich seit vielen Jahren für den Aktienmarkt. Sie war für sich selbst eine sehr erfolgreiche Anlegerin und hatte auch einen Abendkurs absolviert, der sie für eine Anstellung in einem Finanzmaklerbüro qualifizierte.

Sie stellte sich in mehreren Büros vor, kam aber, wie sie sagte, wegen ihres Geschlechts nirgends unter. Mir erklärte sie: »Die wollen einfach keine Frauen.«

Ich empfahl ihr, einen klaren Entschluß zu fassen und sich überzeugt zu sagen: »Ich bin jetzt in einem Maklerbüro angestellt und beziehe ein großartiges Gehalt, das den Kriterien meiner Arbeit und Leistung entspricht.« In dem Augenblick, in dem sie einen Entschluß fasse und dazu stehe, so erklärte ich ihr, werde die geistig vorweggenommene Tatsache sich ihrem Unterbewußtsein einprägen und dieses werde alles daransetzen, ihr den Weg zur Erfüllung ihres Wunsches zu ebnen. Abschließend wies ich sie an, auf die Führung zu achten, die in ihr Bewußtsein trete, und sie zu befolgen.

Die Fortsetzung ist interessant. Ein starker Drang erfaßte die Frau, in einer Lokalzeitung ein Stellengesuch des Inhalts aufzugeben, daß sie zwei Monate unentgeltlich in einem Maklerbüro arbeiten wolle und einen großen Kreis potentieller Kunden zu bieten habe. Sie erhielt umgehend Angebote von drei Firmen und nahm eines an.

Dieser Fall zeigt, daß man an die eigene Entscheidungsfähigkeit glauben muß und daß eine klare Entscheidung, hinter der die Überzeugung der Erfüllbarkeit eines Wunsches steht, im Leben Wunder wirkt.

Erkennen Sie das Göttliche im Menschen

Menschen, die Angst vor Entscheidungen haben oder sich fürchten, ihre Wahl zu treffen, weigern sich tatsächlich, das Göttliche zu erkennen bzw. anzuerkennen, das ihnen innewohnt. Erkennen Sie das Göttliche in jedem Menschen.

Es ist Ihr göttliches Recht, zu wählen und sich zu entscheiden. Sie können sich dafür entscheiden, gesund, glücklich, erfolgreich und wohlhabend zu sein, indem Sie, Sie allein, durch Ihr Denken und Glauben die Herrschaft des Guten in Ihrer Welt etablieren. Ihr Unterbewußtsein, durch das Sie Zugang zur geistigen Realität kosmischer Dimension haben, unterliegt den Verfügungen Ihres Bewußtseins, und alles, was Sie verfügen, wird unfehlbar Wirklichkeit.

Entscheidend wichtig ist dabei allerdings, daß Ihr Bewußtsein, das heißt Ihr gewohnheitsmäßiges Denken im Einklang mit den ewig gültigen kosmischen Prinzipien steht.

In der Bibel heißt es: ... *Was der Mensch sät, das wird er ernten* (Galater 6, 7). Wie wahr das doch ist!

Verschreiben Sie sich nicht dem Massengeist

Ein besorgter Mann sagte im Hinblick auf die vielen Niederlagen, die er im Leben erlitten hatte, zu mir: »Ich weiß nicht, was ich tun soll. Mir fehlt die Gabe zu erkennen, was vernünftig und logisch ist. Ich kann keinen Entschluß mehr fassen.«

Ich erklärte dem Mann, daß er jedenfalls *einen* verhängnisvollen Entschluß gefaßt habe: den, keinen Entschluß zu fassen, und dies bedeute, daß er sich entschieden habe, alles anzunehmen, was aus dem Geist der Masse kommt, und sich den Denkgewohnheiten und Überzeugungen der Masse zu überlassen.

Der Mann begriff, daß es unsinnig von ihm war, nicht selbständig zu denken, zu überlegen und zu folgern. Wer dies nicht tut, verschreibt sich dem im allgemeinen destruktiven Massendenken, das für ihn dann die Entscheidungen fällt.

Er änderte seine fatalistische Haltung aufgrund des nachfolgenden Gebetes: »Ich glaube an meine Fähigkeiten und an die Unverfälschtheit meiner eigenen seelisch-geistigen Einsichten. Ich frage mich: ›Wenn ich Gott wäre, wie würde ich mich entscheiden?‹ Ich weiß, daß mein Motiv richtig ist und daß ich den Wunsch habe, das Richtige zu tun. Alle meine Entscheidungen beruhen auf der Tatsache, daß Gottes kosmische Weisheit ihre Entscheidungen durch mich fällt, und deshalb muß mein Handeln richtig sein.«

Als ich ihn wiedersah, glaubte ich, einem neuen Menschen begegnet zu sein. Voll Freude erzählte mir der Mann, er treffe jetzt seine geschäftlichen und häuslichen Entscheidungen fast mühelos. Er führt jetzt tatsächlich ein erfolgreiches Leben, ist gesünder, leistungsfähiger und liebenswürdiger geworden. Er hat mehr Verständnis für seine Umgebung und kommt in allen Bereichen voran.

Die Ihnen innewohnende Weisheit stützt und unterstützt alle Ihre Entscheidungen. Sie sind ein eigenständiger, verantwortlicher Mensch und haben die Fähigkeit der Entscheidung. Es ist falsch, andere für sich entscheiden zu lassen. Und es ist auch falsch zu sagen: »Ich lasse Gott für mich entscheiden.« Wenn Sie das sagen, reden Sie von Gott als völlig außerhalb Ihrer Person stehender Macht, die mit Ihnen nichts zu tun hat. Gott ist in

Ihnen. Die einzige Art und Weise, in der Gott als Inbegriff des unendlichen kosmischen Geistes für Sie wirkt, ist durch Sie hindurch. Damit das Universelle auf individueller Ebene wirksam werden kann, bedarf es des Individuums, in dem sich das Göttliche manifestiert.

Sie sind hier auf Erden, um zu wählen. Sie haben Willen und Initiative – deshalb sind Sie ein Individuum. Nehmen Sie das Göttliche in Ihrem Inneren und Ihre Verantwortung an, treffen Sie Ihre Entscheidungen selbst! Andere wissen nicht, was für Sie das Beste ist. Wenn Sie sich weigern, für sich selbst zu entscheiden, weisen Sie das Göttliche zurück, das Ihnen innewohnt, und denken vom Standpunkt der Schwäche eines Sklaven aus.

Ein Trinker überwand seine schädliche Gewohnheit

Ein Alkoholiker erzählte mir, daß ihm einmal ein Mann eine Pistole an die Schläfe gehalten und gedroht habe, ihn zu erschießen, wenn er den vor ihm stehenden Whisky trinke. Der Alkoholiker sagte: »Ich mußte den Whisky trinken. Ich konnte nicht anders, es war eine Zwangshandlung. Mir war es egal, ob er mich erschießen würde oder nicht.«

Die Worte des Alkoholikers zeigen auf, daß die ganze Kraft seines Bewußtdenkens und seines verhängnisvoll geprägten Unterbewußtseins hinter seiner Entscheidung stand. Ihm geschah tatsächlich gemäß seiner Überzeugung. Ich bat ihn, sich die nachfolgenden Wahrheiten zu vergegenwärtigen und diese, sooft er in Gefahr kommen sollte, sofort zu wiederholen:

»Ich bin in meinem Geist zu einem endgültigen Entschluß gelangt, und aufgrund dieser meiner Entscheidung bin ich frei vom Fluch des Alkoholismus. Dank der kosmischen Kraft Gottes, die meine Entscheidung festigt, bin ich vollkommen frei und danke Gott jetzt für diese Wohltat.«

Der Mann hat nunmehr seit mehr als fünf Jahren kein alkoholisches Getränk mehr angerührt und ist vollkommen frei von seiner einstigen schädlichen Gewohnheit. Er ist ein neuer Mensch. . . . *Verändert euch durch Erneuerung eures Sinnes, auf daß ihr prüfen möget, welches da sei der gute, wohlgefällige und vollkommene Gotteswille* (Römer 12, 2).

ZUSAMMENFASSUNG

1. Alle erfolgreichen Menschen haben eine herausragende Eigenschaft gemeinsam, nämlich die Fähigkeit, unverzüglich Entscheidungen zu treffen und dann beharrlich dabei zu bleiben. Die Fähigkeit, zu wählen und sich zu entscheiden, ist die vornehmste Eigenschaft und das höchste Vorrecht des Menschen. Ihre Entscheidungen werden richtig sein, wenn sie auf das kosmische Bewußtsein ausgerichtet sind.

2. Falls Sie anderen Menschen erlaubt haben, Sie zu beherrschen und die Ihnen gebührenden Entscheidungen für Sie zu treffen, sollten Sie sofort beginnen, sich von solcher Bevormundung freizumachen. Sie müssen sich angewöhnen, alle Ihre Entscheidungen selbst zu treffen. Es ist nie zu spät, sich zu ändern! Treten Sie Ihr Vorrecht nicht an andere ab – dies ist ein Zeichen von unwürdiger Schwäche und läuft auf die Ablehnung Ihrer eigenen gottgegebenen und göttlichen Kraft hinaus.

3. Sie können beschließen, daß Sie durch die immense Kraft kosmischer Dimension geheilt werden, und wenn Sie beharrlich an diesem Entschluß festhalten, wird die ganze Kraft Gottes Sie unterstützen. Ihnen geschieht gemäß Ihrer Überzeugung.

4. Wenn Sie angesichts einer Entscheidung Führung erhalten wollen, sollten Sie sich entspannt hinsetzen und sich ganz in Gottes Ruhe und Stille eingetaucht fühlen. Konzentrieren Sie Ihre Aufmerksamkeit auf die Ihnen innewohnende kosmische Kraft. Unweigerlich wird die Antwort kristallklar in Ihren Verstand treten – und sie ist immer richtig.

5. Das Gebet um richtiges Entscheiden beruht auf der Tatsache, daß der unendliche Geist kosmischer Dimension auf Ihre Bitte reagiert. Seien Sie überzeugt, daß Ihnen offenbart wird, was Sie wissen müssen. So ist Ihnen richtiges Entscheiden beschieden.

6. Eine logische Entscheidung ist vernünftig, gesund und gültig und beruht auf den Gesetzen des Denkens. Logisch bedeutet denkrichtig bzw. folgerichtig. Unlogisch ist es, Schlechtes zu denken und Glück, Gesundheit oder Wohlstand zu erwarten. Vertrauen Sie der Ihnen innewohnenden kosmischen Weisheit und beschließen Sie jetzt, gesund, glücklich, erfolgreich und wohlhabend zu sein. Ihnen widerfährt genau das, wofür Sie sich entschieden haben.

7. Die Gesetze des Denkens und Glaubens sind folgerichtig und nicht parteiisch. Nutzen Sie Ihren Geist weise und konstruktiv. Wenn Sie sagen: »Ich kann keinen Entschluß fassen«, haben Sie beschlossen, keine Entscheidung zu treffen, was unsinnig ist. Tatsächlich sagen Sie mit diesen Worten: »Ich werde die Masse für mich entscheiden

lassen.« Treffen Sie Ihre Entscheidungen vom Standpunkt Gottes als Inbegriff kosmischer Weisheit aus. Wenn Ihr Motiv richtig ist, wird Ihr Tun richtig sein. Entscheiden Sie sich jetzt.

8. Die Ihnen innewohnende kosmische Weisheit unterstützt Ihre Entscheidungen. Sie wirkt in Ihrem Leben aber immer nur kraft Ihres Denkens und Glaubens. Damit das Universelle in einem einzelnen Menschen wirken kann, bedarf es des Individuums, in dem sich das Göttliche manifestiert. Deshalb sind Sie ja ein Individuum. Dies bedeutet, daß Sie freien Willen, Initiative und die Freiheit haben, zu wählen und zu handeln, um die Wohltaten des Lebens zu genießen. Voraussetzung ist, daß Sie hier und jetzt wählen.

9. Von einer schädlichen, zerstörerischen Gewohnheit können Sie sich befreien, indem Sie den entschiedenen Entschluß fassen, sich von ihr zu trennen, und indem Sie der festen Überzeugung sind, daß die unendliche Kraft der kosmischen Gegenwart Ihre Entscheidung unterstützen wird. Das bringt Ihnen die Befreiung und erschließt Ihnen den Zugang zu den heiteren Himmeln Ihres eigenen Geistes.

KAPITEL 9

Ihr mächtigster »Freund« ist Ihr Unterbewußtsein

Es liegt in Ihrem urpersönlichen Vermögen, die unendliche geistige Kraft kosmischer Dimension, die unser gesamtes Universum erschaffen hat, zum Ausdruck zu bringen. Sie haben Anteil an ihr: Gott wohnt Ihnen inne. Das ist das Göttliche im Menschen.

Ihr mächtigster »Freund« ist Ihr Unterbewußtsein. Ihr Unterbewußtsein steht Ihnen jederzeit und sozusagen auf Abruf zur Verfügung; es gehorcht Ihren Entscheidungen und Überzeugungen, ist Ihr gehorsamer Diener und wartet nur darauf, von Ihnen bewußt eingesetzt zu werden. Es wacht während Ihres Schlafs über Sie und kontrolliert die für Sie lebenswichtigen Prozesse Ihres Körpers. Es schläft nie, es verleiht vielmehr ständig den von Ihnen eingeprägten Denk- und Vorstellungsinhalten in Ihrem Leben Gestalt und bringt sie als Erfahrungen und Ereignisse zur Geltung. Wenn Sie erst einmal verstehen, Ihr Unterbewußtsein durch bewußtes Denken und Glauben zu steuern, werden Sie feststellen, daß es Ihren kranken Körper zu heilen vermag, daß es Ihre leere Brieftasche zu füllen und Ihre gestörten menschlichen Beziehungen harmonisch zu gestalten vermag.

Eine Mutter rettete ihren sterbenden Sohn

Aus dem nachstehend abgedruckten Brief von Mrs. Hilda Hatcher läßt sich die tiefe Überzeugung einer Mutter ablesen, daß ihr Gebet erhört wurde. Diese Frau wußte, daß die unendliche Kraft kosmischer Dimension, die ihren Sohn heilen konnte,

Gott ist, und außerdem wußte sie, daß einem jeden Menschen gemäß seinem Glauben geschieht.

Sehr geehrter Herr Dr. Murphy,
es steht Ihnen frei, meinen Brief teilweise oder ganz zu benutzen, wann immer Sie es für angebracht halten.

Vor einigen Jahren erkrankte mein jüngster Sohn Charles an Kinderlähmung. Er wurde von den Ärzten aufgegeben. Ich weigerte mich, das Urteil anzunehmen, denn ich wußte, daß die Heilkraft Gottes meinen Jungen heilen würde, und ich blieb überzeugt, daß Charles am Leben bleiben würde. Ich wußte, daß meine Überzeugung, wenn ich sie voll Glauben bekräftigte, früher oder später in mein Unterbewußtsein sinken und das in meinen Gebeten vorgestellte Wunder geschehen würde.

Der Arzt sagte mir nach siebzehn Tagen, es sei keine Hoffnung mehr, und falls Charles doch durchkäme, müsse er für den Rest seines Lebens im Rollstuhl sitzen und mit einem geschädigten Gehirn sein Leben fristen. Diese Diagnose lehnte ich zutiefst ab und vergegenwärtigte mir täglich in meinen inbrünstigen Gebeten: »*Ich weiß, daß Charles lebendig ist mit dem Leben Gottes.*«

Er wurde mittels der eisernen Lunge künstlich beatmet. Ich betete mit den Worten des 91. und des 23. Psalms und fügte stets an: »*Charles ist lebendig mit dem Leben Gottes.*«

Eines Nachts sank ich beim Beten in einen Zustand der Halbtrance und »sah« meinen Jungen hinterm Haus herumtollen, voll Leben und jugendlichem Elan. Er war es wirklich, oder es kam mir wenigstens so vor. Am nächsten Tag sagte der Arzt zu mir: »Mrs. Hatcher, heute nacht ist – ganz unerklärlicherweise – Ihr Sohn aus dem Koma erwacht, sein Fieber ist weg, und er fragt nach Ihnen.«

Charles wurde in die Kinderklinik verlegt. Dort wurde er täglich behandelt, und man zeigte mir, wie ich daheim für ihn sorgen sollte.

Sechs Wochen später *ging* er in unser Haus.

Ein Jahr später, als ich in der Küche arbeitete, hörte ich hinterm Haus die Stimmen von Jungen, die umhertollten und lachten. Charles war unter ihnen, genau wie ich ihn ein Jahr

zuvor in meiner Vision gesehen hatte. Er sprühte vor Leben
und war lebendig mit dem Leben Gottes. Ich weiß, daß uns
gemäß unserem Glauben geschieht.

Seien Sie gesegnet.

Hilda Hatcher, Los Angeles.

Der Brief ist etwas gekürzt wiedergegeben, enthält aber alle
wesentlichen Punkte. Er veranschaulicht den Glauben einer
Mutter, die ihrer Überzeugung beharrlich treu blieb. Sie prägte
mit dieser Überzeugung ihr Unterbewußtsein, das alles in Bewegung setzte, bis ihr Sohn geheilt war. In der Bibel heißt es:
... Gehe hin; dir geschehe, wie du geglaubt hast (Matthäus 8, 31).

Wie ein Lehrer seine Gefühle der Feindseligkeit überwand

Ihr Unterbewußtsein als eine Art Ventil kosmischer Kraft steht
für Sie bereit und wartet darauf, von Ihnen genutzt zu werden –
in ähnlicher Weise, wie der Wasserhahn in Ihrer Küche stets
bereit ist, Ihnen Wasser zu spenden. Der folgende Brief eines
Lehrers aus Kalifornien zeigt Ihnen, wie Sie jedes Hindernis in
den zwischenmenschlichen Beziehungen zu überwinden vermögen, wenn Sie es nur fest genug wünschen, wenn Sie glauben, daß
Sie es können, und wenn Sie die Ihnen innewohnende kosmische
Kraft weise und konstruktiv nutzen.

Sehr geehrter Herr Dr. Murphy!

Manchmal ist es schwer, Gott in den Menschen zu sehen, mit
denen wir beruflich zusammenkommen. Genau dieses Gefühl
hatte ich vor mehreren Jahren als neugewählter Schulinspektor
in einer College-Stadt des Mittelwestens. Ein Mitglied der
dortigen Schulaufsichtsbehörde war ein regelrechter »Nagel zu
meinem Sarg«.

Ich kam alle zwei Wochen mit fünf Mitgliedern der Aufsichtsbehörde zusammen, und von Zeit zu Zeit, wenn er es
wünschte, traf ich den Bezirksinspektor und andere Schulvor-
steher.

Der Bezirksvorsteher hatte mir bei meiner Nominierung für
den Posten geraten, ihn nicht zu lange zu behalten – zumindest
nicht so lange, daß ich mir »die Füße schmutzig machte«. Man

sagte mir auch, in dem Bezirk gebe es zwei Arten von Schulvorstehern: die Fachleute, die unter der Leitung des Bezirksinspektors arbeiteten, und die Mitglieder der Schulaufsichtsbehörden, deren Zusammenarbeit mit dem Bezirksinspektor nur sporadisch war. Ich beschloß, unter ihnen ein hundertprozentiger Fachmann zu sein.

Kurz nachdem ich den Posten angetreten hatte, entwickelte sich zwischen mir und dem besagten Aufsichtsbehördenmitglied ein Gefühl tiefer Animosität, ich glaube, vor allem wegen meiner unnachgiebigen fachlichen Einstellung. Da ich entsprechend den Vorschlägen des Bezirksinspektors und den Bestimmungen der Schulgesetze unseres Staates handelte, aber nicht gemäß den persönlichen Anweisungen, die mir dieser Mann der Aufsichtsbehörde von Zeit zu Zeit gab, wurde die Feindseligkeit immer tiefer. Er hatte mich wirklich »auf der Latte«.

Da dieser Herr zwei andere Mitglieder der Aufsichtsbehörde beeinflussen und ihre Stimmen hinter sich bringen konnte, stand mein berufliches Ansehen auf dem Spiel. Es hätte durchaus passieren können, daß man mich feuerte, und ein entlassener Lehrer wählt meist gezwungenermaßen einen anderen Beruf. Mir waren schon mehrere solche Leute begegnet, die dann, zum Beispiel, Schulbücher an die Schulbehörden verkauften. Ich fühlte mich wie ein Mensch, der den Tiger am Schwanz gepackt hatte. Ich konnte nicht so weitermachen und auch nicht loslassen. Es mußte etwas geschehen.

Da ich starke religiöse Neigungen habe (ich war auch Mitglied der Kirchenaufsichtsbehörde und Inspektor der Sonntagsschule), betete ich im Zusammenhang mit diesem Posten viel. Offen gesagt, ich sah damals auch in mir selber manches nicht sehr Gutes.

Schließlich sagte ich mir, es müsse in dem Mann doch etwas Gutes sein. Ich stellte fest, daß er seine Kinder zutiefst liebte – ganz entschieden eine gottgefällige Einstellung. Da ich selbst Kinder habe, ging ich von diesem Gesichtspunkt aus. Ich suchte ihn hin und wieder in seinem Büro auf und fragte ihn um Rat.

Es war ein langwieriger Prozeß. Doch im Laufe mehrerer Monate entwickelten wir immer größere Achtung füreinander.

Als die Zeit kam, da mein Vertrag erneuert werden sollte, bot man mir eine großzügige Gehaltserhöhung an, um mich zum Bleiben zu bewegen: der Bezirksinspektor hatte eine für mich schmeichelhafte Empfehlung geschrieben. Ich dankte den Mitgliedern der Aufsichtsbehörde für das Angebot, lehnte es jedoch ab und zog vor, nach Kalifornien zu gehen.

Wir lösten unsere Beziehung in größter Freundlichkeit auf.

Hochachtungsvoll

William H. Thrall, San Gabriel, Kalifornien.

Dies ist eine gediegene »Betriebsanleitung«, aus der hervorgeht, wie wirksam innere Weisheit und Freundlichkeit bei der Auflösung von Feindseligkeit, Bitterkeit und Haß sind.

Sein »kosmischer Partner« bewahrte ihn vor finanziellem Verlust

Während ich an diesem Kapitel arbeitete, suchte mich ein Mann auf. Er sagte: »Ich habe Ihr Buch *Die Macht Ihres Unterbewußtseins* gelesen und war tief beeindruckt. Ich weiß, daß mein Unterbewußtsein von der selben Dimension ist wie die unendliche Weisheit und die unendliche Kraft Gottes. Mir ist klar, daß es an Gottes kosmischer Weisheit teilhat, die alles weiß. Ich bin gerade dabei, eine geschäftliche Transaktion zu erwägen, und äußerlich scheint alles in Ordnung und redlich zu sein. Aber gestern abend legte ich mich schlafen und bat, wie Sie es in Ihrem Buch vorschlagen, mein Unterbewußtsein, mir die Antwort so zu enthüllen, daß ich sie am Morgen erkennen würde. Heute früh wachte ich auf, und ich habe das Gefühl, daß an der ganzen Geschichte etwas faul ist. Ich kann auf nichts Definitives hinweisen, aber aus meinem tieferen Ich kommt ständig eine Eingebung, die ›Nein!‹ sagt.«

Der Mann fragte mich, was ich von der Sache halte. Ich antwortete, dieses Nein erfließe zweifellos seinem Unterbewußtsein, das ihn doch wohl vor einer finanziellen Fehlinvestition zu bewahren versuche, zumal seine Gesamteinlage bei dem ihm vorgeschlagenen Projekt eine Viertelmillion Dollar betragen sollte. Mein Rat an ihn lautete, nichts zu investieren, vielmehr das ganze Projekt fallenzulassen – was er auch tat.

Ich ließ bei der Niederschrift des vorliegenden Kapitels Platz frei für seinen Bericht über den Ausgang der Sache. Vor kurzem nun rief er mich an und erzählte, bei weiteren Nachforschungen der von ihm beauftragten Privatdetektive sei herausgekommen, daß die sogenannten Geschäftspartner professionelle »Bauernfänger« waren, die alles so zu arrangieren pflegten, daß es an der Oberfläche glänzend aussah, in Wirklichkeit aber sei das ihm vorgeschlagene Projekt ein riesiger Schwindel gewesen. Das intensive Wissen seines Unterbewußtseins hatte dem Mann eine Viertelmillion Dollar gespart.

Auch Sie sollten lernen, bei allen Ihren Unternehmungen an göttliches rechtes Tun zu glauben und die bisweilen völlig überraschenden Antworten Ihres Unterbewußtseins zu erwarten. Es ist sozusagen Ihr »kosmischer Partner«. Oft sagen mir Menschen nach meinen öffentlichen Vorträgen im wesentlichen: »Ich habe heute die gesuchte Antwort erhalten.« Und warum erhielten sie Antwort? Weil sie darum baten und *glaubten,* daß ihr Unterbewußtsein ihnen eine Antwort oder Lösung eingeben würde.

Er sah das Flugzeugunglück in einem Traum

Der Mensch träumt nicht bewußt. Wenn Sie träumen, schläft Ihr Wachbewußtsein, aber es ist kreativ mit Ihrem Unterbewußtsein verbunden. Ihr Unterbewußtsein dramatisiert im Traumgeschehen seinen Inhalt und kann sowohl erkennbare symbolische Bilder als auch scheinbar oder wirklich ungereimte Situationen im Traum präsentieren.

Träume sind gewissermaßen die Fernsehserien der tieferen Schichten Ihres Geistes. Es gibt verschiedene Arten von Träumen, darunter vorausschauende, sogenannte präkognitive Träume, in denen Sie ein Ereignis sehen, bevor es objektiv stattgefunden hat, ein Ereignis, das Sie selbst oder andere Menschen betreffen kann. Der Traum kann Ihnen die Erfüllung Ihres Wunsches offenbaren oder Sie auch warnen, damit Sie Ihnen drohendem Unheil aus dem Weg gehen.

Mit dem nachstehenden Brief soll veranschaulicht werden, wie Ihr Unterbewußtsein – Ihr, wie ich sagte, gleichsam kosmischer Partner – Sie zu schützen sucht.

Sehr geehrter Herr Dr. Murphy!

Ich habe Ihr neuestes Buch *Die unendliche Quelle Ihrer Kraft* gelesen, und ich halte es für das Beste, was ich in dieser Richtung gelesen habe. Es ist einfach faszinierend.

Ich würde Ihnen gern erzählen, wie mir eine Warnung, die mir mein Unterbewußtsein eingab, das Leben gerettet hat. Vor ein paar Monaten sollte ich eine Flugreise antreten, und in der Nacht vor dem Abflug las ich im Traum Schlagzeilen einer Zeitung über ´ein Flugzeugunglück, bei dem alle Passagiere umgekommen waren.

Ich wachte schlagartig auf, zitternd und mit einem sicheren Gefühl der Vorahnung. Ich bemerkte, daß meine Frau mich starr anschaute, dann fragte sie: »Hattest du den selben Traum wie ich?« Und sie erzählte mir den selben Traum – genau was auch ich gesehen hatte, in allen Einzelheiten! Ich strich die Reise, und das Flugzeug stürzte ab; alle Fluggäste fanden den Tod, genau wie ich es im Traum gesehen hatte.

Wahrlich, es stimmt, was Sie in einem anderen Ihrer Bücher sagen, nämlich in der *Macht Ihres Unterbewußtseins:* ... *dem will ich mich kundmachen in einem Gesicht oder will mit ihm reden in einem Traum* (4. Mose 12, 6).

Ihr Unterbewußtsein ist tatsächlich der geistige Humusboden sowohl für hellseherische Gesichte als auch wichtige Traumerfahrungen.

Der Instinkt und das kollektive Unbewußte

Sogar Tiere verfügen über eine Intelligenz, die uns Menschen in Verblüffung setzt. Jedes Insekt hat seinen Instinkt, sich zu schützen und Gefahren auszuweichen, einen Instinkt, der es veranlaßt, sich zu vermehren und seine Art zu erhalten.

Die gesamte Natur ist vom Geistigen her konzipiert und von diesem unendlichen Geistigen durchdrungen. So gibt es, beispielsweise, das Geistige in jedem Atom: zwei Wasserstoffatome und ein Sauerstoffatom sind nötig, um ein Wassermolekü! zu schaffen. In allen Formen der Natur sind Leben und das ihm zugrunde liegende Geistige vorhanden. Dieses Geistige wirkt instinktiv, automatisch, mechanisch und mathematisch, entsprechend der Natur des Lebewesens oder Gegenstandes unserer Dingwelt, durch die es wirkt.

Der Mensch hatte im Laufe seiner jahrtausendealten Geschichte, bevor er sich seiner selbst bewußt wurde, zahllose Erlebnisse, die auf den »Erinnerungstafeln« unseres Unterbewußtseins gespeichert und aufgezeichnet sind und die uns als Instinkt antreiben. So würden Sie zum Beispiel, wenn Sie auch nie eine giftige Kobra gesehen hätten und im Dschungel auf eine stießen, instinktiv sofort zurückweichen, weil die von tausenden Menschen überlieferte Erinnerungen an ihre todbringenden Giftzähne in Ihrem Unterbewußtsein aufgespeichert ist.

Die Erfahrungen des Menschen, dazu seine Überzeugungen, Meinungen, Ansichten und insbesondere seine Ängste werden als »Erfahrungen der Menschheit« bezeichnet. In diesem Erfahrungsgut, das der berühmte Psychoanalytiker C. G. Jung als das kollektive Unbewußte bezeichnet hat, und den daraus abgeleiteten Überzeugungen findet sich vieles, das überaus negativ ist, aber auch einiges Gutes.

Gewohnheiten prägen Ihr Unterbewußtsein

Jeder Mensch kann beschließen, daß er sich gegen die sogenannten »Glaubensüberzeugungen der Menschheit« abschirmt und sich von den Erfahrungen des Geistes der Masse befreit.

Gewohnheiten werden gebildet, indem der Mensch bestimmte Gedanken oder Erfahrungen immer von neuem wiederholt, bis er sie seinem Unterbewußtsein dauerhaft eingeprägt hat; sie werden vom menschlichen Unterbewußtsein gespeichert und drängen, gleichsam von selbst, gleichsam abgelöst vom bewußten Wollen, zur Verwirklichung. Dies bezeichnet man manchmal als »zweite Natur« des Menschen, womit einfach das Prinzip der Aktion und Reaktion gemeint ist, das in der ganzen Natur universell herrscht. Ihr Denken ist die Aktion, und die Folgerungen Ihres Unterbewußtseins gemäß dem Inhalt Ihres Denkens sind die Reaktion. Ihr Unterbewußtsein ist der gehorsame Diener, der gewohnheitsmäßig handelt.

Sie lernen und üben Ihre Erfahrung, ein Auto zu fahren, maschinezuschreiben, Klavier zu spielen oder einfach zu gehen und zu sprechen. Nachdem Sie das Autofahren gelernt und geübt haben, konditionieren Sie nach und nach Ihr Unterbewußtsein, so daß Ihr gehorsamer Diener, wenn Sie ins Auto gestiegen sind und wissen, wohin Sie fahren wollen, in Aktion tritt und Sie hinfährt. Unsere erwähnte Organistin, Vera Radcliffe, kann blind wunderbare Musikstücke spielen. Ihr Unterbewußtsein – und nicht ihr Bewußtsein – setzt das Spiel in Gang. Genauso können Sie Briefe sehr rasch tippen, abstrakt denken und verständlich sprechen, ohne Finger, Hirn oder Zunge absichtlich zu lenken.

Ihr Unterbewußtsein ist eine Art unsichtbare Bühne geistigen Geschehens, in dem der unendliche Geist kosmischer Dimension, der allen Menschen innewohnt, zum Ausdruck kommt. Mit seiner Hilfe wird Ihnen Wissen enthüllt, das scheinbar unzugänglich ist, werden Konflikte und Probleme gelöst, die scheinbar unlösbar sind.

Sie erhielten sofort die erbetene Führung

Einer der Hörer meiner täglichen Rundfunksendung schrieb mir:

Sehr geehrter Herr Dr. Murphy!

Meine Frau und ich hatten eine schwerwiegende Entscheidung zu treffen. Wir standen vor einem Problem, das uns vollkommen durcheinanderbrachte. Von drei verschiedenen Rechtsanwälten bekamen wir widersprüchliche Ratschläge, und der Rat, den wir von einem Psychologen erhielten, war gänzlich unbefriedigend. Wir waren enttäuscht.

Dann sagte meine Frau: »Laß uns um Führung bitten.« Ich wurde plötzlich von dem starken Drang erfaßt, das Radio anzuschalten. Ich hörte Sie über göttliche Führung sprechen. Wir lauschten stumm der viertelstündigen Sendung. Sie beendeten Ihre Sendung mit den Worten: »Gott als Inbegriff des unendlichen Geistes führt und leitet Sie auf allen Ihren Wegen und offenbart ihnen die Antwort, die aus Ihrem Unterbewußtsein in Ihr Bewußtsein treten wird, und es ist Ihnen unmöglich, sie zu übersehen. Der unendliche Geist kosmischer Dimension kennt jede Antwort, und weil er sie kennt, kennen Sie sie. Glauben Sie, daß Ihnen Antwort gegeben wird, wie Sie glauben, daß morgen früh die Sonne aufgeht. Alle Kraft sei mit Ihnen!«

Ich möchte Ihnen mitteilen, daß die Antwort für unser Problem aus heiterem Himmel kam und sich als perfekte Lösung erwies. Spontan stieg in meiner Frau die Idee hoch, einen alten Freund aufzusuchen, dieser beriet uns, er gab uns die Antwort, und unser Problem war gelöst. Wahrlich, es gibt ein Prinzip göttlicher Führung, von dem Sie in Ihrer Sendung so schön gesprochen haben.

Hochachtungsvoll J. H.

Der Brief dieses Mannes zeigt, wie Sie Antwort erhalten können. Vielleicht drängt Ihr Unterbewußtsein Sie einfach, ein Buch aufzuschlagen, und Sie finden die Antwort, oder im richtigen Moment das Radio anzuschalten. Die gesuchte Antwort oder Lösung kann Ihnen auf tausenderlei Arten zuteil werden. Ihr Unterbewußtsein ist dabei Ihr stummer Diener. Seine Winke, Eingebungen, Antriebe und Wünsche sind stets aufs Leben ausgerichtet.

ZUSAMMENFASSUNG

1. Sie sind fähig, die Ihnen innewohnende kosmische Kraft Gottes, von der unser Universum erschaffen wurde, in Ihrem Leben zum Ausdruck zu bringen. Wenn Sie lieben, bringen Sie das Göttliche in Ihnen zum Ausdruck. Ihr Unterbewußtsein ist Ihr mächtigster »Freund«. Es gehorcht Ihren Verfügungen und Überzeugungen.

2. Ihr Unterbewußtsein reagiert auf die Inhalte Ihres Denkens und Glaubens. Eine Mutter glaubte aus ganzem Herzen, daß ihr in der eisernen Lunge liegender Sohn am Leben bliebe. Das Gebet der Frau wurde erhört, und die Leute sprachen von einem Wunder.

3. Ist Ihre Beziehung zu einem Mitmenschen angespannt, sollten Sie gegenüber diesem Menschen Harmonie, Frieden und Freundlichkeit ausstrahlen, denn damit aktivieren Sie die Weisheit Ihres Unterbewußtseins, das eine harmonische Beziehung herstellen wird.

4. Wenn Sie um Führung bitten, reagiert Ihr Unterbewußtsein oft, indem es in Ihnen das Gefühl weckt, an einer bestimmten Situation oder einem Projekt stimme etwas nicht; es ist eine Art inneres, stummes Wissen, das Ihnen rät: »Hände weg davon.« Beachten Sie einen solchen Wink!

5. Ihr Unterbewußtsein kann Sie in einem Traum vor drohender Gefahr warnen und Sie befähigen, ein drohendes Unheil zu vermeiden. Darum sagt ja, erinnern Sie sich, in der Bibel der Herr: ... *dem will ich mich kundmachen in einem Gesicht oder will mit ihm reden in einem Traum* (4. Mose 12, 6).

6. In allen Formen der Natur ist Leben, Geist und Kraft. Dieses Geistige wirkt instinktiv, automatisch, mechanisch und mathematisch in allen Formen der Natur, in den Dingen und Lebewesen, auch in den Tieren. Der Mensch kann sein Leben steuern, da er die Inhalte seines Denkens und seiner Vorstellungskraft auswählen kann.

7. Erinnerung und Erfahrung der ganzen Menschheit seit Anbeginn der Zeit sind unauslöschbar in die »Erinnerungstafeln« Ihres Unterbewußtseins eingraviert. Dieses Erfahrungsgut und die daraus abgeleiteten Überzeugungen, Meinungen, Ansichten und insbesondere Ängste der Menschheit kann man als »Geist der Masse« bezeichnen.

8. Gewohnheiten erzeugt man, indem man bestimmte Gedanken oder Erfahrungen so lange von neuem wiederholt, bis sich diese dem Unterbewußtsein einprägen; in gleichsam automatischer Reaktion verwirklicht das Unterbewußtsein die Inhalte dieser Denk- und Gefühlsgewohnheiten. Dies gilt für gute Angewohnheiten wie auch

für schlechte. Ihr Denken ist die Aktion, und Ihr Unterbewußtsein reagiert gemäß der Natur Ihres Denkens.

9. Die Antwort auf Ihre Frage oder Ihr Problem kann Ihnen auf verschiedenste Arten zuteil werden. Ihr Unterbewußtsein, der »kosmische Partner« kann Sie zum Beispiel zu einem Buch führen, in dem die Antwort steht, oder Sie veranlassen, am Radioknopf zu drehen, so daß Sie eine Sendung hören, die Ihr Problem plötzlich in einem neuen Licht erscheinen läßt und löst. Glauben Sie ebenso fest, daß Ihnen Antwort zuteil wird, wie Sie glauben, daß morgen früh die Sonne aufgeht; dann geschieht Ihnen gemäß Ihrem Glauben, der ein Gedanke in Ihrem Geist ist.

KAPITEL 10

Wie die kosmische Sicht der Dinge Ihnen zum Segen gereicht

In der Bibel heißt es: *Laß... deinen Blick geradeaus gerichtet sein...* (Sprüche 4, 25). Und weiter: *Ich hebe meine Augen auf zu den Bergen, von welchen mir Hilfe kommt* (Psalm 121, 1).

Ich bin sicher, daß Ihr Blick sich auf vollkommene Gesundheit, Harmonie und Seelenfrieden richtet. Sie können absolut überzeugt sein, daß Ihr geistiges Bild, wenn Sie ihm treu bleiben, in Ihrem Unterbewußtsein entwickelt und dann in Ihrer Erfahrung sichtbar gemacht wird.

Fragen Sie sich bei der Lektüre dieses Kapitels: »Worauf ist mein Blick jetzt gerichtet?« Die Antwort lautet: Auf das, dem gerade eben Ihre Aufmerksamkeit gilt; mit anderen Worten, auf das, worauf Ihre Gedanken, Vorstellungen und Gefühle konzentriert sind. Sie gehen dorthin, wohin sich Ihr Blick richtet. Ihre Aufmerksamkeit ist ein Schlüssel zum Leben.

Der Psalmist sagt: *Er macht meine Füße gleich den Hirschen und stellt mich auf meine Höhen* (Psalm 18, 34). Hierin liegt ein großes psychologisches Geheimnis, das uns alle lehrt, die Höhen richtiger Sicht zu erklimmen. Der Hirsch ist auf der ganzen Erde bekannt für seine Trittsicherheit, denn seine Hinterbeine und seine Vorderbeine sind perfekt aufeinander abgestimmt; die Hinterfüße treten genau in die Spur der Vorderfüße, und das befähigt ihn, der rauhen Bergwelt gewachsen zu sein und deren Höhen zu erklimmen. Dies soll uns lehren, daß Geist und Herz im Hinblick auf persönliche Ziele wie Gesundheit, Sicherheit und Wohlstand übereinstimmen müssen. Wenn die Worte aus unserem Mund und die Gefühle in unserem Herzen übereinstimmen, wird uns nichts unmöglich sein, und wir werden uns auf den Höhen des Lebens aufhalten.

Ein Ingenieur erlangte Gesundheit und Wohlstand

Frederick Reinecke, ein hervorragender Ingenieur, sandte mir folgenden Brief:

Sehr geehrter Herr Dr. Murphy!
Ich wurde in den vergangenen zehn Jahren ein anderer Mensch. Vor dieser Zeit litt ich regelmäßig jeden Winter unter Erkältungen und Grippe und nahm allerlei Mittel dagegen ein; außerdem litt ich oft an Hämorrhoiden, Magengeschwüren und Rückgratbeschwerden – alles eine Folge, wie ich jetzt weiß, von Anspannung, unterdrückter Wut und lang aufgestauter Feindseligkeit.

Vor etwa zehn Jahren begann ich mir Ihre Vorträge anzuhören, ich lernte die von Ihnen aufgezeigten Gesetze des Denkens und Glaubens kennen und begriff, was ich mir selbst antat. Ich begann meine Aufmerksamkeit auf vollkommene Gesundheit zu richten, auf Harmonie in meinem Beruf und auf göttliches rechtes Tun in allen meinen Angelegenheiten. Ich verzieh mir selbst meine destruktive Haltung der Vergangenheit und beschloß, allen meinen Verwandten und all jenen aus meiner Umgebung, die mich reizten, zu verzeihen und sie geistig freizugeben. Oft sprach ich folgendes Gebet:

Ich wandle in dem Lichte, daß alles Gute mein ist. Ich bin immer friedlich gestimmt, gelassen, heiter und ruhig. Die Fülle Gottes wird in allen Bereichen meines Lebens sichtbar gemacht. Für mich selbst und für andere fasse ich ständig Gesundheit, Wohlergehen und alle Segnungen des Lebens ins Auge.

Seit zehn Jahren bin ich vollkommen gesund, und ich habe es zu Wohlstand gebracht. All die einst leeren Gefäße sind in meinem Leben voll geworden. Ich bin zutiefst dankbar.

Frederick Reinecke, Direktor; FEBCO, Incorporated, Sun Valley, Kalifornien.

Ich kenne Frederick Reinecke sehr gut und weiß Bescheid über die vielen Schwierigkeiten und Herausforderungen, denen er sich in seinem Leben stellen mußte. Er hat sie durch seine Einstimmung auf die kosmische Kraft und die bewußte Anvisierung der Marksteine eines besseren Lebens gemeistert. Wie er selbst sagte:

»Der alte Reinecke starb. Der neue Reinecke mit seiner Ausrichtung auf Gott wurde geboren.«

Seine kosmische Sicht der Dinge bescherte ihm reichen Lohn an Gesundheit, Wohlstand und Glück.

Wie er zu dem Leben rettenden Patent kam

Hier möchte ich Ihnen einen weiteren Brief von Dr. Lothar von Blenk-Schmidt zur Kenntnis geben.

Sehr geehrter Herr Dr. Murphy!

Nach der Lektüre Ihres neuesten Buches, der *Unendlichen Quelle Ihrer Kraft* (meiner Ansicht nach wieder ein herausragendes Werk von Ihnen), möchte ich Ihnen berichten, was mir vor einiger Zeit passierte. Wie Sie wissen, ereignen sich zahlreiche Unfälle auf der Autobahn, die von Leuten verursacht werden, welche – in der falschen Richtung – in eine Ausfahrt hineinfahren. Nachdem ich mir dieses Problem häufig überlegt und mir eine Lösung vorgestellt hatte, durch die sich Menschenleben retten ließen, kamen mir eines Morgens beim Erwachen die konkreten Einzelheiten einer technischen Vorrichtung spontan ins Bewußtsein, die zuverlässig verhindern wird, daß Wagen in der falschen Richtung auf die Autobahn auffahren.

Wie es sich aufgrund meines Exklusivarbeitsvertrages gehört, reichte ich meine Erfindung bei dem Unternehmen ein, in dem ich arbeite. Nach kurzer Prüfung teilte man mir mit, die Idee sei nicht zu realisieren. Ich erhielt die rechtliche Freigabe. Alle meine Kollegen – Ingenieure und Physiker – lachten über die Idee und betrachteten sie von vornherein als zum Scheitern verurteilt, als sinnlose Verschwendung von Zeit, Mühe und Geld.

Ich meldete die Idee am 24. April 1966 zum Patent an und bekam das Patent am 9. August 1966 vom amerikanischen Patentamt unter der Nummer 3,266,013, Titel: »Autobahn-Sicherheitsvorrichtung«. Alle Punkte meiner Patentbeschreibung gingen anstandslos durch, es wurden weder Änderungen vorgenommen noch irgendwelche Rechtsverletzungen festgestellt.

Viele Firmen schwenken jetzt um, und kürzlich sagte man mir: »Wir wußten gleich, daß Sie da was Wundervolles erdacht haben!«

Ich hatte meinem Luftschloß ein Fundament untergebaut. Dabei hatte ich einfach den Blick darauf gerichtet, zahllosen Menschen das Leben zu retten und sie davor zu bewahren, aufgrund eines Unfalls körperlich oder geistig Wracks zu werden, und ich hatte voll Glauben und Vertrauen auf die Verwirklichung meiner Vorstellung gewartet; mein Unterbewußtsein hat mir die Lösung geliefert.

Sie haben meine uneingeschränkte Erlaubnis, diesen Brief in Ihrem nächsten Buch zu veröffentlichen.

Mit den besten Grüßen, Lothar von Blenk-Schmidt.

Dr. von Blenk-Schmidt, ein Forschungsingenieur und Physiker, der, wie schon gesagt, in der Raumforschung arbeitet, kennt die Gesetze des Geistes. Aus seinem Brief geht anschaulich hervor, daß das, was er im Auge hatte – worauf sein Denken, Vorstellen und Fühlen konzentriert war –, aufgrund einer intuitiven Eingebung seines Unterbewußtseins zur Verwirklichung seines Anliegens führte. Unser Unterbewußtsein ist die Drehscheibe kosmischer Kraft in uns.

Ein Krüppel kniete vor dem Banditen nieder und war geheilt

Im November 1966 hielt ich in New Orleans, Louisiana, mehrere Vorträge über mein (schon erwähntes) neues Buch *Die unendliche Quelle Ihrer Kraft.* Einer der Anwesenden erzählte mir, er sei mehrere Monate zuvor infolge von Arthritis verkrüppelt gewesen und habe die Knie nicht beugen können. Eines Abends sei ein Straßenräuber in sein Geschäft gestürmt, habe mit der Pistole auf seinen Kopf gezielt und befohlen: »Knien Sie hinter dem Ladentisch nieder!« Er habe geantwortet: »Ich kann nicht, ich habe Arthritis, ich bin verkrüppelt.« Der Bandit habe erwidert: »Ich gebe Ihnen zehn Sekunden zum Niederknien, dann schieße ich!« Der Mann beteuerte mir: »Ich konnte meine Knie ganz leicht beugen!«

»Nach und nach«, so berichtete er weiter, »ist es mit mir viel besser geworden. Mein Arzt sagt, alle Kalkablagerungen seien

verschwunden, und Elastizität und Beweglichkeit meiner Gelenke
sind wieder vorhanden wie früher. Wie erklären Sie das?«

Eine gute Frage. Ich erläuterte ihm, daß hier ein Heilprinzip
am Werk gewesen sei, und wenn er dieses Prinzip gekannt und
angewandt hätte, dann hätte er schon lange vor dem Überfall
geheilt sein können. Wenn er seine Knie angesichts der Pistolen-
mündung gebeugt habe, sei doch wohl klar, daß er die Kraft,
seine Knie zu beugen, zu gehen und zu laufen, immer gehabt
habe – auch wenn er etwas anderes glaubte.

Die kosmische Kraft in uns ist immer verfügbar; aber den
Mann hatten seine Ängste, seine falschen Überzeugungen und
schädigenden Vorstellungen in Fesseln gehalten. Er wurde von
der ihm innewohnenden Kraft geheilt; zweifellos besaß ja die
Pistole keine Heilkraft.

Wie der Mann sagte, war er seit mehreren Monaten verkrüppelt gewesen und hatte die Knie nicht beugen können. Ganz
offensichtlich waren sein Blick und seine ganze Aufmerksamkeit
ausschließlich auf seine Schmerzen sowie die von seinem Leiden
verursachte körperliche Behinderung gerichtet gewesen. Plötzlich
dann hatte jemand seine Aufmerksamkeit von seiner Krankheit
abgelenkt, und sein Blick hatte sich darauf gerichtet, um jeden
Preis am Leben zu bleiben, wie es in dieser Ausnahmesituation
das Gebot Selbsterhaltung erheischte. Sofort hatte er die ihm
innewohnende Heilkraft freigesetzt, die alles neutralisiert und
auflöst, was ihr nicht gleicht.

Hören Sie auf, sich über Ihre Krankheitssymptome auszulassen
und sich ganz Ihrem Leiden hinzugeben. Stellen Sie Ihr Ziel
höher und heben Sie den Blick. Richten Sie ihn auf vollkommene
Gesundheit und Vitalität, dann beginnen Sie unverzüglich die
kosmische Kraft freizusetzen. Schulen Sie sich darin, Ihren Blick
beharrlich nach oben zu richten. Preisen Sie die Schönheit des
Guten und schauen Sie empor.

Das Wunder des Glaubens und der Liebe

In Minneapolis hielt ich eine Woche lang jeden Abend in der
Kirche eines mit mir befreundeten Geistlichen Vorlesungen über

»das Wunder unseres Geistes«. Einer der Zuhörer, ein Mann im besten Alter, erzählte mir, er sei vor sechs Monaten mit Koronarthrombose auf der Straße zusammengebrochen. Ein Sanitätsauto brachte ihn ins Krankenhaus, wo er sofort behandelt wurde. Der Arzt sagte ihm jedoch unverblümt, es sehe hoffnungslos aus, wahrscheinlich habe er nur noch ein paar Stunden zu leben. Darauf erwiderte der Mann: »Ich werde am Leben bleiben, meine beiden Söhne brauchen mich. Ich werde nicht sterben! Ich muß am Leben bleiben! Ich habe soviel zu tun! Ich liebe meine Kinder, und sie brauchen mich.«

Der Mann berichtete mir: »Ich hatte das Gefühl, als ströme irgendeine spirituelle Transfusion durch meinen ganzen Körper und meinen Geist. Nach zehntägigem Krankenhausaufenthalt zeigte das Kardiogramm eine normale Funktion des Herzens. Ich wurde gesund, weil ich die Prognose meines Todes nicht akzeptiert, sondern meine Kraft mit der Heilkraft Gottes identifiziert hatte.«

Dieser Mann hatte in seiner kritischsten Stunde an einer positiven Sicht der Dinge festgehalten. Seine innere Vorstellung und vor allem die Liebe zu seinen Kindern hatten die kosmische Kraft Gottes freigesetzt, hatten sein ganzes Wesen verwandelt und ihn wieder stark und gesund gemacht. Gottvertrauen und Vaterliebe hatten das »Wunder« der Heilung ausgelöst.

Die Vorstellung einer Mutter wirkte Wunder für den Sohn

Manchmal schreiben mir Menschen, die sich aufgrund meiner Bücher oder Vorträge mit meinen Ideen vertraut gemacht haben, erst Jahre später eine Art Erfahrungsbericht. Hier ist ein solcher Brief.

Sehr geehrter Herr Dr. Murphy,

mein Sohn Fred wurde von unseren Verwandten ständig kritisiert, er fühlte sich zurückgestoßen, unerwünscht und unsicher. Häufig sank er in einen depressiven Zustand, bisweilen wurde er rebellisch. Ich begann damit, ihn mir so vorzustellen, wie er sein sollte: fröhlich, glücklich und frei. Ich machte es mir zur Gewohnheit, mich jeden Abend und jeden Morgen körperlich zu entspannen, die Augen zu schließen und mir Fred vorzustellen, wie er zu mir sagte: »Mama, ich bin glücklich und voller Frieden. Ich fühle mich wunderbar und erhalte in der Schule ausgezeichnete Noten.«

Wie Sie so oft empfahlen, schuf ich mir im Geiste ein ideales Bild von meinem Sohn – in dem Wissen, daß Fred früher oder später bestätigen würde, was ich mir voll Freude vorstellte. Kurz nachdem ich mit diesem Programm, einer geistigen Arbeit an mir selbst, begonnen hatte, beschloß mein Sohn, zu Ihren Vorlesungen zu gehen. Diese verfehlten ihre Wirkung nicht: er fing an, sich bessere Schulleistungen und bessere Noten vorzustellen; er verzieh sich, daß er haßerfüllte Gedanken gegenüber seinen Verwandten gehegt hatte, und war auf einmal ausgeglichen und freundlich zu allen.

Eine wunderbare Wandlung fand in seiner Persönlichkeit und in seinem Leben statt, seit er anfing, seine Gedanken und Vorstellungen bewußt auf das Gute zu lenken. Er ist jetzt ein glücklicher und freier Mensch, und es fasziniert ihn, wie er alle Hindernisse und Herausforderungen, vor die er gestellt wurde, überwand. Es hat sich objektiv bestätigt, was ich in meiner subjektiven Vorstellung vorwegnahm.

Er arbeitet derzeit als Fachmann für Nachrichtentechnik in Thailand und dient seinem Unternehmen hingebungsvoll und stolz. Er hat von den Jahren, in denen er Ihre Vorlesungen hörte, ungeheuer profitiert. Heute ist er voller Vertrauen auf die große Gotteskraft, die uns Menschen innewohnt und uns frei und glücklich macht.

Ihre dankbare B. R.

Das dritte Kapitel der Apostelgeschichte enthält die fesselnde Geschichte von einem lahmen Mann an der Tür eines Tempels, welche »die schöne« hieß. Petrus und Johannes gewahrten den Mann, und Petrus sagte zu ihm: *Sieh uns an! Und griff ihn bei der rechten Hand und richtete ihn auf . . . [er] konnte gehen und stehen und ging mit ihnen in den Tempel, wandelte und sprang und lobte Gott* (Verse 4–8).

Sehen Sie in Petrus den Glauben an Gott und in Johannes die Liebe zu Gott oder zum Guten. Haben Sie Vertrauen zu der Ihnen innewohnenden Kraft Gottes und lieben Sie das Gute, indem Sie allen Menschen auf Erden die ungeteilten Wohltaten des Lebens wünschen.

Heben Sie den Blick und gewinnen Sie eine neue Sicht von sich selbst und vertrauen Sie der Kraft des Allmächtigen: sie wird Sie befähigen, aufzustehen, zu gehen, »zu wandeln und zu springen und Gott zu loben«.

ZUSAMMENFASSUNG

1. Richten Sie Ihren Blick auf vollkommene Gesundheit, Harmonie und Seelenfrieden. Ihr Blick oder Ihre Sicht sind das, worauf Sie sich eben jetzt konzentrieren – was Sie denken und vor Ihrem inneren Auge sehen. Fragen Sie sich, worauf Sie geistig ausgerichtet sind. Widmen Sie Ihre Aufmerksamkeit und Hingabe aus ganzem Herzen dem Edlen und Gottgefälligen, das heißt dem Wahren, Guten und Schönen des Lebens.

2. Geist und Herz müssen vollkommen aufeinander abgestimmt sein, damit Sie eine Antwort auf Ihr Gebet erhalten. Verzeihen Sie sich, daß Sie früher destruktiv gedacht und gefühlt haben, und geben Sie geistig alle Menschen frei, denen gegenüber Sie je Neid oder Feindseligkeit gehegt haben. Wünschen Sie ihnen alle Wohltaten des Lebens.

3. Wenn Sie über etwas nachdenken, das anderen Menschen nützt, und wenn Sie es sich intensiv geistig vergegenwärtigen, wird Ihr Anliegen unterbewußt Wurzeln schlagen und sich gemäß der Natur Ihres Anliegens zu einer entsprechenden Idee auswachsen, die Ihnen auf überraschende Weise geliefert wird.

4. Sie können Luftschlösser bauen, müssen diesen aber ein Fundament geben. Das Fundament war für den Patenterfinder das Anliegen, Menschenleben zu retten. Seien Sie von der Gewißheit erfüllt, daß die praktische Durchführung Ihrer Ideen möglich ist.

5. Unendliche Heilgegenwart wohnt Ihnen inne, und wenn Sie wissen und voll Überzeugung bekräftigen, daß Gottes Heilgegenwart, die Sie und alle Ihre Organe erschaffen hat, Sie heilen kann, wird diese wunderwirkende Kraft Sie heilen. Jedem Menschen geschieht nach seinem Glauben.

6. Durch die Konzentration auf vollkommene Gesundheit und Vitalität setzen Sie die Ihnen innewohnende Heilkraft frei. Weisen Sie alle negativen Vorhersagen von sich und lassen Sie sich nicht über das Schlechte aus, sondern erbitten Sie die Schönheit des Guten und identifizieren Sie sich mit der unendlichen Heilkraft kosmischer Dimension.

7. Stellen Sie sich vor, daß ein geliebter Mensch Ihnen das sagt, was Sie gern hören möchten. Empfinden Sie die Freude darüber. Sofern Sie Ihre Vorstellung jeden Morgen und Abend intensivieren und sie für Sie lebendig und wirklich ist, werden Sie die Freude erleben, daß der geliebte Mensch objektiv so wird, wie Sie ihn in Ihrer Vorstellung subjektiv sahen und sprechen hörten.

8. Heben Sie den Blick und eignen Sie sich eine neue Sicht von sich selbst an – sehen Sie sich so, wie Sie sein möchten. Dann werden Sie gleich dem Lahmen im dritten Kapitel der Apostelgeschichte aufgerichtet werden und »gehen, springen und Gott loben« können. Sie werden die Freude erleben, daß Ihr Gebet erhört wird.

KAPITEL 11

Wie der Glaube an die kosmische Kraft Sie stärkt

Glaube ist eine Art innerer Gewißheit. Glauben heißt, eine positive, konstruktive Geisteshaltung einzunehmen, verbunden mit dem Gefühl des Vertrauens, daß eine Überzeugung richtig ist. Glaube ist auch das Vertrauen, daß das, worum man betet, eintreffen wird.

Der Glaube, von dem in der Bibel die Rede ist, bezieht sich nicht auf einen bestimmten Gott, sondern auf Gott schlechthin, der der Inbegriff des Geistes ist, das universelle kosmische Lebensprinzip, dem die Gesetze des Geistes inhärent sind. Und die Gesetze des Denkens und Glaubens kann jeder von uns kennenlernen und anwenden.

Tatsächlich tun Sie alles kraft Ihres Glaubens. Sie machen nicht zehn Schritte ohne die Überzeugung, ans Ziel zu kommen. In derselben Überzeugung brechen Sie zu einer Bergtour auf, heiraten Sie, bauen Sie ein Geschäft auf.

Der Bauer beispielsweise glaubt, daß der Samen, den er ausgesät hat, aufgehen und artgetreu wachsen wird. Er glaubt an das Naturgesetz pflanzlichen Wachstums. Der Elektriker glaubt, daß der elektrische Strom naturgesetzlich der Leitfähigkeit und Isolierung gehorcht, und er weiß, daß der Strom vom höheren zum niedrigeren Potential fließt. Edison hatte die Idee zu einem Phonographen; er verwirklichte sie kraft seines Glaubens an die Realisierbarkeit seiner Vorstellung.

Glauben haben Sie, wenn Sie wissen, daß Gedanken Kräfte sind; was Sie fühlen, das ziehen Sie an; wie Sie sich zu sein vorstellen, so werden Sie; und was Sie sich vorstellen, das wird.

Jeder Mensch glaubt an etwas

Es ist eine unumstößliche Tatsache, daß jeder Mensch auch hinsichtlich des Grundsätzlichen des Lebens an irgend etwas glaubt. Der Mensch, der keinen Zugang zu Gott findet, glaubt immer noch an die Naturgesetze; er glaubt an die Gesetzmäßigkeiten der Elektrizität, überhaupt der Chemie und Physik und so weiter.

Und was hat Ihr Glaube zum Inhalt? Glauben Sie an alle guten Dinge, voll freudiger Erwartung des Besten. Haben Sie den festen, in Ihrem Herzen verankerten Glauben, daß die unendliche Kraft kosmischer Dimension Sie aus allen Schwierigkeiten herausführen und Ihnen den Weg weisen wird. Seien Sie der unverrückbaren Überzeugung, daß Gottes Heilkraft Sie zu einem körperlich und geistig vollkommen gesunden, unversehrten Menschen macht. Solcher Glaube wird Sie in die Lage versetzen, ungefährdet an den dunklen Gewässern der Angst, des Zweifels, der Sorge und imaginärer Gefahren aller Art vorbeizugehen.

Ihren Glauben steigern Sie, wenn Sie erkennen, daß Ihre Wünsche oder Träume, Ihre Einfälle oder Anliegen zwar unsichtbar, aber dennoch eine Realität sind. Das Wissen und die Gewißheit, daß Ihre Vorstellungen eine geistige Wirklichkeit und damit eine Tatsache Ihres Lebens sind, vertiefen Ihren Glauben und befähigen Sie, sich über Verwirrung, Neid, Hader und Furcht emporzuschwingen – an eine Stätte tiefer Überzeugung, die in Ihrem eigenen Herzen liegt.

Nach einem Jahr war die Hypothek abgezahlt

Als ich dieses Kapitel eben begonnen hatte, führte ich ein interessantes Gespräch mit einem Mann aus Nordkarolina, dessen Leben sich kraft mutigen Glaubens erstaunlich verändert hatte. Er sagte: »Nachdem ich Ihr Buch *Die Gesetze des Denkens und Glaubens* gelesen hatte, beschloß ich, Gott zu meinem Partner zu machen, denn ich hatte erkannt, daß Gott mein höheres Selbst oder der lebendige Geist in mir ist. Ich sprach mit Gottes unsichtbarer Gegenwart und bekräftigte: ›Du bist mein Partner, und ich will dich bitten, mich in jeder Weise zu führen, zu leiten und zu unterstützen. Wir sind jetzt ein Team. Mit Gott kann ich nicht scheitern.‹«

Der Mann erzählte mir, er habe ursprünglich nicht den Mut gehabt, in ein eigenes Geschäft einzusteigen. Doch nachdem er wiederholt in der geschilderten Art gebetet und seine Einheit mit der ihm innewohnenden göttlichen Gegenwart bekräftigt habe, sei in ihm eine unerhörte, eine ganz neue Welle der Stärke und Zuversicht aufgestiegen.

Er habe zwar mangels Vermögens nur eine geringe Anzahlung auf »sein Restaurant« leisten können und eine Hypothek über fünfundzwanzigtausend Dollar aufnehmen müssen. Doch diese war nach einem Jahr abgezahlt! Seine Verwandten hätten anfangs immer wieder behauptet, er habe keine Chance und werde Pleite machen; aber ihm sei klar gewesen, daß nichts ihn aufhalten könne, aufgrund seiner tiefen Überzeugung, daß Gott ihn auf seinem Weg beschützen und über ihn wachen werde.

Das Geheimnis dieses Mannes ist einfach. Ihm geschah nach seinem Glauben.

Wie ein erfolgloser Dramatiker zu seinem ersten Film kam

Während meines letzten Vortragsaufenthaltes in Minneapolis kam ein junger Mann zu mir ins Hotel und zeigte mir ein Theaterstück, das er geschrieben hatte. Ich las einen Teil und fand es sehr interessant, ja faszinierend. Das Problem des jungen Mannes war, daß er, so sagte er mir, überall, wo er das Stück zur Prüfung eingereicht hatte, eine vorgedruckte Ablehung erhalten hatte. Er sagte, langsam bekomme er einen »Komplex, abgelehnt zu werden«.

Ich empfahl ihm, seine Einstellung zu ändern. Er mußte erkennen, daß die Idee zu dem Stück seinem Geist erwuchs, daß diese Idee so wirklich war wie seine Hand. Ideen sind wie Samen, und einem Samen brauchen wir keine Lebenskraft zu geben: er trägt den Keim der Entfaltung in sich, und wir brauchen nichts anderes zu tun, als den Samen in die Erde zu legen und überzeugt zu sein, daß er keimen wird. Wir können den Samen begießen und düngen, aber wir können ihn nicht keimen und wachsen machen.

Der Mann begann sein Stück als gottgegebenen Samen, als eine ihm von Gott eingegebene Idee zu betrachten, als einen Samen, der genauso wirklich ist wie die Idee von einem Radio im Geist des Erfinders oder die Idee zu einem neuen Wolkenkratzer im Geist des Architekten. Eine Idee ist eine geistige Realität. Sie hat in der höheren geistigen Dimension durchaus Form, Gestalt und Substanz. Voll Zuversicht und Kühnheit begann der junge Mann nun regelmäßig zu bekräftigen:

»Gott gab mir die Idee zu einem Theaterstück; es ist ein gutes Stück – gut im Inhalt und gut geschrieben – und wird die Menschen inspirieren und erbauen. Ich gehe jetzt von der Tatsache aus, daß der mir innewohnende schöpferische Geist, dem diese Idee entsprang, mir die Tür zu ihrer völligen Verwirklichung öffnet. Ich weiß, daß das Prinzip der Anziehung für mich arbeitet. Ich ziehe jetzt die richtigen Menschen an, die mein Stück gut befinden, fördern und aufführen werden. Ich präge meinen Wunsch meinem Unterbewußtsein ein. Genau wie ein in die Erde gelegter Same keimt und sich entfaltet, so wird mein Wunsch, den ich in mein Unterbewußtsein gesenkt habe, die vollkommene Entfaltung und schöpferische Sichtbarmachung meines Stücks bewirken. Dies weiß ich.«

Nach einiger Zeit bekam ich von dem Mann einen schönen Brief, in dem er schrieb, daß er auf dem Golfplatz einen Filmproduzenten aus Beverly Hills kennengelernt und während des Spiels kurz mit ihm über das Theaterstück gesprochen hatte. Der Produzent war interessiert gewesen und hatte um das Manuskript gebeten. Das Stück hatte den Filmgewaltigen regelrecht fasziniert. Unverzüglich hatte er mit ihm einen Vertrag über die Verfilmung abgeschlossen und bald danach auch bereits die Schauspieler und den Regisseur engagiert sowie andere wichtige Vorbereitungsmaßnahmen getroffen.

Das Prinzip der Anziehung wirkt geradezu gesetzmäßig. Es beruht auf dem Glauben an die schöpferische Kraft unseres Geistes, durch den wir dem kosmischen Geist verbunden sind, und auf dem Mut, gemäß diesem Glauben zu handeln, der zur Erfüllung unserer Gebete führt.

Glauben heißt vertrauen. Sie vertrauten einst Ihrer Mutter, als Sie in ihren Armen lagen; Sie schauten ihr in die Augen und erblickten darin Liebe. Noch größer, als Ihr Glaube an Ihre Mutter war, sollte Ihr Glaube an das Göttliche in Ihnen und die unendliche kosmische Kraft des göttlichen Geistes sein, der allwissend, allmächtig und alliebend ist.

Ein Beispiel der Überwindung von Unsicherheit und Angst

Vor einigen Monaten beriet ich einen besorgten Mann aus Wyoming. Er hatte eine Stellung, die einer glänzenden Aufstiegschance gleichkam, angeboten gekommen, die allerdings seine Übersiedlung nach San Franzisko nötig machen würde. Der Mann war, anstatt sich zu freuen, wie geschlagen vor Angst, Sorgen und Minderwertigkeitsgefühlen. Er sagte, er werde das Angebot wohl ablehnen, weil er sicher sei, die in ihn gesetzten Erwartungen nicht erfüllen zu können. Mit anderen Worten: Er war in Zweifeln an sich selbst festgefahren. Zögernd gestand er, daß in seinem »Seelenhaushalt« immer wieder etwas aufstieg, das ihm zuflüsterte: »Du kannst das nicht.«

Ich machte ihm klar, daß diese Einflüsterung ihren Ursprung aus all den Ängsten, Befürchtungen, Selbstzweifeln und Minderwertigkeitsgefühlen nahm, die im Laufe der Zeit seinem Unterbewußtsein eingeprägt und dort abgelagert worden waren, vermutlich schon seit seiner Kindheit. Er sah ein, daß eine Welt negativer Gedanken und Gefühle ihn beherrschten, ja regelrecht Besitz von ihm genommen hatten.

Ich gab dem Mann eine einfache Formel, die eine wunderbare geistige Katharsis zu bewirken vermag und sehr große Kraft hat, wenn sie aufrichtig und systematisch angewandt wird. Den Vorgang veranschaulichte ich ihm an einem Beispiel: Wenn er eine Schale voll schmutzigen Wassers habe, könne er nach einer Zeitlang sauberes Wasser haben, einfach indem er lange genug sauberes Wasser dazufülle. Genauso solle er nun das innere Universum seines Geistes mit gesunden Ideen und Vorstellungen füllen, die nach und nach alle dort gespeicherten negativen Erfahrungsinhalte ausmerzen würden.

Der Mann zeigte sich von meinen Erklärungen tief beeindruckt und las mit leiser Stimme den Wortlaut des von mir empfohlenen Gebetes:

»Ich habe absoluten Glauben an Gott und alle guten Dinge. Ich bin eins mit der unendlichen Kraft kosmischer Dimension, und zusammen mit Gott bildet man immer eine Mehrheit. Ich weiß, daß Gott, der das Universum erschuf, für mich ist und daß in diesem Universum nichts gegen mich ist. Ich bin absolut furchtlos, weil ich weiß, daß die Gefahr, die ich fürchten könnte, nicht existiert – daß sie keine Kraft hat. Sie ist nur ein Schatten in der Welt meines Geistes, und ein Schatten hat keine Kraft. Ich bin voller Glauben und Vertrauen. Ich habe den Mut, alle Probleme anzugehen, die mich erwarten, und ich überwinde sie durch die Weisheit und die Kraft Gottes in mir. Gottes Kraft ist mit mir und meinen Gedanken an das Gute. Ich bin eingetaucht in die göttliche Gegenwart. Gottes Liebe erfüllt meine Seele, und sein Friedensstrom fließt durch mein ganzes Wesen. In der Liebe gibt es keine Furcht, denn Liebe und Gottvertrauen verbannen jegliche Furcht. In jedem Augenblick meines Lebens wachsen mein Glaube, mein Mut und mein Vertrauen, und ich fühle jetzt, wie mich die Kraft des Allmächtigen durchströmt. In mir herrscht Frieden.«

Der junge Mann begann nun, die Innenwelt seines Geistes mit den Wahrheiten dieser spirituellen Gedanken zu füllen. Er vergegenwärtigte sich diese jeden Morgen, Nachmittag und Abend etwa zehn Minuten lang, und es gelang ihm, der verhängnisvollen Anwandlungen der Angst und des Zweifels, die ihn jahrelang in der Knechtschaft des Gefühls von Minderwertigkeit gehalten hatten, Herr zu werden.

Nachdem er diese Meditationstechnik einige Zeit angewandt hatte, folgte er der Berufung nach San Franzisko. Dank der Erneuerung seiner Denkinhalte war er ein verwandelter Mensch. Sein Mut, der Situation ins Auge zu sehen und die Bewährung seiner selbst zu riskieren, war der erste Schritt auf seinem Weg zu Erfolg, Aufstieg und höherem Einkommen.

Shakespeare sagte einmal (in *Maß für Maß*): »Unsre Zweifel sind Verräter: Sie rauben oft ein Gut, das wir gewönnen, durch Furcht vor dem Versuch.«

Ein Beispiel der Heilung von spinaler Kinderlähmung

Hier ein erschütternder Brief, den ich aus Chicago erhielt:
Sehr geehrter Herr Dr. Murphy,
mein Junge erkrankte an spinaler Kinderlähmung. Er lag eine
Zeitlang bewußtlos in der eisernen Lunge. Einer der Ärzte riet
mir zu beten. Ich las *Das Wunder Ihres Geistes* immer wieder.
Ich betete inbrünstig, wie Sie es in diesem Buch empfahlen, im
besonderen hielt ich mich an mehrere Zitate aus der Bibel: *Ehe
sie rufen, will ich antworten; wenn sie noch reden, will ich hören*
[Jesaja 65, 24] *. . . . Wenn du könntest glauben! Alle Dinge sind
möglich dem, der da glaubt* [Markus 9, 23]. *Ein fröhlich Herz
macht ein fröhlich Angesicht . . .* [Sprüche 15, 13]. . . . *Ich bin der
Herr, dein Arzt* [2. Mose 15, 26]. . . . *Alles, was ihr bittet in eurem
Gebet, glaubet nur, daß ihr's empfangen werdet, so wird's euch
werden* [Markus 11, 24]. *Aber dich will ich wieder gesund
machen, und deine Wunden heilen, spricht der Herr . . .* [Jeremia
30, 17].

Ich hielt mich an diese Passagen und an andere, die ich Ihren
Schriften entnahm. Ich füllte meinen Geist mit diesen Wahrheiten, ich ernährte mich davon. Am dritten Tag empfand ich
ein tiefes, anhaltendes Gefühl des Friedens und der Ruhe. Ich
schaute meinem bewußtlosen Jungen ins Gesicht und sah, daß
er mich anlächelte. Und ich wußte in diesem Moment, daß
Gott mein Flehen erhört hatte.

Das war vor vier Monaten. Mein Junge kommt allmählich
wieder zu Kräften. Die Ärzte haben mir viel Mut gemacht, und
ich weiß, daß Gott ihn heilt.

Sie können diesen Brief veröffentlichen, wenn Sie nur meine
Initialen angeben.

Hochachtungsvoll

L. J., Chicago, Illinois.

Wie Sie sehen, ging eine wunderwirkende Kraft vom Glauben
und vom Vertrauen dieser Mutter aus, die beharrlich Gottes
große Wahrheiten bekräftigte, als äußerlich alles schon hoffnungslos zu sein schien. Auch Sie können sich genügend Mut,

---

* Da in diesem Brief die Zitatangaben fehlten, habe ich diese hier beigefügt.

Glauben und Vertrauen aneignen, wie Sie benötigen, um alle Schwierigkeiten, selbst sogenannte unüberwindliche Hindernisse zu überwinden, wenn Sie Ihr Denken und Glauben in Einklang mit der unendlichen Kraft kosmischen Geistes bringen.

Auch Sie haben die wunderwirkende Kraft in sich

Wenn Sie erkennen und ganz erfassen, daß Sie ein Medium für die Übertragung der kosmischen Kraft Gottes sind, werden Sie neuen Mut und neue Hoffnung gewinnen. Paulus sagte: ... *Es ist keine Obrigkeit ohne von Gott; wo aber Obrigkeit ist, die ist von Gott verordnet* (Römer 13, 1).

Die Obrigkeit, das heißt die Macht Gottes, spiegelt sich in allem. So kommt wie alles beispielsweise auch die Atomkraft von Gott; der Mensch aber kann sie nutzen, wie er will. Die elektrische Energie kommt von Gott. Der Wind, die Gezeiten, die Kraft, die unsere Erde um ihre Achse dreht und die Planeten und deren Milliarden Galaxien im Raum bewegt, sie kommen von Gott, und aus der ganzen Natur, aus dem ganzen Universum spricht uns die unendliche, kosmische göttliche Kraft an.

Sie haben Zugang zu dieser unendlichen Kraft und können kraft Denkens und Glaubens mit ihr Verbindung aufnehmen. Gott wohnt in Ihnen, wandelt und spricht in Ihnen und ist Ihr eigentliches Leben. Erkennen Sie diese Kraft an, verbinden Sie sich mit dieser Gottesgegenwart und werden Sie jetzt gleich ein Medium der Weisheit und Stärke, der Liebe, des Lichtes und der Wahrheit.

Sagen Sie niemals: »Ich kann mit meinen Schwierigkeiten nicht fertig werden. Ich kann ein bestimmtes Problem, einen Konflikt, eine Herausforderung meiner Fähigkeiten und Kräfte nicht meistern.« Mit solchen Worten leugnen Sie in Wirklichkeit das Göttliche im Menschen. Oder glauben Sie etwa, Gott könne das Problem nicht lösen, könne Ihnen die Lösung nicht offenbaren? Dies würde die Verleugnung der Allmacht Gottes bedeuten!

Bekräftigen Sie voll Überzeugung: »Mit Gottes Hilfe erreiche ich, was mir am Herzen liegt. Seine unendliche kosmische Kraft stärkt und leitet mich auf allen meinen Wegen.« Und in Ihrem Leben werden Wunder geschehen.

Der Glaube befreite einen Geistlichen von seiner Migräne

Ein mit mir befreundeter Geistlicher aus San Franzisko besuchte mich vor einigen Monaten und sprach mit mir über seine schreckliche Migräne. Er sagte: »Oft bekomme ich diese blindmachenden, zerreißenden Kopfschmerzen mitten während der Sonntagspredigt.« Das Mittel, das ihm der Arzt verschrieben hatte, brachte ihm bisweilen Erleichterung, aber manchmal half es überhaupt nicht. »Ich könnte oft vor Schmerzen schreien«, klagte er mir.

Er bat mich, die Hände auf seine Stirn zu legen (was ich sehr selten tue) und mit ihm zu beten (was ich gern tat). Er erklärte: »Wenn ich deine Hände betrachte, weiß ich, daß sie gewissermaßen Treibriemen für die Übertragung der Heilkraft Gottes sind.« Dann zitierte er aus Markus 5, 23: ». . . . *du wolltest kommen und deine Hand auf sie legen, daß sie gesund werde*«, und aus Markus 6, 5: ». . . *wenig Siechen legte er die Hände auf und heilte sie.*«

Ich legte meine Hände auf seine Stirn und betete:

»Was immer dich belästigt, es verläßt dich jetzt, und du bist erfüllt von frei strömendem, heilendem, harmonisierendem, stärkendem Leben Gottes. Kosmische Kraft fließt jetzt durch meine Hände, durchdringt jedes Atom deines Wesens und verwandelt jedes Organ deines Körpers in Gottes perfektes Ebenbild. Sein Friedensstrom fließt durch dich, und sein Meer der Liebe tränkt dein ganzes Wesen. Du bist gereinigt und wiederhergestellt. Gottes Liebe berührt dich jetzt, und wir danken für dein Freisein.«

Wir schwiegen beide etwa fünfzehn Minuten lang, während meine Hände noch immer auf seiner Stirn lagen. Beide konzentrierten wir uns auf die Übertragung von Gottes Gnade und Heilkraft. Der Geistliche verspürte im ganzen Körper Wärme und ein prickelndes Vibrieren; er transpirierte stark. Mit einemmal rief er: »Ich weiß, daß ich geheilt und frei bin!«

Die Migräne trat seither nicht mehr auf, er ist völlig frei davon. Das vermag Glauben zu bewirken. *Dein Glaube hat dir geholfen* (Matthäus 9, 22). Der Glaube im Einklang mit der unendlichen Kraft des kosmischen Geistes ist stärker als jedes Arzneimittel.

ZUSAMMENFASSUNG

1. Glaube ist eine Art innerer Gewißheit. Glauben heißt, eine positive, eine konstruktive Geisteshaltung einzunehmen, verbunden mit dem Vertrauen, daß eine Überzeugung richtig ist. Glaube ist auch das Vertrauen, daß alles, worum Sie bitten, sich verwirklichen wird. Tatsächlich tun Sie alles kraft Glaubens. Ohne Glauben, ohne die Überzeugung, ans Ziel zu kommen, würden Sie keine zehn Schritte machen.

2. Der Bauer glaubt, daß der Samen, den er in die Erde gibt, naturgesetzlich keimen und artgetreu wachsen wird. Sie müssen glauben, daß Gedanken Kräfte sind: Sie ernten, was Sie säen. Mit anderen Worten: Was Sie fühlen, das ziehen Sie an; und was Sie sich vorstellen, das wird bzw. das werden Sie.

3. Jeder Mensch glaubt an irgend etwas. Sogar der Mensch, der für sich Gott nicht zu sehen vermag, glaubt immer noch an vieles; er glaubt an die Naturgesetze, an die Gesetzmäßigkeiten der Physik, Chemie und so weiter. Ihr Glaube sollte darüber hinausgehen, Ihr Glaube sollte der Güte Gottes gelten, der Führung und Liebe Gottes und den Gesetzen des Geistes – die sich nie ändern, die gestern genau so waren, wie sie heute sind und morgen sein werden.

4. Machen Sie Gott zu Ihrem stummen »Partner«, und Ihr Einssein mit dem Göttlichen wird Sie befähigen, aufwärts zu gehen, einem von Freude erfüllten Leben entgegen. Haben Sie Vertrauen, machen Sie diesen Schritt, glauben Sie, daß Gott Sie beschützt und leitet.

5. Ihren Glauben steigern Sie, wenn Sie erkennen, daß eine Idee, die Sie jetzt haben, genauso wirklich ist wie Ihre Hand oder Ihr Kopf. Die Idee ist eine geistige Realität und hat ihrer höheren geistigen Dimension nach Form, Gestalt und Substanz. Wenn Sie an Ihrer Idee mit der ganzen Kraft Ihres Denkens und Glaubens festhalten, wird sie früher oder später auf dem Bildschirm des Raums sichtbar objektiviert, das heißt einfach in Ihrem Leben verwirklicht werden.

6. Ideen sind wie ausgesäte Samen: sie keimen und entwickeln sich artgetreu. Einem Samen können Sie und brauchen Sie kein Leben zu geben, er trägt den Keim seiner Entfaltung in sich. Doch wenn Sie Ihre Ideen oder Wünsche, die wie Samen sind, mit dem Wasser Ihrer Erwartung »gießen« und mit der Kraft Ihres Glaubens »düngen«, werden Sie deren Sichtbarwerden in Ihrem Leben als Erfahrung oder Ereignis beschleunigen.

7. Indem Sie sich die ewiggültigen Wahrheiten und die lebenspenden- den Muster kosmischer Kraft vergegenwärtigen, reinigen Sie Ihr

Unterbewußtsein von allem Verneinenden, Sie überwinden jedwede Angst und schaffen Raum für Glauben, Mut und Liebe.

8. Falls Sie selbst der Heilung bedürfen, sollten Sie sich die spirituellen Heilswahrheiten der Bibel vergegenwärtigen. Zum Beispiel: ... *Ich bin der Herr, dein Arzt* (2. Mose 15, 26); ... *Dein Glaube hat dir geholfen* (Matthäus 9, 22). Auf diese Weise verleiben Sie nach und nach Ihrem Unterbewußtsein kosmische Weisheit ein, und Gott wird es möglich machen, daß die Heilung stattfindet.

9. Alle Kraft kommt von Gott, und Gott ist allmächtig. Sie sind eins mit dem Göttlichen und sollten nie sagen: »Ich kann das nicht« oder: »Ich bin unheilbar krank« oder: »Ich kann dieses Problem nicht lösen.« Mit solchen Worten würden Sie in Wirklichkeit die Allmacht Gottes leugnen. Glauben Sie, sagen Sie vielmehr: »Mit Gottes Hilfe erreiche ich alles, was mir am Herzen liegt.«

10. Heilen durch Handauflegen und Anrufung der uns innewohnenden kosmischen Kraft wird seit Jahrhunderten praktiziert. Viele Menschen glauben fest an die Kraft des Handauflegens, doch entscheidend ist dies: ihnen geschieht gemäß ihrem Glauben.

KAPITEL 12

Wie die kosmische Kraft Sie ans Ziel Ihrer Wünsche bringt

Betrachten Sie Ihre Wünsche als von Gott eingegeben. Das Göttliche sucht durch Sie zum Ausdruck zu kommen. Wenn Sie hungrig sind, haben Sie den Wunsch nach Nahrung. Wenn Sie Durst haben, begehren Sie Wasser. Wenn Sie frieren, haben Sie Verlangen nach Wärme. Wenn Sie krank sind, wünschen Sie sich nichts sehnlicher als zu genesen.

Der grenzenlose kosmische Geist, an dem Sie Anteil haben, möchte nicht in irgendeiner Form der Begrenztheit seinen Ausdruck finden. Die Wünsche, Sehnsüchte, Antriebe und Anliegen, die aus Ihrer Seele kommen, sind immer auf das Leben ausgerichtet und drängen Sie, zu wachsen, emporzusteigen und Ihr Verlangen nach Gesundheit, Glück, Wohlstand, echter Selbstverwirklichung und der Verwirklichung Ihrer Ideale in Ihrem Leben sichtbar werden zu lassen. Wünsche sind der Ansporn, der uns vorwärts drängt, aufwärts, Gott entgegen.

Die Nichtverwirklichung Ihrer Wünsche verursacht Enttäuschung, macht Sie unglücklich und krank. Chaos und Verwirrung sind die Folge. Solche Nichterfüllung ist die Ursache endloser seelisch-geistiger und körperlicher Leiden.

Ihr Schicksal liegt in Ihrer Hand

In der Bibel heißt es: *Erwählet euch heute, wem ihr dienen wollt* ... (Josua 24, 15). Sie können sich heute, jetzt gleich, für eine glückliche Zukunft entscheiden. Ihr Denken, Glauben und Fühlen steuern Ihr Schicksal.

Ralph Waldo Emerson sagte: »Der Mensch ist, was er den ganzen Tag über denkt.« Und ein Sprichwort lautet: Wie der Mensch im innersten Herzen denkt, so ist er. Mit dem Herzen ist hier das Unterbewußtsein gemeint; und das Ganze bedeutet, daß alle Gedanken, Gefühle, Überzeugungen und Eindrücke, denen Sie sich selbst oder andere Menschen Sie aussetzen, unterhalb der Schwelle Ihres Bewußtseins ein Eigenleben führen und Ihr bewußtes Handeln steuern.

Mit anderen, sehr einfachen Worten: Was je an Erfahrungen welcher Art immer Ihrem Unterbewußtsein eingeprägt wurde, kommt auch äußerlich in Ihrem Leben als Erfahrung und Ereignis zum Ausdruck. Vor mehr als hundert Jahren sagte Dr. Phineas Parkhurst Quimby, der seiner Zeit und aller Psychologie weit voraus war: »Der Mensch ist sichtbar gemachter Glaube.«

Ihre Zukunft ist somit durch Ihr augenblickliches gewohnheitsmäßiges Denken vorweggenommen. Der Inhalt dieses Ihres Denkens wird auf den vierdimensionalen Bildschirm des Raums projiziert. Anders ausgedrückt: Ihre Zukunft ist Ihr sichtbar werdendes Denken und Ihr sichtbar werdender Glaube von heute. Man könnte auch sagen, Ihre gegenwärtigen Denkinhalte werden als Früchte Ihres Geistes wachsen und genau wie Feldfrüchte entsprechend den in den Boden gesäten Samen reifen. Alle Samen wachsen artgetreu. Entsprechend reift die Saat Ihres Denkens und Glaubens.

Wie ein Ladenbesitzer die entscheidende Wende herbeiführte

Unlängst suchte mich ein Geschäftsmann auf und fragte mich ziemlich sarkastisch, wie er denn »um Gottes willen« im Hinblick auf seinen »schon halb abgeräumten Laden« beten solle. »Alles geht schief«, sagte er. »Ich werde Bankrott machen. Alles ist gegen mich. Das Geschäft geht schon schlecht, aber das Schlimmste wird erst noch kommen!«

Ich erklärte ihm, daß er die ganze Situation umkehren könne, indem er seine Denk- und Vorstellungsinhalte ändere und an dieser Änderung festhalte. Als er meine weitergehenden Erklärungen überdachte, wurde ihm klar, daß er tatsächlich selbst durch sein gewohnheitsmäßiges destruktives Denken die Gefahr dramatisierte, wenn nicht überhaupt selbst herbeiführte.

Nachdem der Geschäftsmann zu dieser Erkenntnis gelangt war, erläuterte ich ihm, daß er Erfolg, Wohlstand und innere Ausgeglichenheit – oder jedes andere Gut im Leben, auf das er ein Anrecht habe – erlangen könne, nur müsse er den geistigen Preis dafür bezahlen. »Welchen Preis?« fragte er.

Ich empfahl ihm das folgende Gebet:

»Heute ist Gottes Tag. Ich erwähle Glück, Erfolg, Wohlstand und Seelenfrieden. Ich werde den ganzen Tag über göttlich geführt, und was ich tue, wird gelingen. Wenn ich Anwandlungen des Zweifels, der Angst und der Feindseligkeit zu erliegen drohe, vergegenwärtige ich mir sofort wieder Gottes Güte und Liebe, in dem Wissen, daß Gott für mich sorgt. Ich bin jetzt ein spiritueller Magnet und ziehe Kunden an, die suchen, was ich anzubieten habe. Ich verbessere von Tag zu Tag meinen Service. Die Kunden anerkennen meine immer besseren Dienstleistungen. Ich habe in meinen Unternehmungen den denkbar größten Erfolg. Ich segne alle, die in mein Geschäft kommen. Und alle diese Gedanken sinken jetzt in mein Unterbewußtsein. Ich führe ein Leben der Sicherheit und Fülle. Es ist wunderbar!«

Der Geschäftsmann sprach das Gebet regelmäßig jeden Morgen und jeden Abend. Noch ehe ein halbes Jahr um war, erhielt ich von ihm einen Brief:

Sehr geehrter Herr Dr. Murphy,

dies ist ein Dankschreiben, in dem ich Ihnen mitteilen möchte, wieviel mir das Gespräch mit Ihnen vor ein paar Monaten gab. Ich weiß jetzt, daß ich ein Recht auf alles habe, was gut für mich ist oder was mich gesünder, glücklicher, erfolgreicher und nützlicher machen kann.

Ich hatte nie bedacht, daß der Wunsch nach Erfolg und Wachstum von der göttlichen Gegenwart in mir kommt. Ich hatte immer ein unbestimmtes schlechtes Gewissen.

Jetzt weiß ich, daß es der Wille Gottes für mich ist, vorwärtszugehen, aufzusteigen und in allen Bereichen das Beste aus meinem Leben zu machen.

Ich bin dankbar für Ihre nachdrückliche Betonung der Wahrheit, daß eines der Dinge, die mich hemmten, der

Gedanke war, ein Recht auf etwas zu haben, das jemand anderem gehört. Ich weiß jetzt, daß es grundfalsch ist, die Rechte anderer zu verletzen. Ich erkenne voll und ganz, daß Gott mir allen Reichtum und alles Glück in meine Hand gegeben hat.

Der Preis ist nicht hoch. Ich vergegenwärtige mir ständig das Gebet, das Sie mir gaben. Ich habe eine beträchtliche Steigerung meines Absatzes feststellen können, und ich fühle mich viel glücklicher und fröhlicher. Über meinen Ladentisch habe ich eine schön gedruckte Karte gestellt: *Gedenke an ihn in allen deinen Wegen, so wird er dich recht führen* (Sprüche 3, 6).

Ihr dankbarer G. F.

Der Preis, den er bezahlte, bestand in seiner geistigen Annahme und in der Anwendung der Wahrheiten dieses Gebetes.

Als er aufhörte, dem Schicksal die Schuld zu geben,
hatte er Erfolg

Während meines Aufenthaltes in der Kona Inn, meinem bevorzugten Hotel auf der großen Hawaii-Insel, plauderte ich am Schwimmbassin dieses schönen Fleckchens Erde mit einem mir unbekannten Mann. Hier die Quintessenz dessen, was er zu mir sagte:

»Ich flog für eine Woche hierher, um von allem fortzukommen. Mein Leben ist eine einzige Schinderei. Ich komme nirgends hin, obwohl ich hart arbeite. Mein Leben ist Mühsal und Langeweile. Ich esse, schlafe, arbeite, abends sehe ich fern. Ich verabscheue meine Arbeit. Ein grausames Schicksal!«

Dem weiteren Gespräch entnahm ich, daß der Mann sich von seiner Schwester in San Franzisko das Geld für den einwöchigen Urlaub geborgt hatte. Ich sagte, wenn er wolle, würde ich ihm eine einfache, praktische Formel an die Hand geben, die sein Schicksal wenden und ihn befähigen könne, Erfolg, Glück und die Verwirklichung all seiner Wünsche im Leben zu erreichen.

Aufmerksam hörte er sich meine Auslegung des Bibelwortes an: . . . *Denn was der Mensch sät, das wird er ernten* (Galater 6, 7).

»Dies bedeutet«, erklärte ich ihm, »daß Sie, wenn Sie Gedanken an Mangel, Einschränkung, Zwist, Bitterkeit, Krankheit, Armut und Streit säen, Entsprechendes auch ernten werden. Sie müssen daran denken, daß Ihr Unterbewußtsein wie der Erdboden ist: es bringt hervor, was Sie – an Inhalten Ihres Denkens, Glaubens und Fühlens – im Garten der inneren Welt Ihres Geistes säen. Sie säen, was Sie aus ganzem Herzen für wahr halten; und was Sie tief in Ihrem innersten Herzen glauben, das bringen Sie äußerlich für sich selbst und für die Welt zum Ausdruck.«

Der Bekannte vom Schwimmbassin hatte am College Ralph Waldo Emersons Philosophie studiert, sie aber nie begriffen, sondern eigentlich nur als Literatur gelesen. In seinem berühmten Essay über das Schicksal hatte Emerson geschrieben, der Mensch stelle sich sein Schicksal fremd vor, weil die Verbindung verborgen sei; doch die Seele (das Unterbewußte) enthalte das Ereignis, das ihr widerfahren werde; denn das Ereignis sei nur eine Aktualisierung des Denkens; das Ereignis sei der äußere Abdruck unserer inneren Form, es passe uns wie unsere Haut.

Ich gab dem Mann folgende Formel und riet ihm, sie morgens, mittags und abends anzuwenden:

»Gott ist mein Partner, und ich habe Anteil an der kosmischen Kraft, sie ist in mir. Ich wurde geboren, um mich zu bewähren, Erfolg zu haben und zu siegen. Ich finde es sehr aufregend, schwierige Aufgaben zu meistern. Es ist meine Freude, zu siegen und zu erlangen, was ich anstrebe, ohne in irgendeiner Weise Rechte anderer Menschen zu verletzen; ich möchte auch nicht, daß andere etwas tun, das meine Rechte verletzt.

Ich weiß, daß die mir innewohnende Kraft kosmischer Dimension mir alles, was ich zu meinem Glück benötige, zu verschaffen vermag, ohne daß die Rechte eines anderen Menschen beeinträchtigt werden. Ich stehe jetzt mit der unversiegbaren Quelle alles Guten und der Fülle in Verbindung, und die göttliche Gegenwart bringt mir Frieden, Freude, Glück, Erfolg, Wohlstand und volle Selbstverwirklichung. Gott weist mir den Weg; ich vertraue dem göttlichen Geist, und ich werde von Gott zu echter Selbstverwirklichung und zur Erfüllung meiner Herzenswünsche geführt.«

Das Gebet schrieb ich dem Mann am Schwimmbassin auf und erklärte ihm, daß diese Wahrheiten, wenn er sich diese bewußt und voll tiefem, hingebungsvollem Glauben vergegenwärtige und sie ständig bekräftige, in einer Art geistiger Osmose in sein Unterbewußtsein sinken würden – das eins ist mit Gottes kosmischer Kraft und grenzenloser Weisheit – und auf dem Humusboden der inneren Welt seines Geistes keimen und wachsen und in seinem äußeren Leben Früchte tragen würden. Er könne so, sagte ich, auf rechtmäßige und gottgegebene Weise erhalten, wonach er im Leben strebe.

Der Mann erkannte, daß er kein Opfer eines grausamen Schicksals und auch nicht zu einem Leben in geistiger Beengtheit und materieller Armut verurteilt war. Er löste sich von den falschen Überzeugungen, die ihn in Fesseln und Knechtschaft gehalten hatten. Sein Brief bezeugt das:

Sehr geehrter Herr Dr. Murphy,

ich bin froh, in Kona mit Ihnen gesprochen zu haben. Die Formel, die Sie für mich aufgeschrieben haben, wende ich dreimal täglich an, und wenn mir Gedanken des Zweifels oder der Angst kommen, kehre ich sie sofort um. Ich habe entdeckt, daß das, was Sie mir sagten, wahr ist – daß alles Negative langsam seine Macht verliert, indem ich mich auf positives Denken umgestellt habe.

Ich besuche jetzt einen Managementkurs und frische auch an drei Abenden in der Woche an der Universität mein Spanisch auf. Ich erhielt auch bereits eine bessere Arbeit und eine Gehaltserhöhung von fünfzig Dollar pro Woche. Ich befinde mich auf dem Weg nach oben! Außerdem arbeite ich *Die Macht Ihres Unterbewußtseins* durch, eine wahre Schatzkammer an Wissen.

Vielen Dank! T. L.

Der Brief zeigt, daß dieser Mann eine vollständige geistige Wandlung an sich erfahren hat.

Ein Vertreter baute seine verkaufshemmende Blockierung ab

Vor mehreren Monaten schrieb mir ein Vertreter aus New York, daß so oft, wenn er mit einem Geschäft vor dem Abschluß stehe, die Tür zuzufallen scheine und in letzter Minute irgend etwas schiefgehe. Das passiere ihm immer wieder: Wenn er meine, den Kaufinteressenten soweit zu haben, daß dieser unterschreibe, werde der Interessent krank oder seine Frau sterbe oder sein Kind erleide einen Unfall. Ein Termin im Büro des Interessenten sei vereinbart, und das Treffen falle dann aus, beispielsweise weil Nebel die Ankunft des Flugzeugs verzögere oder weil verschiedene Leute nicht erschienen und so weiter. Der Vertreter wollte von mir wissen, wie denn ein Mensch – so meinte er resigniert – gegen die »Ungunst des Schicksals«, das ihm den Erfolg »blockiert«, ankämpfen könne.

Die einzige »Blockierung«, unter der dieser Mann litt, war sein falscher Glaube an die »Ungunst seines Schicksals«. Er fürchtete eine Wiederholung solch nachteiliger Zwischenfälle, und was er am meisten fürchtete, das erlebte er. Mit anderen Worten: Ihm geschah auf sehr greifbare Weise, wie er glaubte, entsprach es doch genau seiner Erwartungshaltung!

In meinem Antwortbrief erklärte ich ihm, daß der Weg zu Harmonie, Erfolg und Wohlstand in ihm selbst beginne. Er brauche nur den Strom seiner Gedanken und Vorstellungen in eine andere, in eine positive Richtung zu lenken. Ich hob hervor, daß die Behauptungen in dem Gebet, das ich für ihn aufschreiben wollte, nur Wert hätten, wenn sein Verständnis der Gesetze des Denkens und Glaubens dahinterstünde – er könne beispielsweise auch die Unabhängigkeitserklärung und die Charta der Menschenrechte aufsagen und doch die wahre Bedeutung der Demokratie oder der Menschenrechte kaum oder gar nicht verstehen. Das Gebet lautete wie folgt:

»Ich weiß, daß es nur einen Gott gibt. Gott ist der Inbegriff des Geistes, der alle Dinge erschaffen hat, und mein Geist ist eins mit diesem kosmischen Geist. Ich meditiere über mein unlösbares Einssein mit dieser Kraft kosmischer Dimension und lasse meine Gedanken und geistigen Bilder ohne Anspannung oder geistige Verkrampfung auf meinen tieferen Geist einwirken; ich ruhe in der Gewißheit, daß diese Gedanken wiederkommen werden. Ich weiß, daß Gott jene kosmische Geisteskraft ist, meine eigentliche Realität. Mein Werk ist Gottes Werk, denn Gott wirkt durch das Göttliche in mir, und meine Arbeit kann nicht behindert oder

verzögert werden. Meine Arbeit geht in göttlicher Fügung ihrer
Vollendung entgegen. Alles, was ich beginne, wird auch vollen-
det. Mein Denken ist jetzt ausschließlich auf Seelenfrieden, gute
Leistung und Erfolg gerichtet.«

Dieses Gebet, dessen Wahrheiten sich der Vertreter voll
Aufrichtigkeit und Überzeugung zu vergegenwärtigen pflegte,
bewirkte bei ihm eine vollständige Veränderung seiner Persönlichkeit und seines Lebens. Er beseitigte die sogenannte »Blockierung« und erreicht jetzt viel mehr Abschlüsse. Voll Vertrauen
geht er den Weg einer immer größeren Nützlichkeit und Leistung
im Leben.

Was Sie sich vorstellen können, das können Sie auch erreichen

Ein Ingenieur aus London erzählte mir: »Am Anfang meiner
beruflichen Laufbahn scheiterte ich bei drei Aufgaben, die man
mir übertrug, kläglich, und mein Chef sagte zu mir: ›Sie fürchten
zu scheitern und erwarten, daß Sie scheitern; und was Sie Ihrer
tiefen Überzeugung nach erwarten, das erleben Sie.‹

Dies war der Wendepunkt in meinem Leben. Was er sagte,
stimmte. Ich änderte meine Geisteshaltung. Von diesem Augenblick an suggerierte ich mir bewußt Erfolg, und ich glaubte an
meinen Erfolg. Mein Motto wurde: *Alles, was ich mir vorstellen
und für möglich halten kann, das kann ich auch erreichen.* Meine
neue Einstellung ist der Grund dafür, daß ich jetzt Direktor einer
namhaften Konstruktionsfirma bin.«

Ich möchte Ihnen empfehlen, das Motto dieses Ingenieurs in
Ihr Herz zu schreiben.

Der Ingenieur hat erkannt, worauf es ankommt. Er glaubt an
Gott und das Göttliche im Menschen und richtet seinen Blick
beharrlich auf Leistung und Erfolg. Und sein Glaube wirkt
ansteckend: die Menschen, die unter ihm arbeiten, werden
ebenfalls mit der Vorstellung von Erfolg erfüllt. Kein Wunder,
daß er mit seinen Mitarbeitern Großes erreicht. Lächelnd zitierte
der Ingenieur mir am Ende seines bekenntnishaften Kurzberich-
tes über sein Leben: *Alle Täler sollen erhöht werden, und alle
Berge und Hügel sollen erniedrigt werden... Macht auf dem
Gefilde eine ebene Bahn unserm Gott* (Jesaja 40, 3–4).

ZUSAMMENFASSUNG

1. Betrachten Sie Ihre Wünsche als von Gott eingegeben. Mit den Wünschen, Antrieben und Anliegen, die aus Ihrer Seele kommen, drängt Sie das Leben, daß Sie sich erheben und entwickeln sollen.

2. Sie selbst gestalten Ihr Schicksal. Ihre Zukunft wird durch Ihr gewohnheitsmäßiges Denken, Glauben und Fühlen entschieden. Ihr Leben ist das getreuliche Spiegelbild dessen, was Sie den ganzen Tag über denken. Ändern Sie Ihr gegenwärtiges Denken zum Besseren, und Sie wenden Ihr Schicksal zum Besseren.

3. Um zu erhalten, was Sie sich im Leben wünschen, müssen Sie sich Ihren Idealen voll Aufmerksamkeit und Hingabe widmen. Alles, worauf Sie Ihre Aufmerksamkeit und Ihr tiefes Interesse konzentrieren, wird von Ihrem Unterbewußtsein vergrößert, multipliziert und auf dem Bildschirm des Raums sichtbar gemacht. Ihr Preis, den Sie bezahlen müssen, besteht in der Anerkennung der Gesetze des Geistes, in ihrer uneingeschränkten Annahme, ihrer Anwendung und dem tiefen Vertrauen, daß Sie nie versagen. Mit anderen Worten: Der Preis besteht darin, daß Sie Gott als Inbegriff kosmischen Geistes anerkennen und wissen und glauben, daß Sie an der Kraft kosmischer Dimension Anteil haben: sie wohnt Ihnen inne.

4. Sie haben ein Anrecht auf alles, was Sie gesünder, glücklicher oder erfolgreicher im Leben machen kann. Demgegenüber ist es eine verhängnisvolle Fehlmeinung, daß Sie ein Recht auf etwas haben, das jemand anderem gehört. Es ist vom Standpunkt der kosmischen Gerechtigkeit aus grundfalsch, die Rechte anderer Menschen zu verletzen. Wünschen Sie allen Menschen, was Sie sich selbst wünschen.

5. Erkennen Sie, daß Sie ein angestammtes Anrecht auf Gesundheit, Glück, Reichtum und Erfolg haben; erkennen Sie ferner auch, daß Sie das alles haben können, ohne daß deswegen auch nur einem einzigen Lebewesen auf Erden ein Haar gekrümmt werden muß.

6. Das sogenannte »grausame Schicksal«, das Mittelmäßigkeit, Mangel oder Krankheit über Sie verhängt, gibt es nicht. Was Sie geistig säen, das werden Sie im Leben ernten. Pflanzen Sie Rosen (schöne Gedanken) in den Garten der Innenwelt Ihres Geistes. Alle Erfahrungen und Ereignisse Ihres Lebens sind ganz einfach Sichtbarwerdungen Ihrer Gedanken – der bewußten wie der unbewußten.

7. Machen Sie sich frei von der verhängnisvollen Vorstellung der »Ungunst des Schicksals«, das Sie blockiere! Es gibt keine andere Blockierung außer jener, die Sie selbst aufgrund falscher Überzeugun-

gen und Ihrer Angst vor Versagen und Mißerfolg – eine destruktive Erwartungshaltung – in Ihrem Geist aufbauen. Eine Blockierung ist falscher Glaube, der den Geist eines Menschen beherrscht und Leiden aller Art nach sich zieht. Erkennen Sie Gott als Inbegriff des kosmischen Geistes und das Göttliche in Ihnen. Erkennen Sie die universellen Gesetze des Geistes.

8. Was Sie sich vorstellen und für möglich halten können, das können Sie mit Hilfe der Ihnen innewohnenden unendlichen Kraft kosmischer Dimension auch erreichen.

KAPITEL 13

Wie die kosmische Kraft
Sie über Hindernisse hinwegträgt

Das Wachstumsprinzip ist kosmisch und universell. Sie können täglich sehen, wie dieses wunderbare Prinzip in Blumen und Früchten, in der ganzen Vegetation, in den Tieren und in den Menschen sichtbar wird. Der Samen eines Baumes überwindet bekanntermaßen unglaubliche Hindernisse – er bricht sogar durch Felsen –, um ein Baum zu werden. Und genauso sind auch Sie hier auf Erden, um alle Hindernisse zu überwinden, sich darüber hinwegzuschwingen, zu wachsen und sich daran zu freuen.

Sie sind hier, um Ihre Probleme und Konflikte zu meistern und alle Schwierigkeiten auszuräumen, um Freude und Glück zu erfahren und ein erfülltes Leben zu führen. Sie sind hier, um sich geistig-seelisch zu entwickeln und sich Ihrer transzendentalen Kräfte bewußt zu werden, die Sie befähigen, jede Herausforderung zu bestehen und die Freude erfolgreicher Lebensmeisterung zu erfahren.

In dem Augenblick, da Sie die Ihnen innewohnende Kraft kosmischer Dimension erkennen und Ihre Verantwortung für die in Ihrer Umgebung herrschenden Bedingungen übernehmen, werden Sie die Kontrolle über diese Bedingungen erlangen, und Ihr Denken und Glauben werden sichtbar zum Ausdruck kommen.

»Was du suchst, das sucht dich!«

Vor mehreren Monaten suchte ein Mann bei mir Rat, weil er große Mühe hatte, seinen Besitz zu verkaufen; als Gründe nannte er die allgemeine Geldknappheit und die hohen Zinsen für Bankdarlehen. Während des Gesprächs sagte ich zu ihm: »Es gibt ein uraltes wahres Sprichwort, das lautet: ›Was du suchst, das sucht dich!‹ Allein schon die Tatsache, daß Sie Ihren Besitz verkaufen wollen, zeigt an, daß es irgendwo jemanden gibt, der ihn kaufen will.«

Ich schlug ihm vor, gemeinsam für seine Sache zu beten und geistig übereinstimmend davon auszugehen, daß der Besitz an den richtigen Käufer gelange, der ihn haben wolle, zu schätzen wisse und mit ihm glücklich werde.

Jeder von uns ging in sich; wir entspannten uns körperlich und geistig und konzentrierten unsere Aufmerksamkeit auf den Verkauf des Besitzes. Ich sprach:

»Wir sind uns darin einig, daß Gott weiß, wo der richtige Käufer ist. Geist von seinem Geiste wirkt im gegenwärtigen Augenblick und wird den Käufer und Sie zusammenführen. Wir beide sind überzeugt, daß der Preis richtig ist, daß die Zeit richtig ist und daß der Käufer der richtige ist. Wir vereinbaren, daß das Grundstück und das Haus jetzt im kosmischen Geist Gottes verkauft werden; allem Kaufen und Verkaufen liegt vor dem materiellen Austausch ein geistiger Austausch zugrunde. Wir sind tief überzeugt, daß es so ist, und wir akzeptieren dies jetzt im Geiste vollkommen.«

Dies war unser Gebet; es kam mir aus dem Herzen, und er stimmte aus tiefstem Herzen zu.

Der weitere Verlauf der Angelegenheit ist interessant. In der darauffolgenden Nacht sah der verkaufswillige Eigentümer im Traum einen Mann, der ihm einen Scheck über den Gesamtwert des Besitzes gab. Er fragte den Mann: »Bezahlen Sie voll für das Ganze?« Der Mann antwortete: »Ja.« Danach wachte der Eigentümer auf und wußte intuitiv, daß der Verkauf seines Besitzes geistig bereits vollzogen war.

Hinsichtlich des weiteren kann ich mich auf das Wesentliche beschränken: Zehn Tage verstrichen, dann erschien der Mann aus dem Traum und kaufte den Besitz, der aus zehn Morgen Land und einem Haus bestand. Der Mann bezahlte genau den geforderten Preis – was ebenfalls mit dem Traum übereinstimmte.

Dieser Mann erfuhr die Antwort in einem Traum, der sich später bestätigte. Die Wege unseres tieferen Geistes sind unerforschlich. In der Bibel heißt es: ... *Dem will ich* [der Herr] *mich kundmachen in einem Gesicht oder will mit ihm reden in einem Traum* (4. Mose 12, 6).

Sie überwand gesundheitliche, familiäre und berufliche Schwierigkeiten

Bitter beklagte sich eine Geschäftsfrau bei mir, ihre Gesundheit sei schlecht, ihre Geschäfte gingen schlecht, die häuslichen Verhältnisse seien schlecht; alles gleite ihr aus den Händen.

Ich entgegnete, sie müsse fest entschlossen und mit positiver Einstellung die Verantwortung für ihr Wohlergehen, ihr Glück und alle ihre Lebensumstände übernehmen.

Im Laufe unseres Gesprächs sagte sie: »Die ersten beiden Jahre hatte ich im Geschäft großen Erfolg. Alles lief gut und ich kam voran. Jetzt ist alles umgekehrt.«

Ich stellte ihr eine einfache Frage: »Fühlen Sie sich verantwortlich für Ihre beiden erfolgreichen Jahre?«

»Natürlich«, antwortete sie. »Ich habe fleißig gearbeitet und den Kunden immer mein Bestes gegeben.«

»Ihre Antwort ist richtig«, entgegnete ich. »Aber Sie können nicht ihren geschäftlichen Erfolg – der nach Ihrer Aussage eine Folge Ihres Scharfblicks und Ihrer Anstrengungen war – für sich verbuchen und dann die Verantwortung für Ihre geschäftlichen Rückschläge, für Ihre schlechte Gesundheit und Ihre ungeordneten häuslichen Verhältnisse ablehnen. Das ist ein Widerspruch, es ist unlogisch, unvernünftig, unwissenschaftlich.«

Sie erfaßte die Richtigkeit dieser Erklärung sofort. Und sie begriff auch, daß sie die Möglichkeit hatte, die gottgegebene Kraft zu benutzen, um ein erfolgreiches, glückliches, gedeihliches Leben zu führen, und daß sie die Verantwortung für die richtige Nutzung dieser Kraft trug, eine Nutzung nicht nur im Hinblick auf Erfolg und Prosperität, sondern auch im Hinblick auf persönliches Wohlergehen und ein heiteres Leben.

Die Frau war bei einem Immobiliengeschäft betrogen worden und war deshalb zutiefst enttäuscht und erbittert. Diese Stim-

mung des Mangels und der Feindseligkeit hatte sich ihrem
Unterbewußtsein eingeprägt und war dort zu einer schwärenden
psychischen Wunde geworden, die sich in Depressionen, Nervosi-
tät und finanzieller Enge äußerte.

Nach unserem Gespräch nahm sie die Herausforderung des
Lebens an. Sie verzieh dem Mann, der sie betrogen hatte und mit
ihrem und anderer Opfer Geld nach Südamerika geflohen war.
Das gelang ihr aufgrund einer einfachen kurzen Formel: »Ich
segne ihn, ich verzeihe ihm, ich verzeihe mir selbst und ich
vergesse die ganze Sache.« Sie wirkte tatsächlich sofort! Ihr Ärger
und ihre Bitterkeit verschwanden. Ich gab ihr einen Meditations-
text, den sie sich täglich vergegenwärtigen sollte.

»Da ich klug, gerecht und aufbauend denke, setze ich mich
über Verwirrung, Krankheit und Mangel hinweg. Ich denke
beharrlich an das Wachstum meines Geschäfts, an heitere Gesundheit und Vitalität, an Fülle und Expansion in allen Bereichen. Ich weiß, daß die Samen dieser Gedanken auf guten
Boden fallen und daß sie mir reiche Ernte bescheren werden. Ich
strahle ständig Wohlwollen und Freundlichkeit gegenüber allen
Menschen aus, und ich weiß, daß ich mit Hilfe der mir
innewohnenden kosmischen Kraft meine Lebensumstände verbessern und mein Geschäft mit neuem Elan erfolgreich gestalten
werde. Ich bin ausgeglichen und erfreue mich meines Seelenfrie-
dens.«

Diese Gedanken ließ sie täglich auf sich einwirken. Sie hatte
für sich die kosmische Kraft des Geistes entdeckt, und ihr geschah
gemäß ihrer Überzeugung und ihrem Glauben: Nach drei
Wochen setzte bei ihr auf der ganzen Linie eine Erneuerung und
Expansion ein. Sie war von ihrer Migräne befreit. Ihr Geschäft
nahm einen neuen Aufschwung, neue Freunde traten in ihr
Leben, und sie ist heute eine heitere und optimistische Frau, die
im Überwinden ihrer Schwierigkeiten zu neuer Freude und
echter Selbstverwirklichung gefunden hat.

Die Antwort, die ihn vor dem Selbstmord bewahrte

Voriges Jahr rief mich ein Hoteldirektor unserer Stadt an und
erklärte ziemlich aufgeregt: »Ein Gast im Hotel will Selbstmord

begehen! Er verläßt das Bett nicht, er ißt nicht, und zum Personal sagt er nur: ›Ich werde mich umbringen. Rufen Sie Dr. Murphy.‹«

Ich ging zu dem Mann und begann ruhig zu sprechen: »Ein Problem läßt sich nicht lösen, indem Sie aus dem Fenster springen. Aber Sie können Ihr Problem hier an Ort und Stelle lösen, weil Sie persönlich größer sind als jedes Problem.«

Ich flehte ihn nicht an, doch vernünftig zu sein; vielmehr lehrte ich ihn etwas Wahres über sich selbst, denn ich wußte aus Erfahrung, daß die Erklärung oft schon die Heilung bringt. Darum machte ich ihm klar, daß der Versuch, einem Problem zu entfliehen, ähnlich nutzlos sei wie ein sinnloses Weglaufen von Los Angeles nach New York: Unser Geist geht mit auf die Reise, und der einzige Ort, wo ein Problem besteht, ist eben unser Geist.

Außerdem wies ich ihn auf die Tatsache hin, daß der Mensch nicht nur aus dem Körper besteht; der Körper des Menschen, erklärte ich ihm, sei ein Ausdrucksinstrument für Geist und Seele, und für den Geist, das Göttliche im Menschen, gebe es keinen Tod, er sei unzerstörbar, unendlich, ewig wie Gott selbst als Inbegriff des Geistes und ewigen Lebens. Ganz offen sagte ich dem Mann auch, daß er selbst mit einem anderen Körper die gleichen Probleme hätte wie jetzt, weil eben sein Geist verwirrt, enttäuscht und bestürzt sei und dementsprechend sei sein Leben.

In dem Mann erwachte Interesse, aufmerksam hörte er mich an. Er stellte Fragen und erkannte schließlich, daß er eigentlich nichts anderes wollte als eine Lösung seiner inneren Konflikte. Der Selbstmordkomplex war bei ihm durch heftiges Verlangen nach Freiheit und Seelenfrieden verursacht worden. Der Selbstmorddrang entsprang einem zwar fehlgeleiteten, aber aufrichtigen Wunsch nach größerer Selbstverwirklichung. Jetzt aber sah er ein, daß er das Leben – den Geist oder die Seele – gar nicht wirklich zerstören konnte, indem er seinen Körper vernichtete. Er hatte zutiefst seine geistige Behinderung empfunden. Mit anderen Worten: Nur wegen seiner seelisch-geistigen Nöte hatte er den Körper aus dem Weg räumen wollen.

Das sogenannte unlösbare Problem, vor dem er stand, war keineswegs unüblich. Seine Frau war mit einem anderen Mann weggelaufen, und er wußte nicht, wo sie sich aufhielt. Das

Ehepaar hatte ein gemeinsames Konto gehabt, und die Frau hatte das ganze Geld mitgenommen, dazu Aktien und sonstige Wertpapiere. Sein Geschäftshaus war bis auf die Grundmauern niedergebrannt, und er hatte es versäumt gehabt, die letzten Versicherungsprämien zu bezahlen. Nach diesen Schlägen hatte er zu trinken begonnen, war immer mehr in Verzweiflung geraten und hatte schließlich dem allem ein Ende machen wollen.

Ich führte ihn zum Essen aus und erzählte ihm von Männern und Frauen, die alles verloren hatten und doch im Leben Sieger geblieben waren. Der Mann bekam sichtlich neue Lebenszuversicht. Ich empfahl ihm, künftig mehrmals am Tag folgendes Gebet zu sprechen:

»Ich vermag mit Hilfe kosmischer Kraft alles zu tun, was mich stärkt. Gottes Liebe erfüllt meinen Geist und mein Herz, Gott enthüllt mir die Lösung und gibt mir ein Leben in Fülle.«

Drei Tage nach unserem Zusammentreffen begann er in einem chemischen Werk zu arbeiten, das Ziel vor Augen, sich neu zu bewähren und aufzusteigen. Er bekam schon bald eine bessere Arbeit zugewiesen und mehr Gehalt. Auch ließ er sich wenig später scheiden. Inzwischen hat er auch eine sehr sympathische junge Frau gefunden, die ihn ebenso innig liebt wie er sie, und kürzlich haben die beiden geheiratet. Binnen kurzem waren alle Verluste des Mannes mehr als wettgemacht. Als Hochzeitsgeschenk brachte ihm seine ziemlich begüterte Frau ein geradezu ideales neues Geschäftshaus ein.

Zu mir sagte er: »Ihre Erklärung, daß ich mit einem anderen Körper die gleichen Probleme hätte, wenn ich mich geistig nicht ändern würde, hat mir das Leben gerettet.«

Inneres Erkennen der geistigen Kraft kosmischer Dimension, die das eigentliche Leben ist, befähigte den Mann zu der Erkenntnis, daß er unsterblich ist. Darum heißt es in der Bibel: *Das aber ist das ewige Leben, daß sie dich, der du allein wahrer Gott bist . . . erkennen* (Johannes 17, 3).

Ein verirrter Vietnamkämpfer wurde aus dem Dschungel gerettet

Vor einiger Zeit hielt ich im Rahmen eines vom Bürgermeister der Stadt veranstalteten Festessens einen Vortrag. Neben mir saß ein sympathischer Mann. Er hatte seinerzeit den Vietnamkrieg als junger Offizier der Luftwaffe mitgemacht. Er erzählte mir, daß er aus seinem brennenden Flugzeug hatte abspringen müssen und im Dschungel gelandet war. Die Nacht brach herein, und er verirrte sich hoffnungslos. Er sagte, für ein paar Minuten habe ihn Panik erfaßt, doch dann habe er gedacht: »Die Nacht ist da, und auf die Nacht folgt die Morgendämmerung. Ich werde mir einen geeigneten Platz suchen und schlafen, in dem Wissen, daß der Herr mein Hirte ist.« Daraufhin sei seine Angst vollkommen verschwunden und er habe gewußt, daß er in Sicherheit war.

Der Fliegeroffizier hatte sich selbst die Tatsache vergegenwärtigt, daß die Dunkelheit sich im Licht auflöst. Seine Angst war die Dunkelheit; und der Glaube an Gott, der für ihn sorgen würde, war das Licht. Am nächsten Morgen retteten ihn freundliche vietnamesische Bauern, die auf der Jagd nach Wild auf ihn stießen.

Was er erlebte, haben tausende andere Menschen, die in einer scheinbar hoffnungslosen Notlage waren, ebenfalls an sich erfahren. . . . *Euch geschehe nach eurem Glauben* (Matthäus 9, 29).

Ein Manager befreite sich von Streß

Während eines mehrtägigen Vortragsaufenthaltes in Chicago kam ein Manager zu mir ins Hotel und klagte: »Ich stehe unter einem furchtbaren Druck von allen Seiten; heutzutage kämpft bald jeder gegen jeden um einen attraktiven Posten. Ich spüre, wie ich an Autorität einbüße und immer mehr dem Druck nachgebe.«

Ich fragte den Manager: »Glauben Sie, daß Angst, Sorge, Druck eine Art Dämonen sind, die Sie mutwillig von außen her attackieren und nervöse Erschöpfung über Sie bringen, oder kommen sie nicht eher von innen her, aus der Innenwelt Ihres Geistes?«

»Ja«, antwortete er, »ich weiß natürlich, daß Angst und Sorge vor allem seelisch-geistige Ursachen haben – wie auch viele Krankheiten.«

»Ich nehme nicht an, daß Sie je in der Bibel lesen«, sagte ich.

»Doch«, erwiderte er. »Ich lese fast jeden Abend vor dem Schlafengehen ein paar Verse.«

»Nun«, erklärte ich, »dann werde ich Ihnen eine der wunderbarsten und schönsten Heilswahrheiten der ganzen Bibel nennen – sie steht im Buch Hiob: *So vertrage dich nun mit ihm, und habe Frieden; daraus wird dir viel Gutes kommen.** Ich weiß jetzt, daß Sie die Bibel lesen, aber ganz offensichtlich sind Sie geistig völlig von Ihren beruflichen Schwierigkeiten in Anspruch genommen. Sie müssen sich jetzt im Geiste von den Problemen und Ärgernissen des Tages ablenken und sich mit Gott ›vertragen‹, was heißen soll, sich mit der Ihnen innewohnenden kosmischen Kraft bekannt machen. Geben Sie den Ärgernissen und Schwierigkeiten des Tages keine Macht; geben Sie ihnen nie Macht über Ihre Person, indem Sie ihnen im Geiste Unterschlupf gewähren. Schwingen Sie sich darüber hinweg! Richten Sie von jetzt an Ihren Geist auf Gottes Weisheit und Kraft aus, dann werden Sie Ihren Seelenfrieden haben und in allen Tätigkeitsbereichen leistungsfähiger sein. Wiederholen Sie, notfalls hundertmal am Tag, die Bibelstelle: *So vertrage dich nun mit ihm und habe Frieden; daraus wird dir viel Gutes kommen.*«

Der Manager dankte mir und versprach: »Ich werde Ihre spirituelle Medizin versuchen.«

Einen Monat später rief er mich an und berichtete, er habe sich die Stelle aus Hiob immer wieder vorgesagt; jedesmal, wenn er drauf und dran gewesen sei, aus der Haut zu fahren, habe er, statt sich aufzuregen und wütend zu explodieren, still für sich das Zitat aus Hiob gesprochen. »Und das hat mich«, sagte er, »tatsächlich von Streß und Druck befreit!«

---

* Hiob 22, 21.

ZUSAMMENFASSUNG

1. Die Überwindung von Hindernissen und Schwierigkeiten bringt Freude und Befriedigung. Außerdem schärfen wir auf solche Weise unsere seelisch-geistigen »Werkzeuge« – was uns befähigt, die uns innewohnende göttliche Kraft zu erkennen.

2. Wenn Sie etwas verkaufen möchten, dürfen Sie geistig nicht bei eventuellen Hindernissen verweilen; Sie müssen vielmehr im Geiste bestimmen, daß Sie in göttlicher Ordnung an den richtigen Interessenten verkaufen werden. Was Sie suchen, das sucht Sie, und das Gesetz der geistigen Anziehung wird dafür sorgen, daß der richtige Käufer auftaucht und tatsächlich kauft.

3. Sofern Sie geschäftliche bzw. berufliche Erfolge für sich verbuchen, weil Sie Begeisterung, Eifer und Fleiß aufwandten, können Sie sich nicht gleichzeitig weigern, die Verantwortung für Ihre Mißerfolge, für Ihr Scheitern in beruflicher oder familiärer Hinsicht ebenfalls zu übernehmen. Es steht Ihnen frei, Ihr Denken und Glauben für Erfolg oder Scheitern einzusetzen, für Gesundheit oder Krankheit, für Frieden oder Feindseligkeit und Schmerz.

4. Ein Mensch, der den Drang zum Selbstmord verspürt, sucht nach einer Lösung, nach Befreiung von seinen quälenden Problemen oder bohrenden seelisch-geistigen Konflikten. Er kann jedoch seinen Problemen nicht entfliehen, weil sie in seinem Geist nisten. Machen Sie einem solchen gefährdeten Menschen klar, daß das Göttliche im Menschen, sein Geist, unzerstörbar ist und nach dem Tod seines Körpers in einer höherdimensionalen Realität des Geistes weiterlebt. Im Einklang mit dem kosmischen Geist läßt sich jedes Problem lösen.

5. Auf die Dunkelheit der Nacht folgt das Licht des Tages. Gottes Licht wird die Dunkelheit Ihrer Ängste erhellen. Ihr Licht ist der Glaube an Gott. »Der Herr ist mein Hirte.«

6. Wenn Sie sich in einem geistigen Dschungel verirrt haben, sollten Sie in sich gehen, sich körperlich und geistig entspannen und in sich die Gewißheit nähren, daß Gott über Sie wacht und Sie beschützt. Der Tag wird für Sie anbrechen, und die Schatten werden weichen.

7. Streß überwinden Sie, indem Sie sich geistig auf die Ihnen innewohnende kosmische Kraft ausrichten. *So vertrage dich nun mit ihm und habe Frieden; daraus wird dir viel Gutes kommen* (Hiob 22, 21).

KAPITEL 14

Wie die kosmische Kraft
Ihre Zukunft bestimmen kann

Sie selbst gestalten und schaffen Ihre Zukunft aufgrund der Inhalte Ihres zur Gewohnheit gewordenen gegenwärtigen Denkens, das irgendwann sichtbar wird, denn um es nochmals mit Ralph Waldo Emerson zu sagen: »Sie sind, was Sie den ganzen Tag über denken.« Ändern Sie die Inhalte Ihres Denkens, und Sie ändern Ihr ganzes Leben. Sie können sich der Ihnen innewohnenden schöpferischen Kraft kosmischer Dimensionen bedienen und dadurch Ihre Lebenserfahrungen steuern; tatsächlich können Sie Ihre innigsten Herzenswünsche Wirklichkeit werden lassen.

In der Innenwelt Ihres Geistes herrscht ständig Bewegung: Gedanken und Bilder, Vorstellungen, Ideen und Träume kommen und gehen. Ihre äußere Welt verändert sich in Übereinstimmung mit den gewohnheitsmäßigen Inhalten Ihres Denkens. Sie selbst schaffen so die Grundlage für Erfolge oder Fehlschläge, Überfluß oder Armut, Gesundheit oder Krankheit, Frieden oder Schmerz – durch Ihr bewußtes Denken und die hiervon ausgelösten unbewußten Automatismen. Denn wie der Mensch im »innersten Herzen denkt« – und das heißt, was er denkt und glaubt –, so ist er. Ihre Überzeugungen und Ihre Gefühlserfahrungen, die Sie bewußt akzeptieren (ob gute oder schlechte), werden Ihrem Unterbewußtsein eingepflanzt und kommen artgetreu in Ihrem Leben zur Geltung. Darum sind Sie selbst der Gestalter Ihrer Zukunft.

»Beten ist alles, was mir bleibt!«

Unlängst besuchte ich im Krankenhaus einen Mann, der sich einer schweren Operation hatte unterziehen müssen. Er sagte, seine Nieren hätten die Funktion teilweise eingestellt und ich möchte doch mit ihm beten. »Ich habe keine Zukunft mehr«, klagte er. »Ich bin erst vierzig, aber ich fürchte, ich bin erledigt. Was wird aus meiner Familie? Beten ist weiß Gott alles, was mir bleibt!«

Dem Mann erklärte ich, beten in leeren Worten oder ohne den tiefen Glauben an die Genesung sei wertlos; auch für richtiges Beten sei der erste Schritt seine Bereitschaft zu glauben, daß Gottes kosmische Heilkraft, die seinen Körper und alle Organe seines Körpers erschaffen hatte, ihn auch wiederherstellen und heilen könne. Dann betete ich mit ihm:

»Wir verbünden uns jetzt in dem Wissen, daß Gott als Inbegriff des schöpferischen Geistes, der Ihren Körper und alle seine Organe erschaffen hat, sämtliche Prozesse und Funktionen Ihres Körpers kennt und daß die wunderbare kosmische Heilkraft jedes Atom Ihres Wesens durchdringt, heilt und vollkommen macht. Ihre sämtlichen Organe sind Ideen Gottes, und durch die Kraft des Allmächtigen funktionieren sie nun einwandfrei.«

Unser Gebet wurde erhört. Die Nieren des Mannes begannen wieder zu arbeiten. Die Niereninsuffizienz sei behoben, sagte am folgenden Morgen der behandelnde Chirurg ganz glücklich. Der Mann ist inzwischen wieder bei seiner Familie und erfreut sich bester Gesundheit. Als wir uns vor kurzem sprachen, sagte er: »Meine Zukunft ist gesichert. Ich weiß jetzt, daß meine Zukunft aus meinem erwachsen gewordenen Denken und Glauben besteht.«

Dieser Mann weiß, daß sein Glaube an die Güte Gottes, an die Führung Gottes und an die schöpferische Kraft seines eigenen Denkens im Einklang mit dem kosmischen Geist Gottes in seinem Leben sichtbar zum Ausdruck kommen wird. Mit einer solchen Einstellung können auch Sie sich eine herrliche Zukunft voll Harmonie und Frieden, voll Gesundheit und Wohlstand aufbauen.

Übernehmen Sie die Verantwortung für Ihre Zukunft

Ein Kaufmann, der vor mehreren Monaten bei mir Rat suchte, machte seiner tiefen Verbitterung Luft. Aus der Schilderung seiner Probleme und Sorgen ging klar hervor, daß er bald dem »lieben Gott oder dem grausamen Schicksal«, bald seinen Verwandten die Schuld an seinem unglücklichen Dasein gab.

Ich erklärte dem Mann, daß ihm sämtliche Wohltaten und Segnungen Gottes zur Verfügung stünden: Gesundheit, Wohlstand, Liebe, Frieden, Harmonie. Es liege in seiner Hand, sagte ich ihm, seine Zukunft genau so zu gestalten, wie er sie haben wolle, aber er müsse das innere Universum seines Geistes öffnen, um die Güte Gottes zu empfangen. Hier eine Formel, die ich ihm als seelisch-geistige Medizin verordnete:

O *Erster Schritt:* Ziehen Sie Ihre ganze Aufmerksamkeit von früher erlittenen Kränkungen, schmerzlichen Erinnerungen und allen Gefühlen schwärenden Hasses ab und unterlassen Sie einerseits jede Selbstverurteilung sowie andererseits jegliche Kritik an anderen Menschen.

O *Zweiter Schritt:* Nehmen Sie sich morgens und abends die Zeit, Ihrem Unterbewußtsein durch regelmäßiges, systematisches konstruktives Denken die geistigen Muster von Harmonie, Sicherheit, Erfolg, Wohlstand und echter Selbstverwirklichung einzupflanzen.

O *Dritter Schritt:* Merzen Sie sofort in Ihnen aufkommende Gedanken der Angst und Sorge oder an Mißerfolg, Krankheit oder Mangel jeglicher Art aus. Dies bedeutet, daß Sie jede destruktive Anwandlung sofort verbannen müssen, indem Sie an deren Stelle konstruktive Gedanken setzen, Gedanken des Friedens, der Liebe und Freude, Gedanken an Harmonie, rechtes Tun und göttliche Führung.

Der Mann wandte diese »Medizin« an, und schon nach einem Monat bemerkte er erstaunliche Veränderungen in seinem Leben. Er hielt beharrlich an der ihm empfohlenen Technik fest und änderte tatsächlich sein ganzes Leben. Sein Geschäft geht besser, und er schläft besser. Er ist jetzt viel ausgeglichener und verträglicher und sieht seine Zukunft optimistisch. Zu mir sagte er: »Ich habe begriffen, daß meine Zukunft mein unsichtbares Denken ist, das sichtbar wird.«

Diese Erkenntnis hat ihn frei gemacht.

Sie machte sich frei von Resignation und ergriff die Initiative

Einer jungen Frau, die von Unsicherheit und hundert Zweifeln an sich selbst gequält wurde, erklärte ich, daß die Zukunft in ihren Händen liege und daß sie mit ihrem Leben praktisch alles machen könne, eben weil es ihr Leben sei.

Die Frau hatte bis dahin geglaubt, ihre Zukunft liege allein in Gottes Hand. Sie erzählte mir, daß ihre Mutter immer gesagt habe, der liebe Gott wisse alles am besten, sie solle die Dinge nehmen, wie sie kommen, und zufrieden sein. Ich sagte ihr, das sei nicht wahr; dies käme, zumal in ihrem noch so jungen Leben, völliger Resignation vor den Anforderungen des Lebens und der Ablehnung jeglicher persönlicher Verantwortung gleich. Im Gegenteil: *Sie müsse die Initiative ergreifen;* Gott müsse durch sie selbst zum Ausdruck gebracht werden, und zwar durch ihr Denken und Glauben. Sie könne, versicherte ich ihr, ihr Leben künftig so methodisch und wirksam steuern, wie ein erfolgreicher Geschäftsmann sein Geschäft lenkt und betreibt. Ich nannte ihr nachstehendes Gebet und empfahl ihr, die darin enthaltenen Wahrheiten dreimal am Tag voll Gefühl und Überzeugung zu bekräftigen, in der tiefen Gewißheit, daß jeder Gedanke sich zu verwirklichen trachtet, wenn er nicht durch einen Gegengedanken neutralisiert wird:

»Ich entwerfe und plane jetzt meine Zukunft. Ich bin ein Kind Gottes und habe die Fähigkeit, zu denken, zu fühlen, mir etwas vorzustellen, zu handeln, zu reagieren. Von diesem Augenblick an entscheide ich mich für Harmonie, Gesundheit und Wohlstand, für göttliches rechtes Tun, für Liebe und Glück. Ich weiß, daß diese Gedanken wie Samen sind, die man in den Boden legt und die das komplette Programm für ihre vollständige Entwicklung in sich tragen. Ich pflanze diese geistigen Samen in mein Unterbewußtsein, und sie werden keimen und Früchte bringen. Ich weiß, daß mein Denken, Glauben und Fühlen mein Schicksal prägen, und ich freue mich, als ein dankbares Kind Gottes, auf meine Zukunft.«

Nachdem sie sich die Wahrheiten dieses Gebetes drei Monate lang vergegenwärtigt hatte, kamen Farbe, Freude und Glück in ihr Leben. Sie lernte einen jungen Physiker kennen und lieben, heiratete ihn und machte mit ihm eine Weltreise. Diese Frau hat eine wunderbare geistige Verwandlung an sich erfahren, die ihr Dasein mit Schönheit und Liebe erfüllte, indem sie sich zu einem schöpferischen Kanal für die unendliche Kraft kosmischer Dimension machte.

Sie planen Ihre Zukunft immer selbst – jetzt

Ihre Zukunft planen Sie immer selbst, weil Sie, wenn Sie über etwas in der Zukunft nachdenken oder etwas für die Zukunft erwägen, *jetzt* daran denken. Und wenn Sie im Hinblick auf Ihre künftigen Pläne Verzögerungen, Hindernisse und Beeinträchtigungen fürchten, denken Sie auch darüber *jetzt* nach. Im kosmischen Geist gibt es weder Zeit noch Raum, nur das *ewige Jetzt*. Er ist allgegenwärtig, zeitlos, raumlos.

Viele Menschen, die ein überaus angenehmes Wochenende verbringen, blicken dem »schwarzen« Montag mit größtem Unbehagen entgegen. Natürlich wird der Montag dann für sie ein Tag der Enttäuschung und Depression; sie haben bewußt ihre Zukunft enttäuschend bestimmt und unbewußt einen entsprechenden Montag herbeigeführt. Aller Wahrscheinlichkeit nach wissen sie allerdings nichts von all dem, was sie selbst verursachen.

Wenn Sie Ihre Zukunft *wirklich* ändern wollen, müssen Sie zu der Entscheidung kommen, Ihr Denken, Glauben und Fühlen, Ihr Handeln und Reagieren zu ändern. Sie werden in Gott neu geboren, wenn Sie erkennen, daß Sie geistig Anteil am kosmischen Geist haben und daß die unendliche Kraft kosmischer Dimension mit Ihren Gedanken an das Gute ist. Sie können eine tiefe Verwandlung Ihrer Persönlichkeit an sich erfahren und sich eine großartige, eine herrliche Zukunft sichern, indem Sie Ihre geistige Ausrichtung erneuern.

Was die erstaunliche Geschichte eines abgestürzten Fliegers bewirkte

In der nordirischen Stadt Belfast, wo ich vor ein paar Jahren Vorträge am Psychic Science College hielt, beriet ich eine junge

Frau, die mir ihr Leid geklagt hatte: »Ich habe keine Kraft, mit meinen Problemen und Schwierigkeiten fertig zu werden, keine Kraft, scheint es, die Aufgaben des Lebens zu meistern. Ich bin geschieden. Ich tauge nichts und halte mich selbst kaum aus.«

Der jungen Frau machte ich klar, daß ihr Zustand ganz einfach eine Folge ihres gewohnheitsmäßigen negativen Denkens, ihrer ständigen übertriebenen Selbstkritik und ihrer zerstörerischen Selbstverurteilung war, wodurch sie ihre inneren Quellen der Hoffnung, des Glaubens, des Vertrauens und der Begeisterung vergiftete und sich selbst zu einem körperlichen und seelischen Wrack machte. Mit anderen Worten: Sie nahm selbsterzeugte geistige Gifte ein und vergiftete das Heiligtum des lebendigen Gottes in ihr.

Ich erläuterte ihr die Gesetze des Geistes und sagte ihr, daß sie ständig ernte, was sie in ihr Unterbewußtsein säe. Sie sei hier auf Erden, wie jeder andere Mensch auch, um Herausforderungen und Schwierigkeiten zu meistern und ein Leben der Freude und echter Selbstverwirklichung zu führen; sie müsse als Kind Gottes dem Leben mutig und voll Zuversicht entgegentreten und die ungeheure geistige Kraft in ihrem Inneren nutzen.

Dann erzählte ich ihr die Geschichte von Eddie Rickenbacker, dem berühmten Flieger, der mit seinen Gefährten Schiffbruch erlitten und auf einem Floß im Stillen Ozean getrieben hatte. Er betete um Nahrung; wenig später ließ sich eine Möwe nieder – auf seinem Kopf; er konnte sie packen, und die Nahrung war da. Er betete um Rettung, und er wurde aufgefischt – »wie durch ein Wunder«, sagte man. Er glaubte einfach, daß die Weisheit und Kraft Gottes für ihn sorgt, und seine Gebete wurden erhört.

Die Geschichte, die mit der Wundermeldung der Presse um die Welt gegangen war, machte tiefen Eindruck auf die junge Irin. Ich nannte ihr ein Gebet und erklärte ihr, daß es dieses Gebet sei, das gleichsam »Wunder« wirke für sie; und wenn ihr destruktive Gedanken kämen – was wegen ihrer destruktiven Angewohnheit der Selbstverurteilung und Selbsterniedrigung geschehen würde –, dann müsse sie diese sofort durch aufbauende Gedanken ersetzen. Hier das Gebet, das ich ihr empfahl:

»Ich bin ein Kind Gottes. Ich bin ein Kanal Gottes, und Gott braucht mich, wo ich bin, sonst wäre ich nicht hier. Ich weiß, daß ich dazu da bin, immer mehr von Gottes Liebe, Wahrheit und Schönheit zum Ausdruck zu bringen. Ich bin dazu da, meinen Anteil zu leisten und zur Förderung der Menschheit beizutragen. Ich habe viel zu geben; ich kann Liebe geben, Freude, Vertrauen und Freundlichkeit gegenüber allen Menschen und allem, was da ist in Gottes Universum.

Ich bin dazu da, die gottgegebenen Fähigkeiten in meinem Inneren zu erwecken. Ich erkenne, daß ich in geistiger Hinsicht ein Gärtner bin, und wie ich säe, so werde ich im Leben ernten. Das Leben ist ein Spiegel, für den König wie für den Bettler, und was ich dem Leben gebe, das gibt mir das Leben vergrößert, vervielfacht und überströmend zurück. Ich säe wunderbare Samen des Friedens, der Freundlichkeit, der Liebe, des Erfolges, der Harmonie und der Freude in den Garten der Innenwelt meines Geistes.

Ich verzeihe mir, daß ich so oft destruktiv dachte und fühlte, und ich strahle gegenüber allen meinen Verwandten und allen Bekannten Freundlichkeit und Wohlwollen aus. Ich verzeihe allen Menschen, gegenüber denen ich voreingenommen war, und ich weiß es, wenn ich ihnen verziehen habe, denn wenn ich ihnen im Geiste begegne, ist kein Stachel mehr vorhanden; ich bin frei.

Ich ernte ständig die Frucht der Samen, die ich meinem Unterbewußtsein einpflanze. Ich weiß, daß die Inhalte meiner Gedanken als Erfahrung und Ereignis in meinem Leben zur Geltung kommen werden. Ich denke an das Gute, und die kosmische Kraft ist mit meinen Gedanken an das Gute. In mir herrscht Frieden.«

Die junge Irin vergegenwärtigte sich jeden Morgen und Abend zehn Minuten lang die Wahrheiten dieses Gebetes und stellte sie sich lebhaft vor. Nach mehreren Wochen erhielt ich von ihr einen Brief:

Sehr geehrter Herr Dr. Murphy!

Wir alle erfreuten uns an Ihren Vorträgen in Belfast. Sie haben vielen die Augen geöffnet. Ich möchte Ihnen von der Veränderung berichten, die über mich gekommen ist.

Ich betete, wie Sie es mir gesagt hatten, und nach ein paar Tagen verschwand wie durch Zauber die ganze Bitterkeit aus meiner Seele. Ich meldete mich für einen Tanzkurs an und lernte dort einen sehr liebenswerten Mann kennen, der mir einen Heiratsantrag machte, und in einem halben Jahr soll Hochzeit sein! Ich bin sehr glücklich und zuversichtlich.

Jeder Tag ist ein neuer Tag. Ich weiß, daß ich meine Zukunft durch die Art vorausbestimme, in der ich denke, fühle und mir die Dinge vorstelle. Ich bin Ihnen sehr dankbar. Gott segne Sie!

Ihre dankbare A. S.

Bedenken Sie den Wandel dieser jungen Frau, die mir einst gesagt hatte, sie tauge nichts und halte sich selbst kaum aus!

Ein Vertreter änderte sein Denken und damit sein Schicksal

Eines Tages suchte mich ein jüngerer Vertreter auf, der mit seinem Chef nicht zurechtgekommen war. Er hatte seine Verkaufsquote nicht erreicht und dadurch seine Stellung verloren, als Folge davon war er in Geldschwierigkeiten gekommen. Seine Schwester lebte in Hollywood, und er hatte einen fünfzehn Kilometer weiten Fußmarsch dorthin gemacht, in der Hoffnung, von ihr etwas Geld borgen zu können. Doch die Schwester hatte ihn abgewiesen mit der Begründung, solange er nicht aufhöre zu trinken und den Frauen nachzusteigen, bekomme er von ihr keinen Cent.

Er erzählte mir, daß er in einem miesen Hotel geschlafen und daß der freundliche Portier ihm gesagt habe, er solle doch zu mir gehen, ich würde ihm helfen. Ich verbrachte mehr als eine Stunde mit dem Mann, hörte mir seine Jammergeschichte an, eine Flutwelle der Enttäuschung und unversöhnlichen Hasses auf seinen früheren Chef und die Mitglieder seiner Familie, die ihm jede Hilfe verweigerten.

Er behauptete, praktizierendes Mitglied einer Kirche zu sein und jeden Sonntag vormittag den Gottesdienst zu besuchen; trotzdem aber ging ihm angeblich alles schief. Der Mann meinte sogar, Gott lasse ihn im Stich.

In vielen Fällen bedeutet die Erklärung schon die Heilung. Geduldig erklärte ich daher dem Mann, es sei durchaus möglich, daß er äußerlich die Gebote und Dogmen seiner Kirche einhalte, aber dennoch – als ob es Gott nicht gäbe – negativ und destruktiv denke. Ich sagte ihm, wenn er glaube, daß Gott ihn strafe oder, wie er gesagt hatte, mit ihm »kein faires Spiel gespielt« habe, so bringe er automatisch Schwierigkeiten und Sorgen über sich. Aufgrund solcher Überzeugungen werde er sein eigener Peiniger und ziehe Fehlschläge, Mangel und Unglück regelrecht an, weil jedem Menschen geschehe, was er glaube.

Der erste Schritt bestand für ihn darin, sich einzugestehen, daß er unrecht hatte; dann erst konnte er sich selbst und alle Belange seines Lebens vollkommen ändern. Ich empfahl ihm mit folgenden Worten eine wirksame Technik:

»Machen Sie sich ein geistiges Bild von sich selbst als einem großartigen Vertreter. Stellen Sie sich vor, daß Ihre Verwandten Ihnen zu Ihrer glänzenden neuen Stellung, Ihrer Beförderung und Ihrem herausragenden Erfolg gratulieren. Lassen Sie wie im Kino diesen Film möglichst oft vor Ihrem inneren Auge ablaufen, dann wird die unendliche Kraft kosmischer Dimension, an der Sie Anteil haben, Sie zu einer neuen Stellung mit ausgezeichneten Aufstiegsmöglichkeiten führen.«

Er beschloß, meinem Rat zu folgen. Seine Wut auf den ehemaligen Chef und auf die Verwandten überwand er nicht sogleich; doch immer wenn er an die Verwandten oder den Chef dachte, segnete er sie, indem er sich stumm sagte: »Ich gebe euch frei; Gott sei mit euch.«

Nach einigen Wochen dieses Verfahrens, das, kann man sagen, immer wirksam ist, war er völlig frei von Feindseligkeiten und jeglichen Vorwürfen gegenüber anderen Menschen.

Er hat jetzt eine leitende Stellung in einem führenden Unternehmen von Los Angeles inne, schäumt geradezu über vor Begeisterung und ist ein ganz verwandelter Mensch, den Freude am Beruf und am Leben auszeichnen. Er lieferte den Beweis für die Wahrheit des uralten Wortes: »Ändere dein Denken, und du änderst deine Zukunft.«

ZUSAMMENFASSUNG

1. Sie gestalten und schaffen Ihr Schicksal selbst. Ihre Zukunft ist Ihr zur
   Gewohnheit gewordenes Denken, das auf dem Bildschirm des Raums
   sichtbar wird.

2. Der erste Schritt bei einer Änderung Ihrer seelisch-geistigen Verfassung, Ihres Körpers oder Ihrer Umgebung besteht darin, aufrichtig zu
   glauben, daß Gott als Inbegriff des Geistes, der Ihren Körper
   erschaffen hat, Sie heilen und Ihnen alle Segnungen des Lebens
   verschaffen kann. Die kosmische Heilkraft ist allmächtig.

3. Sie müssen die Verantwortung für Ihre Zukunft übernehmen und
   aufhören, Ihre Verwandten, Gott, das Schicksal oder das Leben zu
   verunglimpfen. Sie können durch das Medium Ihres Denkens und
   Glaubens im Einklang mit der unendlichen Kraft kosmischer Dimension Ihre Zukunft so werden lassen, wie Sie es sich wünschen.

4. Nehmen Sie sich die Zeit, jeden Morgen und jeden Abend durch
   regelmäßiges systematisches und konstruktives Denken die Muster
   von Erfolg, Prosperität, rechtem Tun, Harmonie und echter Selbstverwirklichung Ihrem Unterbewußtsein einzupflanzen.

5. Ihre Zukunft liegt in Ihrer Hand – aus einem einfachen Grund: Was
   Sie im Innenraum Ihres Geistes säen, das werden Sie in der
   Außenwelt Ihres Lebens ernten. Die Meinung, daß Ihre Zukunft in
   Gottes Hand liegt und deshalb nicht von Ihrer eigenen Initiative
   abhängt, ist fehlgeleitet. Ihr Denken, Glauben und Ihr Fühlen
   gestalten Ihre Zukunft.

6. Sie können die Zukunft immer planen. Wenn Sie aber etwas für Ihre
   Zukunft planen, dann tun Sie dies *jetzt,* genau in diesem Augenblick.
   Und wenn Sie Verzögerungen und Hindernisse hinsichtlich der
   Verwirklichung Ihrer Pläne befürchten, dann denken Sie jetzt an Ihr
   Scheitern und erzeugen genau das, was Sie fürchten. Im Universum
   kosmischen Geistes gibt es weder Zeit noch Raum, sondern nur das
   ewige Jetzt. Planen Sie in Ihrem Geist *jetzt* etwas Begeisterndes, etwas
   Großartiges.

7. Stellen Sie sich mutig und zuversichtlich allen Herausforderungen
   und Problemen des Lebens. Machen Sie sich klar, daß da zwar ein
   Problem ist, daß da aber auch Gott ist, dann werden Sie jede
   Schwierigkeit meistern. Treten Sie Ihrem Problem als Kind Gottes
   gegenüber und versuchen Sie es im Einklang mit der Kraft kosmischer Dimension zu lösen. »Gott in Aktion« wird Ihnen helfen.

8. Es ist sehr wohl möglich, daß Sie die Gebote und Riten Ihrer Kirche
   fromm einhalten und – als ob es Gott nicht gäbe – sich dennoch
   elend, enttäuscht und unglücklich fühlen. Sie, ausschließlich Sie
   selbst, sind für die Art Ihres Denkens und Glaubens verantwortlich.
   Denken Sie an das Gute, glauben Sie an Gott. Ändern Sie Ihr
   Denken, und Sie ändern Ihr Schicksal.

KAPITEL 15

Wie Sie in dieser so veränderlichen Welt Heiterkeit bewahren

Ralph Waldo Emerson sagte: »Nichts kann Ihnen Frieden bringen als der Sieg der Prinzipien.« Die Kenntnis der universellen Prinzipien des Geistes wird zu Ihrem Frieden, Ihrer Ausgeglichenheit und Sicherheit entscheidend beitragen.

Ein Ingenieur beispielsweise hält sich an die Axiome der Mathematik und der Physik, wenn er eine Brücke baut; er kennt die Spannungen, die Belastung und andere komplizierte wissenschaftliche Faktoren, die er aufgrund gültiger, wissenschaftlich erarbeiteter Gesetzmäßigkeiten berechnet. Ebenso muß jeder andere Wissenschaftler mit den Gesetzmäßigkeiten arbeiten, die jenen Kräften zugrunde liegen, mit denen er umgeht.

Und Sie müssen die Gesetze des Denkens im Einklang mit den universellen Prinzipien des Geistes kennenlernen. Diese Gesetze werden im größten aller schöpferisch-dynamischen Bücher, in der Bibel, immer wieder erwähnt, und sie finden ihre Quintessenz im Gesetz des Glaubens: ... *Dir geschehe, wie du geglaubt hast* (Matthäus 8, 13).

Glauben bedeutet, etwas für wahr zu halten. Und was Sie bewußt als wahr annehmen – sei es gut oder sei es schlecht –, das prägt und verwirklicht früher oder später Ihr Unterbewußtsein. Sie *sind*, was Sie geistig betrachten; Sie *sind*, was Sie denken und fühlen und somit zu sein glauben. Betrachten Sie morgens, mittags und abends folgende Wahrheit, dann werden Sie in dieser veränderlichen Welt gelassen und heiter sein:

Weiter, liebe Brüder, was wahrhaftig ist, was ehrbar, was gerecht, was keusch, was lieblich, und was wohl lautet, ist etwa eine Tugend, ist etwa ein Lob, dem denket nach! (Philipper 4, 8).

Ein Alkoholiker erlangte Seelenfrieden und Freiheit

Vor geraumer Zeit lernte ich einen Alkoholiker kennen, den seine Frau verlassen hatte und den seine beiden Töchter nicht mehr kennen wollten. Er befand sich in einem Zustand tiefster Depression. Ich erklärte ihm, daß sein aufrichtiger Wunsch, das Trinken zu lassen, der erste Schritt zur Heilung sei. Er war sofort und gern bereit, den Alkohol aufzugeben. Der nächste Schritt bestand in der Erkenntnis, daß er Anteil an jener kosmischen Kraft hatte, die sein Verlangen beseitigen konnte und ihn zwingen würde, sich von der verhängnisvollen Sucht zu befreien.

Ich empfahl ihm, mehrmals am Tag eine einfache Technik anzuwenden. Er solle, sagte ich ihm, sich vorstellen, daß ich ihm zu seinem Freisein gratuliere, und fest an dieses Vorstellungsbild glauben. Er wandte diese Technik der Autosuggestion etwa vier Wochen lang dreimal täglich je fünf Minuten an.

Das so vertiefte Bild seiner Vorstellung von sich selbst fand seinen sichtbaren Ausdruck in seiner Erfahrung. Nach und nach war das von ihm suggerierte Bild seiner gedachten und als wahr empfundenen Freiheit zur Wirklichkeit geworden. Er sagte zu mir: »Ich bin frei! Ich habe zu einer Heiterkeit gefunden, wie ich sie zuvor nie gekannt habe.«

In der Bibel heißt es: *So vertrage dich nun mit ihm, und habe Frieden . . .* (Hiob 22, 21).

Sie lernte, ihre Bitterkeit zu vergessen und heiter zu sein

In einem Krankenhaus unserer Stadt besuchte ich vor einiger Zeit eine Frau, die an Bluthochdruck und akuter Kolitis litt. Sie schilderte mir geradezu beflissen frühere Fehler und Irrtümer und beklagte »ihre Dummheit«. Dann gestand sie, daß sie eine Kollegin hasse, die im Büro ihre Stellung untergrabe, und daß sie diese »Nebenbuhlerin im Geschäft« regelrecht vor Wut verschlingen könnte.

Ich blieb eine Weile ruhig neben ihr sitzen und erzählte ihr dann, was William James, der große Pionier der amerikanischen Psychologie, einst gesagt hatte: »Das Kennzeichen des Genialischen ist es zu wissen, was man übersehen muß.« Dazu gehört nicht zuletzt, daß man sich von der Vergangenheit abwenden, also verzeihen und vergessen muß, wenn man sich der wünschenswerten Gesundheit erfreuen und seine Seelenruhe haben will.

Dann nannte ich der Frau eine Bibelstelle und wies sie auf die Tatsache hin, daß dies eines der noch heute wirksamsten aller verfügbaren therapeutischen Mittel sei, um körperliche und geistig-seelische Gesundheit zu erlangen: ... *Ich vergesse, was dahinten ist, und strecke mich zu dem, was da vorne ist, und jage – nach dem vorgesteckten Ziel*... (Philipper 3, 13–14).

Ich erklärte der Frau: »Das Ziel, das Sie anstreben, ist Seelenfrieden. Und wenn Sie Seelenfrieden haben, werden Sie sich auch der Ausgeglichenheit Ihres Körpers erfreuen. Frieden bedeutet Ausgeglichenheit, Gleichgewicht, Gleichmut, Heiterkeit, die aus einem Gefühl des Einsseins mit Gott, dem Unendlichen und dem Leben schlechthin erwachsen.«

Jesus sagte zu Kranken: ... *Dein Glaube hat dir geholfen. Gehe hin mit Frieden!* (Lukas 8, 48). So sprach er mit Menschen, deren Gemüter zerrissen waren, die in Verwirrung, innerem Hader und Zorn lebten.

Der kranken Frau machte ich klar, daß sie einen Frieden finden könne, der über jedes Begreifen hinausgehe, und daß Seelenfrieden weder eine Flucht noch ein Rückzug aus dem Leben sei. Ganz im Gegenteil: innerer Friede sei eine konstruktive Geisteshaltung, aus der heraus man Interesse am Wohlergehen der Mitmenschen habe und ein dynamisches Leben führe, das von schöpferischer Kreativität und wohlwollender Freundlichkeit gegenüber allen Menschen geprägt sei.

Zum Schluß schrieb ich der Frau ein Gebet auf, das sie möglichst oft am Tag sprechen sollte:

»Ich verzeihe jedem gern und ganz, der mich je verletzt hat. Ich gebe alle diese Menschen frei, und zwar ein für allemal. Wann immer mir so jemand einfällt, segne ich ihn. Ich vergesse die Vergangenheit und wende meine Aufmerksamkeit meiner verheißungsvollen Zukunft zu, die von Gesundheit, Harmonie und Frieden bestimmt ist. Mein Gemüt ist ruhig, ausgeglichen, heiter. In dieser Atmosphäre des Friedens und der Freundlichkeit, die mich umgibt, empfinde ich eine tiefe, beständige Stärke und die Freiheit von jeglicher Angst. Ich empfinde und fühle nun die kosmische Heilgegenwart von Liebe und Schönheit.

Mit jedem Tag werde ich mir der Liebe Gottes stärker bewußt; alles, was falsch ist, verschwindet und vergeht. Ich lasse jetzt den kosmischen Strom des Friedens und der Heilkraft Gottes durch meinen ganzen Körper fließen. Ich ruhe in diesem Bewußtsein des Friedens. Mein Frieden ist die tiefe, unveränderliche Ruhe kosmischen Friedens, des Friedens Gottes.«

Als ich die Frau nach etwa zwei Wochen wieder besuchte, war sie ganz glücklich, weil es ihr viel besser ging. Sie war gesund geschrieben und sollte am nächsten Tag aus dem Krankenhaus entlassen werden. Zu mir sagte sie: »Ich weiß, daß meine ganzen Schwierigkeiten meinem aufgestauten Haß erwuchsen. Jetzt fühle ich mich innerlich rein. Es ist wahr: Frieden bedeutet Gesundheit und Glück.«

Ein Manager fand zu echter Heiterkeit

Anschließend an einen meiner Vorträge in Honolulu lud mich ein bekannter Manager zum Abendessen ein, weil er ein ernstes Problem hatte und meinte, ich könnte ihm helfen. Er war gewandt, wirkte ausgeglichen und gelassen. Doch während unseres vertraulichen Gesprächs gestand er mir, daß er innerlich nur so koche vor Feindseligkeit. Leidenschaftlich fragte er: »Wie soll ich Seelenfrieden finden? Heiterkeit? Wie? Ich möchte nachts schlafen, aber wie schaffe ich das?«

Ich versuchte ihm zu erläutern, wie er zu innerer Ruhe finden könne. Ich sagte ihm: »Aus innerer Ruhe erwächst immense Kraft. Mit ruhigem, heiterem Gemüt schafft man das Gute. Gott ist Frieden, und er weilt in der Mitte Ihres Seins. In der Bibel heißt es: *Den Frieden lasse ich euch, meinen Frieden gebe ich euch. Nicht gebe ich euch, wie die Welt gibt. Euer Herz erschrecke nicht und fürchte sich nicht.* * *Wer festen Herzens ist, dem bewahrst du* [Gott, der ist] *Frieden . . .* **

---

* Johannes 14, 27.
** Jesaja 26, 3.

Stellen Sie sich in Ihren geschäftlichen Schwierigkeiten und allen Konflikten des täglichen Lebens voll Glauben und Vertrauen auf Gott ein, dann werden Sie sehen, daß sein Friedensstrom Sie trägt: Ihren Geist und Ihre Seele. Geben Sie in Ihrer Arbeit Ihr Bestes; seien Sie schöpferisch und fördern Sie das Gute im Leben. Wünschen Sie allen Menschen, was Sie sich selbst wünschen. Tragen Sie mit Ihren Fähigkeiten zu einer in Ihrer Reichweite stehenden guten Sache bei. Sie sind zu sehr mit sich selbst beschäftigt. Meditieren Sie über jene Bibelstellen, die ich Ihnen genannt habe. Machen Sie jeden Morgen, wenn Sie in Ihrem Büro angekommen sind, die Tür zu und bekräftigen Sie diese Wahrheiten. Sie werden erleben, daß die darin enthaltenen therapeutischen Heileigenschaften durch Ihren Geist und jedes Atom Ihres Seins strömen.«

Er antwortete: »Ich fühle mich tatsächlich jetzt schon besser!« Und nach einer langen Pause sagte er nachdenklich: »Ich weiß, worin mein Problem liegt, und . . . ja: ich denke, ich kenne die Lösung. Ich schenke mir selbst Frieden, indem ich mir die Gegenwart Gottes vergegenwärtige – und nicht meinen Problemen nachgrüble.«

Als ich – im nächsten Sommer – wieder nach Hawaii kam, traf ich den Manager wieder. Er hat zu Heiterkeit gefunden. In seinem schönen Haus hat er die ergreifende spirituelle Kostbarkeit in schöner Schrift an der Wand hängen: *Wer festen Herzens ist, dem bewahrst du Frieden . . .* *

Der Weg zu gelassener Heiterkeit in allen Situationen

Edwin Markham, der amerikanische Lyriker und Schriftsteller, sagte: »Im Herzen des Zyklons, der den Himmel zerreißt, ist eine Stätte der Stille.« Jeder Pilot weiß, daß er, wenn er in die Mitte eines heftigen Hurrikans oder Zyklons fliegt, in eine Zone der Ruhe und Stille gelangt.

Gott befindet sich in Ihrer Mitte. Er ist die unendliche Kraft kosmischer Dimension, die absoluter Friede, reine Seligkeit,

---

* Jesaja 26, 3.

grenzenlose Liebe, vollkommene Harmonie und unerschöpfliche Freude ist. Stimmen Sie sich geistig und seelisch auf diese Eigenschaften kosmischer Weisheit ein, dann werden Sie geistig-seelisch erfrischt und heiter sein.

Sie sind ständig, in jeder Stunde Ihres Lebens, der Propaganda, den Meinungen, Überzeugungen und Eindrücken, die aus der Außenwelt kommen, ausgesetzt. Einige derselben sind gut, die meisten jedoch sind destruktiver Art. Wenn Sie geistig nicht auf das Kosmische eingestimmt sind, wenn Sie nicht bewußt und klug die Spreu vom Weizen scheiden, dann werden die zerstörerischen Überzeugungen und Eindrücke in Ihnen Wurzeln schlagen und Schwierigkeiten jeder Art verursachen; so entstehen Krankheit, Verwirrung, Angst und Mangel da, wo Gesundheit, Freude und Fülle sein könnten.

Der Geist der Massen dieser Welt glaubt an gute und an böse Kräfte, sieht in Krankheit, Elend und Katastrophen unvermeidliche Wechselfälle menschlicher Erfahrung. Wenn Sie in solchen, einer durch und durch negativen Weltsicht verhafteten Überzeugungen verharren und es versäumen, sich auf das ewige Kosmische einzustimmen, werden Sie endlosen Prüfungen und Problemen ausgesetzt bleiben.

In der Bibel heißt es: *... Seid getrost, ich habe die Welt überwunden* (Johannes 16, 33). Mit der »Welt« ist der Geist der Massen gemeint. Überwinden Sie im Bewußtsein der Kraft kosmischen Geistes Ihre Probleme. Beginnen Sie jetzt gleich damit. Wenden Sie sich Vorstellungen von Harmonie, Frieden, Freude, Liebe und rechtem Tun zu. Werden Sie sich der Ihnen innewohnenden, gottgegebenen Kräfte bewußt, die Sie befähigen, sich voll Aufmerksamkeit, Hingabe und Liebe jenen Ideen zuzuwenden, die Ihre Seele heilen, inspirieren, erheben, würdigen und mit Freude erfüllen.

Sie bewegen sich unweigerlich in der Richtung jener Gedanken, die in der Welt Ihres Geistes vorherrschen. Ihr bewußtes, vertrauensvolles Wissen um die unendliche Kraft kosmischer Dimension und deren Heilgegenwart, an der Sie teilhaben, versetzt Sie in die Lage, sich über alle Hindernisse hinwegzuschwingen und in Ihrem eigenen Inneren eine Bastion des Friedens zu sichern, wo Sie in der Überzeugung verweilen können, daß mit Hilfe der kosmischen Kraft Gottes kein Ding unmöglich ist.

Die Beibehaltung einer solchen Einstellung angesichts von Schwierigkeiten wird Ihnen helfen, die Welt, das heißt falsche Überzeugungen und zersetzende Ängste zu überwinden. Sie werden sein wie jener, von dem der Psalmist sagte: *Der ist wie ein Baum, gepflanzt an den Wasserbächen, der seine Frucht bringt zu seiner Zeit, und seine Blätter verwelken nicht; und was er macht, das gerät wohl* (Psalm 1, 3).

Das Gebet, das Ihnen zu Heiterkeit verhilft

»Friede beginnt in mir selbst. Die Heiterkeit und der Frieden der kosmischen Kraft Gottes erfüllen mein Gemüt; der Geist der Freundlichkeit geht von mir aus, gegenüber der ganzen Menschheit. Ich wohne an der geheimen Stätte des Allerhöchsten. Ich wünsche voll Aufrichtigkeit und Überzeugung, daß alle Mitglieder meiner Familie, meine Kollegen und Bekannten sowie alle Menschen auf Erden in göttlicher Weise zu echter Selbstverwirklichung geführt werden, an ihren Platz in dieser Welt, wo sie göttlich glücklich sind und in jeder Hinsicht gedeihen. Gottes kosmischer Friedensstrom fließt durch das Universum meines Geistes und meiner Seele, und ich strahle gegenüber allen Menschen Frieden und Freundlichkeit aus. Ich bewege mich in einem unendlichen Raum rechten Tuns und bin von göttlicher Liebe eingehüllt.

Ich bekräftige vertrauensvoll und gläubig, daß der Geist Gottes in seiner kosmischen Weisheit über mir waltet. Von ihm werde ich inspiriert. Ich sehe Harmonie, wo Zwietracht herrscht, Frieden, wo quälender Schmerz ist, Liebe, wo Haß, Freude, wo Trauer ist, und ich sehe Leben, wo der sogenannte Tod auftritt. Meine Lieben und Bekannten sind in mein Gebet eingeschlossen, und der Schirm von Gottes Liebe dehnt sich über ihrer aller Wesen aus. Wenn ich mit einem anderen Menschen Schwierigkeiten hatte, so vergebe ich ihm jetzt gern und ganz. Ich löse mich aus jedweder Bitterkeit und Feindseligkeit. Ich sehe in jedem Menschen das Bild Gottes und wünsche allen Gesundheit, Glück, Frieden und die Segnungen der ewigen kosmischen Weisheit.

Ich gebe bereitwillig meine Liebe, meine Klugheit, mein Verständnis und meinen Reichtum weiter; ich verteile mit göttlicher Hilfe die Schätze des Unendlichen an meine Mitmenschen. Gottes Frieden, der jedes Verständnis übersteigt, erfüllt jetzt und immerdar meinen Geist und mein Herz.

Wechsel und Verfall seh' ich rundum allhier;
O du, der nie sich ändert, verweil bei mir.«

ZUSAMMENFASSUNG

1. Frieden kann Ihnen einzig der Einklang Ihres Denkens mit den kosmischen Prinzipien des Geistes bringen. Halten Sie sich an diese Prinzipien, und Sie finden zu Frieden, Ausgeglichenheit und weiterer Sicherheit. Sie sind, was Sie geistig betrachten. Sie sind, was Sie zu sein glauben.

2. Stellen Sie sich vor, daß ein Freund oder ein lieber Angehöriger Ihnen dazu gratuliert, daß Ihr Gebet erhört wurde; wenn Sie den Film dieses Vorstellungsbildes häufig vor Ihrem inneren Auge ablaufen lassen und an die Tatsächlichkeit des Geschehens glauben, werden Sie diese Vorstellung Ihrem Unterbewußtsein einverleiben, und die geistig vollzogene Tatsache findet ihren Niederschlag in Ihrem Leben.

3. Die Ihnen innewohnende kosmische Kraft lernen Sie benutzen, indem Sie Ihr Denken und Glauben bewußt einsetzen. Sie können sich das Freisein von Alkoholismus oder von einer anderen schlechten Angewohnheit suggerieren, und die so vertiefte neue Vorstellung Ihrer Persönlichkeit wird Wirklichkeit werden.

4. *Das Kennzeichen des Genialischen ist es, zu wissen, was man übersehen muß.* Übersehen bzw. vergessen müssen Sie früher begangene Fehler und erlittene Verletzungen. Und alles, was da falsch oder schmerzhaft war, müssen Sie sich selbst und den anderen verzeihen. Nur so erlangen Sie Gesundheit, Glück und Seelenfrieden.

5. Seelenfrieden ist keine Flucht, kein Rückzug aus dem Leben. Im Gegenteil: innere Ausgeglichenheit ermöglicht erst eine dynamische Lebensweise, aus der heraus man alle Hindernisse geradewegs angeht und im Einklang mit Gottes kosmischer Kraft und Weisheit überwindet. Wenn Sie sich schöpferisch betätigen und Ihre Arbeit lieben, wenn Sie zum Wohlergehen anderer Menschen beitragen und gegenüber allen Wohlwollen und Freundlichkeit zeigen, dann wird Ihnen das tiefe Gefühl des Friedens und der inneren Ruhe zuteil.

6. Echte Kraft erwächst aus innerer Ruhe. Mit einem ausgeglichenen, heiteren Gemüt schafft man das Gute. Gott ist absoluter Frieden und wohnt in der Mitte Ihres Seins. Stimmen Sie sich auf die Gottesgegenwart ein, lassen Sie seinen Friedensstrom durch das innere Universum Ihres Geistes und Ihrer Seele fließen.

7. Tragen Sie mit Ihren Fähigkeiten zu einer guten Sache bei und arbeiten Sie für alles, was konstruktiv ist und der Menschheit zum Wohle gereicht. Richten Sie sich stets auf die unendliche Kraft kosmischer Dimension aus. Gedenken Sie des Bibelwortes: *Wer festen Herzens ist, dem bewahrst du Frieden ...* (Jesaja 26, 3).

8. Im Zentrum jedes Zyklons, der den Himmel zerreißt, ist eine Zone der Stille. Wenn Sie voll Unruhe oder Angst sind, sollten Sie in sich gehen, Ihr Denken ruhigstellen und sich immer wieder sagen: »In mir herrscht Friede. Ich bin eine Bastion des Friedens.« Dann wird große Ruhe über Sie kommen.

9. Denken Sie daran: Frieden und Heiterkeit beginnen in Ihnen selbst. Sie bringen beides in Ihr Dasein, wenn Sie um Gottes Frieden und Liebe bitten. Ein Frieden, der jedes Verständnis übersteigt, wird Ihnen beschieden sein.

KAPITEL 16

Wie die kosmische Kraft Ihre Ängste überwinden hilft

Langdauernde Sorge raubt Ihnen Ihre Vitalität, Begeisterung und Energie und macht Sie zu einem körperlichen und seelischen Wrack. Die moderne psychosomatische Medizin hat nachgewiesen, daß der Mehrzahl aller Erkrankungen seelische Ursachen zugrunde liegen. Tatsächlich ist die Ursache von Krankheiten wie Asthma, Allergien, Herzstörungen, Bluthochdruck und vieler anderer Leiden in chronischen Sorgen zu suchen.

Ihr Problem liegt immer nur in Ihrem Geist begründet. Sie haben einen Wunsch, dessen Verwirklichung Ihr Problem lösen würde. Wenn Sie aber Ihre Lebensbedingungen und die besonderen Umstände Ihrer Lage überdenken, kommen Ihnen Gedanken des Zweifels, und Ihr Wunsch gerät in Konflikt mit Ihrer Angst. Ihre Sorgen entstehen aufgrund Ihrer geistigen Annahme, Ihrer inneren Billigung dessen, was Ihnen Angst macht – aufgrund Ihrer negativen Geisteshaltung.

Erkennen Sie, daß Ihr Wunsch eine Gabe Gottes ist, daß Sie höhersteigen sollen und es keine Macht gibt, die Gott, dem lebendigen allmächtigen Geist, an dem Sie in Ihrem Inneren teilhaben, überlegen ist. Bekräftigen Sie sich selbst gegenüber mit Nachdruck: »Gottes kosmische Weisheit gab mir diesen Wunsch ein, und die allmächtige Kraft unterstützt mich jetzt, sie offenbart mir den perfekten Plan für seine Verwirklichung. Ich lebe in dieser Überzeugung.« Wenn Gedanken der Angst oder Sorge in Ihnen hochsteigen, sagen Sie sich sofort, daß Gott Ihren Wunsch erfüllen, Ihr Anliegen, Ihren Plan in göttlicher Fügung verwirklichen wird. Verharren Sie in dieser Geisteshaltung, und die Schatten der Angst und Sorge werden weichen.

Ein Geschäftsmann bezwang seine Angstneurose

Vor einiger Zeit beriet ich einen Geschäftsmann, dem sein Arzt gesagt hatte, körperlich fehle ihm nichts, aber er leide an einer »Angstneurose«, womit ganz einfach ständige Sorge gemeint ist. Der Mann gestand mir: »Jedesmal, wenn ich bete oder überlege, wie ich meine Situation verbessern könnte, fange ich an, mir Sorgen über meine Finanzen, mein Geschäft und meine Zukunft zu machen. Das macht mich nervlich fertig, ich bin erschöpft, ausgelaugt, todmüde.«

Sein Wunschbild von Erfolg und Wohlergehen wurde durch seine chronische Sorge verdunkelt, und sein Grübeln verzehrte in sinnloser Weise seine ganze Energie. Auf meinen Rat hin beschloß er, sich nicht länger seiner Angstneurose zu überlassen. Er setzte sich drei- oder viermal am Tag still zu einer Meditationsübung hin und erklärte feierlich:

»*Aber der Geist ist es in den Leuten, und der Odem des Allmächtigen, der sie verständig macht* (Hiob 32, 8). Diese allmächtige Kraft trage ich in mir; sie befähigt mich, zu sein und zu handeln. Die Weisheit und Kraft des Allmächtigen unterstützen mich und ermöglichen es mir, meine Ziele zu erreichen. Ich denke regelmäßig und systematisch über die Weisheit und Kraft des Allmächtigen nach, und ich denke nicht mehr an Hindernisse und Fehlschläge. Ich weiß, daß ständiges Denken auf dieser Linie meinen Glauben und mein Vertrauen aufbaut, meine Stärke und Entschiedenheit steigert, *denn Gott hat uns gegeben nicht den Geist der Furcht, sondern der Kraft und der Liebe und der Zucht* (2. Timotheus 1, 7).«

Mit Hilfe dieses Gebetes überwand dieser Geschäftsmann seine Sorgen. Nehmen auch Sie die geistige Medizin kosmischer Weisheit ein.

Eine Mutter fand zur Erwartung des Besten

Während des Vietnamkrieges suchte mich eine verzweifelte Mutter auf, die sich schreckliche Sorgen um ihren eingezogenen Sohn machte. Ich gab ihr ein besonderes Gebet, das sie abends und morgens für sich und ihren Sohn sprechen sollte. Der Sohn kam unversehrt aus dem Krieg zurück, heiratete und gründete eine Familie.

Wieder kam die Mutter zu mir, genauso besorgt wie beim ersten Mal. Ich erinnerte sie daran, daß ihr damaliges Problem gelöst worden sei, und fragte sie, warum sie sich denn jetzt wieder Sorgen mache.

Sie fürchtete, ihr Sohn hätte die falsche Frau geheiratet. Auf mein Befragen gab sie jedoch zu, daß ihre Schwiegertochter eine ausgezeichnete Ehefrau sei. Aber dann klagte sie: »Die ganze Zeit über habe ich mir solche Sorgen gemacht, daß ihr Kind tot oder verkrüppelt auf die Welt käme. Zwar hat meine Schwiegertochter ein in jeder Hinsicht gesundes Baby geboren; doch jetzt muß ich mir wieder Sorgen wegen der ständigen Geldknappheit im Haus meines Sohnes machen.«

In Wirklichkeit hatte die Frau nicht die Sorgen, die sie zu haben *meinte.* Die eigentlichen Schwierigkeiten bereiteten ihr ihre eigene innere Unsicherheit und ihre emotionelle Unreife. In unserem Gespräch konnte ich ihr verständlich machen, daß sie selbst ihre Angsthaltung züchtete. Ich schrieb ihr ein Gebet auf, das ihr helfen sollte, die innere Unsicherheit durch ein Gefühl echter Sicherheit zu ersetzen:

»Wer an der geheimen Stätte des Allerhöchsten wohnt, wird unter dem Schutzschirm des Allmächtigen bleiben. Alle Gedanken, die ich habe, entsprechen Gottes Idealbild von Harmonie, Frieden und Liebe. Ich bin eine Wohnstatt der Freude. In mir ist ein tiefes Gefühl der Sicherheit. Alle Gedanken, die mir kommen, tragen zu meinem Frieden, meiner Freude und meinem allgemeinen Wohlergehen bei. Ich lebe und handle in der Atmosphäre der Zuversicht und des Vertrauens.

Alle Menschen, an die ich denke, sind Kinder Gottes. Ich bin im Geiste mit allen Mitgliedern meiner Familie und mit der ganzen Menschheit ausgesöhnt. All das Gute, das ich mir wünsche, wünsche ich auch meinem Sohn und seiner Familie. Ich lebe jetzt im Hause Gottes. Ich erbitte Frieden und Glück, und ich weiß, daß ich immerdar im Hause des Allmächtigen wohne.«

Die Frau vergegenwärtigte sich diese Wahrheiten mehrmals täglich und vermochte so die ihr zur Gewohnheit gewordene

Angsthaltung zu neutralisieren. Sie entdeckte in sich geistig-seeli-sche Kraftquellen, aus denen sie schöpfen konnte, um Anwand-lungen der Angst und Sorge sofort auszumerzen. Im Laufe der Zeit festigte sich in ihr eine in jeder Hinsicht positive Geisteshal-tung, mit der auch eine neue Erwartungshaltung einherging. Sie lebt jetzt in freudiger Erwartung des Besten.

Ein Vertreter verlor seine Angst vor dem Autofahren

Seit einem schweren Autounfall stand ein Vertreter jedesmal schreckliche Ängste aus, wenn er mit dem Wagen auf die Fahrt gehen mußte. Ich machte ihm klar, daß er nicht zwei gegensätz-lichen Vorstellungen gleichwertig gerecht werden könne; er könne nicht Angst vor seiner Reise haben und gleichzeitig seine Fahrt gutheißen und segnen. Folglich müsse er, sagte ich ihm, eine einfache Technik anwenden, um seine Angst durch Vertrau-en und ein unerschütterliches Gefühl der Sicherheit zu ersetzen. Er machte es sich zur Gewohnheit, wie folgt zu beten:

»Gott führt und leitet mich bei jeder Bewegung. Göttliches Recht und göttliche Ordnung lenken mich beim Fahren, und ich reise frei, freudig und gern von einer Stadt in die andere. Ich segne alle anderen Fahrer auf der Straße und wünsche ihnen alle Wohltaten des Lebens. Ich bin ein Botschafter Gottes. Ich weiß, daß alles in dieser Welt von Gott gegeben ist, auch mein Wagen. Mein Auto funktioniert einwandfrei. Ich bin gelassen und heiter. Ich bin aufmerksam und unter dem Schutzschirm Gottes. Seine Liebe hüllt mich ein und geht mir voraus, sie macht meinen Weg eben und frei. Ich sehe mich bereits wohlbehalten am Ziel und freue mich über die gute Fahrt. Es ist einfach wunderbar!«

Der Vertreter erlitt in den letzten drei Jahren keinen Unfall mehr. Er erhielt auch keinen Strafzettel! Er hat seine Angst, von der er früher immer heimgesucht worden war, verloren. Zu mir sagte er: »Ich habe es mir zur Gewohnheit gemacht, das Gebet vor jeder meiner Fahrten zu sprechen. Ich kann es auswendig und weiß, daß die höheren Schwingungen meines Gottvertrauens die niedrigeren Schwingungen der Angst auslöschen.«

Sein unsichtbarer Partner

In einer Detroiter Apotheke forderte mich der Geschäftsinhaber auf, hinter die Theke zu kommen und mir ein Schild anzusehen, das er über der Rezeptkartei befestigt hatte: *Ich fürchte kein Unglück; denn du bist bei mir* . . . (Psalm 23, 4).

Er erzählte, seine Apotheke sei dreimal von Banditen ausgeraubt und ihm selbst sei zweimal eine Pistole an die Schläfe gehalten worden. »Ich denke an diesen Psalm«, sagte er, »und der Vers senkt sich als Segen auf mein Gemüt. Ich habe Gott zum Partner genommen und bekräftige tagsüber viele Male: ›Gott ist mein höheres Selbst, mein unsichtbarer Partner. Er führt mich und wacht über mich. Seine Kraft und Weisheit stehen mir jederzeit sofort zur Verfügung. Ich bin nicht allein.‹ Jetzt fühle ich mich sicher, weil ich weiß, daß Gottes Schutzschirm meine Apotheke, mich selbst und meine Kunden beschützt.«

Der Apotheker stellte sich seinem Angstproblem und überwand es. Seit vier Jahren hat er Ruhe. Im übrigen erfuhr seine Apotheke einen Aufschwung, der seine kühnsten Erwartungen übertraf.

Die imaginären Schatten der Seele

Wie mir eine Lehrerin, die in einer Mittelschule Botanik unterrichtet, berichtete, überwindet sie ihre Besorgnisse, indem sie sie zerpflückt: sie hält sie ins Licht der Vernunft, besieht sie, zerteilt und analysiert sie der Reihe nach und fragt sich dann: »Sind diese Ableger der Angst gesund? Woher kommen sie? Haben sie Kraft? Liegen ihnen konkrete Ursachen zugrunde«? Die junge Dame hatte Esprit und Humor.

»Das Erstaunliche ist ja«, sagte sie, »daß unsere Ängste weder gesund noch konkret sind. Man muß sich klarmachen, daß sie nichts anderes als Schatten sind, die wir ungesunderweise in unserer Seele züchten und wuchern lassen – illusionäre, imaginäre Schatten.«

Ich gab ihr recht, und mit fröhlicher Selbstironie scherzte sie: »Stellen Sie sich eine gebildete Lehrerin wie mich vor, die Sorgen wegen unwirklicher Schatten hat!«

Diese Lehrerin setzt sich über ihre Ängste hinweg aufgrund ihrer von Natur aus durch und durch positiven Geisteshaltung.

Die Ursache des hohen Blutdrucks war geistig-seelischer Natur

Vor einiger Zeit kam ein Mann mit scheinbar gut angepaßter, ausgeglichener Persönlichkeit zu mir. Er machte sich große Sorgen, weil sein Hausarzt ihm eröffnet hatte, sein Blutdruck liege über zweihundert, darum müsse er sich öfter entspannen und die Dinge langsamer angehen. Der Mann klagte: »Ich kann die Dinge nicht langsamer angehen! Ich habe zuviel zu tun und stehe in der Firma unter gräßlichem Druck.«

Tatsächlich hatte er so manche Enttäuschung erlitten, und er machte sich Sorgen, die sich im Laufe der Zeit zu einem wahren Berg angestaut hatten.

Ich erläuterte ihm die große Wahrheit, daß im Leben alles dem Gesetz der Veränderung unterliegt. In dem am Ende des vorstehenden Kapitels bereits zitierten alten geistlichen Lied heißt es: »Wechsel und Verfall seh' ich rundum allhier; o du, der nie sich ändert, verweil bei mir.« Gott ändert sich nicht; er war gestern genau so, wie er heute ist und allezeit sein wird. Doch alles andere in unserem Leben und in unserer Welt unterliegt der Veränderung. Alles was Materie ist, wird irgendwann vergehen.

Ich empfahl dem Mann, sich zu sagen, daß er nicht »ewig«, nicht für immer krank sein könne, daß er vielmehr auf Erden sei, um seine Probleme zu überwinden, und daß er seelisch-geistig dafür bestens gerüstet sei.

Der erste Schritt bestand für ihn darin, seine Aufmerksamkeit von seinen körperlichen Beschwerden und geschäftlichen Schwierigkeiten abzuziehen und darauf zu vertrauen, daß die ihm innewohnende schöpferische Kraft kosmischer Dimension ihn heilen und wiederherstellen würde. Ich verschrieb ihm die nachstehende spirituelle Medizin, die er zusätzlich zu dem vom Arzt verordneten Medikament einnehmen sollte, und legte ihm nahe, die darin enthaltenen Wahrheiten bedingungslos zu glauben:

»Im Laufe des Tages ziehe ich von Zeit zu Zeit meine Aufmerksamkeit von den Aufregungen und Ärgernissen der Welt ab, kehre zu Gott zurück und spreche mit ihm. Ich weiß, daß ich geistig und seelisch ernährt werde, ohne je Mangel zu leiden, und Gottes Frieden durchströmt das innere Universum meines Geistes. Mir wird die perfekte Lösung für jedes Problem zuteil, das sich mir stellt. Ich weise die Scheinwelt der äußeren Realität zurück und bejahe nachdrücklich die geistig fundierte Realität allen Seins. Ich gehe in der Wahrheit auf, daß Gott mich leitet und mich zu gottgefälligem rechtem Tun führt. Gottes wunderbare kosmische Heilkraft durchströmt mich und durchdringt jedes Atom meines Seins. Gottes Friedensstrom fließt durch meinen Geist und meine Seele. Ich bin entspannt, gelassen, ruhig und heiter. Ich weiß, daß die Gottesgegenwart, die mich erschaffen hat, mich jetzt wiederherstellt und ganz gesund macht, und ich danke für die Heilung, die eben jetzt stattfindet.«

Dank regelmäßigen Betens gelang es dem Mann, seine Aufmerksamkeit von den störenden Wechselfällen des Alltags abzulenken. Ein Monat später ergab eine neuerliche ärztliche Untersuchung normale Blutdruckwerte. Der Mann stellte erfreut fest, daß sein verändertes Denken seinen Körper wiederhergestellt hatte. Wenn ihn heute der berufliche Druck zu beunruhigen droht, hält er sich an das Motto: »Nichts regt mich auf.«

Da er Gottes kosmische Weisheit und Gottes Gegenwart in seiner Mitte preist, werden seine Probleme zunehmend geringer. Niemand kann ihn mehr vor den Kopf stoßen noch reizen, und er fühlt sich stark genug, allen Herausforderungen gewachsen zu sein. Er hat sich im Hinblick auf seine inneren Kräfte im Einklang mit dem kosmischen Geist neu bewertet. *Ich hebe meine Augen auf zu den Bergen, von welchen mir Hilfe kommt* (Psalm 121, 1).

Ein Gebet zur Bannung chronischer Ängste

Sprechen Sie, bekräftigen Sie täglich voll Überzeugung und tiefem Gefühl:

»Ich setze meinen ganzen Glauben auf Gottes kosmische Gegenwart, die mich trägt. Ich bin ruhig und heiter, ich fühle es. Ich bin voll Vertrauen und Zuversicht. Ich weiß, daß es nichts zu fürchten gibt – nichts, vor dem man zurückschrecken müßte, denn Gott ist hier und überall gegenwärtig. In ihm lebe, wandle und existiere ich; deshalb habe ich keine Angst. Gottes Mantel der Liebe hüllt mich ein, und sein Strom des Friedens fließt durch mich. Alles ist gut.

Vor Menschen, Bedingungen, Umständen, Ereignissen habe ich keine Angst, denn Gott ist mit mir. Der Glaube an Gott füllt meine Seele aus. Ich wohne in der Gegenwart Gottes, jetzt und immerdar, und keine Angst kann mich anrühren. Ich fürchte die Zukunft nicht, denn Gott ist auch künftig mit mir. Gott erschuf mich und erhält mich. Gottes Weisheit führt und leitet mich, darum kann ich nicht fehlgehen. Ich feiere jetzt den Glauben an Gottes Gegenwart, weil ich in meinem Herzen die große Wahrheit kenne: Näher ist er als der Atem, näher als Hände und Füße.«

ZUSAMMENFASSUNG

1. Sorgen haben bedeutet, daß Sie stärker an die Unlösbarkeit Ihres Problems oder an das, was Ihnen Angst macht, glauben als an Gott und seine kosmische Weisheit. Angst und Sorgen kann man durch Anwendung der kosmischen Gesetze des Geistes ausräumen.

2. Sorgen entstehen aufgrund Ihrer inneren Billigung dessen, was Ihnen Angst macht. Ihr Wunsch oder Anliegen gerät in Konflikt mit Ihren Gefühlen der Angst, und Sie lassen den inneren Kampf zu. Erkennen Sie, daß Ihr Wunsch eine Gabe Gottes ist und daß Sie ihn, sofern Sie ihn geistig zu vollziehen vermögen, verwirklichen können.

3. Angstneurose ist nur ein anderer Ausdruck für chronische Besorgnis. Diese wurzelt in einer negativen Geisteshaltung, in destruktiven Gewohnheiten des Denkens und Glaubens. Überwinden Sie Angst und Sorgen, indem Sie sich klarmachen, daß Gottes kosmische Weisheit Sie befähigt, zu sein, was Sie sich wünschen, und zu haben, was Sie brauchen. Verweilen Sie geistig bei dieser Wahrheit, und je intensiver Sie dies tun, desto schneller werden Ihre Besorgnisse verschwinden.

4. Sie sind meist nicht über das besorgt, worüber Sie *meinen,* sich Sorgen zu machen. Denken Sie daran: Chronische Besorgnis erwächst im Grunde aus einem Gefühl der Unsicherheit und der Entfremdung von Gott und seiner Güte. Erkennen Sie, daß Sie selbst der Urheber Ihrer Sorgen sind und daß Sie diese durch die Vergegenwärtigung der Wahrheiten kosmischer Weisheit überwinden können. Dies ist eine Erkenntnis, die Sie befreit.

5. Gott als Inbegriff des Geistes kann nicht besiegt oder in irgendeiner Weise behindert werden; er ist allmächtig. Und wenn Sie sich durch Ihr Denken mit dieser unendlichen Kraft kosmischer Dimension in Einklang bringen, dann werden in Ihnen ungeahnte Kräfte mobilisiert.

6. Begreifen Sie, daß Gott Ihr unsichtbarer Partner ist, dann werden Sie nichts fürchten. Seien Sie überzeugt, daß seine Weisheit und Gegenwart Sie leiten und schützen wird, dann werden Sie gegen Gefahren gefeit sein.

7. Analysieren Sie Ihre Sorgen, halten Sie sie ins Licht der Vernunft, dann werden Sie feststellen, daß Ihre Ängste nur imaginäre, illusorische Schatten sind, die Sie in Ihrer Seele züchten. Sie können sich von Ihren Ängsten und Sorgen durch eine positive Geisteshaltung befreien.

8. Alles in dieser Welt verändert sich und vergeht. Man kann nicht »ewig« Schmerzen haben oder »ewig« krank sein. Alles läßt sich ins Gegenteil wenden im Glauben an Gott, der »näher ist als der Atem, näher als Hände und Füße«.

KAPITEL 17

Wie Sie Ihr Denken mit der kosmischen Kraft in Einklang bringen

Gedanken beherrschen die Welt. Gedanken finden immer in Taten Ausdruck. Ralph Waldo Emerson sagte: »Ein Gedanke ist eine Qualität desjenigen, der ihn in die Welt setzt.« Und Emerson sagte auch, erinnern Sie sich: »Der Mensch ist, was er den ganzen Tag über denkt.«

Lernen Sie Ihre Gedanken gebührend beachten. Ihre Gesundheit, Ihr Glück und Ihr Erfolg im Leben sowie Ihr Seelenfrieden hängen weitgehend davon ab, daß Sie sich der Inhalte und der Kraft des Denkens bewußt sind.

Ihr Denken ist geistige Schwingung und ganz entschieden eine Kraft. Ihr Tun ist nur die äußere Verwirklichung dessen, was Sie denken. Wenn Ihre Gedanken sinnvoll sind, wird auch Ihr Handeln sinnvoll und somit zielführend sein. Wenn Sie einen Gedanken erwägen, Gedanken »wälzen«, sind Sie tatsächlich bereits im Begriffe, deren latente Kraft zu entfesseln; Sie sind bereits am Werk, diese in Handeln, in Geschehen umzusetzen. Shakespeare sagte, unsere Gedanken seien unser, nicht aber deren Ergebnisse. Einfach weil die Ergebnisse Ihrer Gedanken folgerichtig sind. Wenn Sie ständig an Krieg denken, dürfen Sie sich nicht wundern, wenn es Krieg gibt, obwohl Sie dieses Ergebnis nicht gewollt haben.

Denken Sie an Dinge, die wahr, schön und erhebend sind, und seien Sie überzeugt von der Kraft Ihres Denkens, und überzeugt sein heißt ja nichts anderes als daran glauben. Was Sie denken und glauben und zutiefst als wahr empfinden, das werden Sie in Ihr Leben bringen. Durch Ihr Denken, Glauben und Fühlen schaffen Sie Ihr Schicksal.

Fühlen bedeutet – was Ihre Gedanken angeht – inneren Anteil, Interesse nehmen. Wenn Sie lebhaft an Ihrem Beruf, an Ihrer Arbeit Anteil nehmen oder an einem besonderen Auftrag zutiefst interessiert sind, dann werden Sie erfolgreich sein, weil an der Sache Ihr Herz beteiligt ist. Wie der Mensch im innersten Herzen denkt, so ist er! Vertrauen Sie dieser Kraft.

Der Detektiv löste den Fall kraft Intuition

Ein Detektiv, mit dem ich mich voriges Jahr unterhielt, hatte sich seit Monaten mit einem Fall beschäftigt, ohne daß er auf einen grünen Zweig gekommen war. Er sollte einen spektakulären Juwelendiebstahl klären, doch die mutmaßlichen Täter waren spurlos verschwunden.

Ich fand heraus, daß er den Fall für sehr kompliziert und geradezu unlösbar hielt, nachdem die Suche nach den Tätern ergebnislos geblieben war. Ich erklärte ihm, daß er als erstes seine Überzeugung, der Fall sei aussichtslos, ändern müsse, daß er in Wirklichkeit wankelmütig sei und im Herzen anders denke als im Kopf und deshalb nicht weiterkomme. Ich empfahl ihm die folgende einfache Formel:

»Ich präge mein Problem meinem Unterbewußtsein ein, und ich weiß, daß die Lösung mir automatisch über mein Unterbewußtsein zuteil werden wird. Ich weiß auch, daß dieser Herzensglaube eben jetzt in göttlicher Ordnung wirkt, und ich danke für die Antwort.«

Der Mann beherzigte meinen Ratschlag. Und eines Morgens, als er sich rasierte, fiel ihm aus heiterem Himmel eine Kleinstadt in Südkalifornien ein. Er fühlte intuitiv, daß er dorthin müsse, und fuhr mit seinem Partner hin. Sie fanden die beiden gesuchten Männer in einer Bar, verhafteten sie, und im Zuge des Untersuchungsverfahrens konnte auch ein Großteil des gestohlenen Schmucks sichergestellt werden.

Anhand dieses Tatsachenberichtes können Sie einmal mehr erkennen, worauf es ankommt: Sie müssen sich Ihr Problem, wenn es auch noch so schwer zu lösen scheint, vergegenwärtigen und an die Lösung glauben.

Ein erfreuliches Wiedersehen

Als ich zu Vorträgen in Palm Springs weilte, sprach mich im Hotel ein Mann an. »Wissen Sie noch, was Sie, als Sie vor sechzehn Jahren in Indien waren, zu mir sagten?« fragte er.

Ich erinnerte mich weder an den Mann noch an unser Gespräch. Er frischte mein Gedächtnis auf. Er hatte nach Amerika auswandern wollen, aber immer an die Problematik der Einwanderungsbeschränkungen, seiner Geldknappheit und der in den Vereinigten Staaten fehlenden Freunde gedacht. Ich hatte ihm gesagt, daß er sich zu Unrecht von seiner Umwelt und seinen äußeren Bedingungen abhängig sehe, daß er nur an Hindernisse und Schwierigkeiten denke und daß dies ein völlig fehlgeleitetes Denken sei.

Der Mann zeigte mir das Gebet, das ich seinerzeit für ihn aufgeschrieben hatte:

»Gott als der Inbegriff des unendlichen Geistes leitet mich. Ich weiß, daß sich mir der Weg nach Amerika in göttlicher Ordnung öffnen wird. Ich denke ruhig und voll Interesse daran, bis sich mir eine Lösung zeigt, die mich befriedigt. Während ich ruhig und voll lebhafter Anteilnahme an die Erhörung meines Gebetes denke, weiß ich, daß ich die meinem Unterbewußtsein innewohnende Weisheit aktiviere; sie setzt alles in Bewegung und zwingt mich, die notwendigen Schritte für die Verwirklichung meines Wunsches zu tun.«

Er berichtete, daß er etwa einen Monat lang jeden Morgen und jeden Abend in diesem Sinne meditiert habe, dann habe er einen amerikanischen Industriellen kennengelernt und als Führer und Chauffeur durch weite Teile Indiens begleitet. Der Amerikaner habe ihm dann die Übersiedlung nach New York ermöglicht und ihn für ein sehr großzügiges Gehalt als Privatchauffeur angestellt.

Ein erfreuliches Wiedersehen – natürlich freute ich mich sehr über den Bericht dieses Inders. Sie aber bitte ich, daran zu denken, daß alle Menschen, die Ihnen bei der Verwirklichung Ihrer Wünsche zu helfen scheinen, Ihnen nicht zufällig begegnen, nicht zufällig helfen; sie kommen Ihnen wie hilfreiche Boten aufgrund Ihres Denkens und Glaubens im Einklang mit der unendlichen Kraft des Geistes kosmischer Dimension. Genauso werden auch Sie gleichsam »eingesetzt«, anderen Menschen zu helfen, ihr Ziel zu erreichen.

Denken Sie vom Standpunkt kosmischer Wahrheiten aus

Neulich fragte mich ein Mann: »Wie weiß ich es, wenn ich richtig denke? Wie, wenn mein Denken falsch ist?« Das ist eine gute Frage. Und ich gab ihm folgende einfache Antwort: »Wenn Sie vom Standpunkt der höheren geistigen Realitäten und der kosmischen Wahrheiten Gottes aus denken – die gestern genau so waren, wie sie heute sind und allezeit sein werden –, dann denken Sie richtig: Sie denken gar nicht im eigentlichen Sinn des Wortes, wenn Sie, sagen wir, auf Überschriften in Zeitungen, auf Propaganda in Fernsehen und Rundfunk reagieren, und ebensowenig, wenn Sie vom Standpunkt rein äußerlich übernommener Traditionen, äußerlich gegebener Umweltbedingungen und -umstände oder sich in Lippenbekenntnissen erschöpfender Überzeugungen ausgehen.«

Der Fragesteller, ein politisch und sozial sehr interessierter Mann, hatte tatsächlich kaum noch anderes als die Leitartikel und Propagandareden der Lokal- und Landespolitiker im Kopf. Er war vollgepfropft mit deren Ideen. Als eigene Gedanken konnte man diese nicht mehr bezeichnen; es waren die Gedanken anderer, dazuhin waren diese größtenteils destruktiv, zumindest durchwegs aggressiv und fern jeden geistig-seelischen Tiefgangs.

Ihm wurde auf meine Worte hin sofort alles klar. Er begann selbständig zu denken. Dabei nahm er folgendes Bibelzitat als geistigen Maßstab: *Was wahrhaftig ist, was ehrbar, was gerecht, was keusch, was lieblich, was wohl lautet, ist etwa eine Tugend, ist etwa ein Lob, dem denket nach!* (Philipper 4, 8).

Wurden künftig Gedanken oder Ideen an ihn herangetragen, wußte er diese nach ihrem Inhalt wohl abzuwägen und selbst zu entscheiden, was vom Standpunkt der zitierten spirituellen Prinzipien aus richtig war.

Kam ihm von Zeit zu Zeit der Gedanke, daß er versagen könnte, bekräftigte er sofort entschieden: »Das kosmische Unendliche kann nicht versagen. Ich bin zum Erfolg geboren. Erfolg ist mir jetzt beschieden. Im Einklang mit der unendlichen Kraft kosmischer Dimension führt mich mein Unterbewußtsein ans Ziel.«

Er denkt jetzt vom Standpunkt dessen aus, was die Wahrheit über Gott und das Göttliche im Menschen ist, und dies ist richtiges Denken.

Wie man sich zersetzenden Suggestionen entzieht

Voll Verzweiflung kam aufgrund einer Zeitungsmeldung eine Mutter zu mir, weil sie fürchtete, auch ihr Junge könnte Kinderlähmung bekommen. Außerdem beunruhigten sie Berichte über Krebs, die sie im Fernsehen verfolgt hatte; prompt hatte sie an sich einige Symptome entdeckt, die in den Berichten genannt worden waren. Die Frau machte den Eindruck, als könnte jedes Windchen sie umwerfen. Sie dachte nicht im eigentlichen Sinn des Wortes; sie reagierte auf die Ängste und die Schwarzmalerei ihrer Umwelt.

Ich klärte sie über die Kraft positiven Denkens auf und erläuterte ihr, daß jeder Gedanke dazu tendiert, sich zu verwirklichen, außer er wird durch einen intensiveren gegenteiligen Gedanken neutralisiert. Dann sagte ich ihr, daß wirkliches spirituelles Denken frei sei von Angst und Sorge. Die Frau sah ein, daß ihre Ängste nichts anders waren als Reaktionen auf von außen an sie herangetragene Suggestionen, falsche Überzeugungen und eine irrige Sicht der Dinge. Mit anderen Worten: Sie machte äußere Dinge zur Ursache ihrer Wirklichkeit, statt zu erkennen, daß immense schöpferische geistige Kraft ihr innewohnte und sie als Reaktion auf positives Denken im Einklang mit den kosmischen Prinzipien des Geistes sofort durchströmen würde.

Sie faßte den aufrichtigen Entschluß, künftig die Spreu gründlich vom Weizen zu sondern: das Falsche vom Echten und die Angst von der Freude an ihren Idealen zu trennen. Sie hatte begriffen, daß ihre ganzen Befürchtungen einfach auf die irrige Haltung zurückzuführen waren, sich von Äußerlichkeiten beeinflussen zu lassen, anstatt das Leben selbst zu gestalten.

Vor kurzem sagte mir die Frau überglücklich: »Es ist wunderbar zu wissen, daß mein Denken schöpferisch ist, dem gegenüber alle Suggestionen und Propagandameldungen der Umwelt nicht schöpferisch, sondern lediglich suggestiv sind und der Veränderung durch mein schöpferisches Denken unterliegen, und daß Gottes Kraft, wenn ich an das Gute Gottes denke, mit diesen meinen Gedanken an das Gute ist.«

Die einst verzweifelte Mutter ist heute eine positiv denkende, lebensfrohe Frau, weil sie vom Standpunkt der kosmischen, ewig gültigen Wahrheiten aus denkt.

Ein angeblich tugendhafter Mann hatte kein Glück

Vor mehreren Monaten beriet ich einen Mann, der klagte: »Ich trinke nicht, rauche nicht, spiele nicht, ich begehe nicht wie so viele andere Ehebruch, trotzdem suchen mich ständig Unglücksfälle und geschäftliche Fehlschläge heim. Ich gehe schon seit mehr als einem Jahr wegen psychischer Störungen zum Psychiater, aber ohne Erfolg. Warum straft Gott mich so?«

Er hielt sich für einen gottesfürchtigen Mann seiner Kirche, deren Regeln und Gebote er offensichtlich von einem rein äußeren Standpunkt aus genau beachtete. Jeden Abend und jeden Morgen betete er, ja er hielt sich wirklich für einen guten Menschen, der gottergeben und treu war. Und doch behauptete er, Gott sei nicht fair zu ihm!

Ich klärte den Mann über die Funktionsweise der seelisch-geistigen Mechanismen auf und nannte ihm schonungslos offen die Gründe für seine sämtlichen Schwierigkeiten. Sie waren in der Tatsache zu suchen, daß man sehr wohl die Regeln und Gebote einer Religion äußerlich einhalten und deren Riten praktizieren, dennoch aber aufgrund falschen Denkens und falscher Überzeugungen ständig Beschränkungen, Prüfungen und Leiden über sich bringen kann.

Die falsche Auffassung des Mannes, daß Gott – als der wie jeden Menschen auch ihn beseligende kosmische Geist – ihn bestrafe, hatte alle Schwierigkeiten über ihn gebracht – eben weil die gottgegebenen Gesetze des Denkens und Glaubens unumstößlich sind. Wie der Mensch im innersten Herzen denkt, so ist er! Tatsächlich quälte und verfolgte der Mann sich selbst aufgrund seiner falschen Überzeugungen. Überdies hatte er ständig Angst vor Fehlschlägen, und mit dieser Erwartungshaltung zog er Fehlschläge im Geschäft und auch bei anderen Unternehmungen geradezu auf sich.

Ich machte dem Mann auch klar, daß nicht der vom Geist getrennte Körper Ehebruch begeht oder der vom Körper getrennte Geist tugendhaft bleibt. Der Körper bewegt sich, wie er vom Geist bewegt wird. Er handelt, wie der ihn beherrschende Geist es ihm gebietet. »Ihr Körper«, sagte ich ihm, »kann Sie nicht veranlassen, Fehler zu begehen, zu stehlen, zu betrügen oder zu töten. Sie verfügen alles zuerst einmal geistig, und Ihr Körper gehorcht bloß Ihren geistigen Befehlen. Ihr Denken, Glauben und Fühlen beherrschen Ihr Leben und sind die Ursachen Ihrer Erfahrungen.«

Und weiter: »Die Wechselwirkungen, die sich zwischen Ihrem Bewußtsein und Ihrem Unterbewußtsein abspielen, legen die Grundlage aller Erfahrungen, die Sie in Ihrem Leben machen. Wenn Sie durch Ihr Bewußtdenken zu irrtümlichen, zu falschen Überzeugungen, zu fehlgeleiteten Entschlüssen kommen, akzeptiert Ihr Unterbewußtsein, was Sie dadurch verfügen – sei es gut, sei es schlecht oder auch neutral –, und ›produziert‹ genau die Erfahrungen, die Ihren bewußt gehegten, täglich wiederholten und bei jeder Gelegenheit auch lautstark vertretenen Überzeugungen entsprechen.«

Meine Erklärung leuchtete dem Mann ein. Er machte es sich zur Gewohnheit, regelmäßig am Morgen, am Mittag und vor dem Einschlafen zu beten:

»Ich stelle mich geistig auf Gott ein und werde so in vollkommenem Frieden gehalten. In diesem Frieden Gottes finde ich Ordnung, Harmonie, göttliche Liebe. Gottes Wort hat Kraft. Die Worte, die ich spreche, sind von seinem Geist und Leben beseelt. Und auch in allem, was ich unternehme, was geschieht, sehe ich Gott am Werk. Mein Geist, meine Seele sind beharrlich auf ihn ausgerichtet. Ich werde in jeder Weise gefördert.

Meine Bekräftigungen der Wahrheiten kosmischer Weisheit sind mit Leben, Liebe und Sinn erfüllt. Die Worte, die ich spreche, prägen sich mir ein. Es macht mich glücklich zu wissen, daß Gott in meinem Herzen wohnt, denn Gott ist mein eigentliches Leben. Folgende Worte sinken in mein Herz: ›Siehe, ich wohne bei dir, o Mann Gottes, und du wohnst bei mir.‹

Ich sehe Gott in jedem meiner Mitmenschen. Ich segne die ganze Menschheit und strahle in Gedanken ihr gegenüber Wohlwollen aus. Ich spreche jedes Wort jetzt. Jedes meiner Worte ist schöpferisch und wird sich in göttlicher Ordnung verwirklichen. Ich entscheide mich jetzt für Gesundheit, Harmonie und Frieden in allen meinen Angelegenheiten.

Ich weiß und glaube, daß Gott mich jetzt auf allen meinen Wegen führt und daß der unendliche Geist kosmischer Dimension mein Handeln lenkt. Ich habe in meinem eigenen Herzen das Juwel der Ewigkeit gefunden.«

Der Mann hat den Mantel äußerlicher Tugendhaftigkeit abgelegt und zu innerem Frieden gefunden.

Sie überwand das Gefälle des Durchschnittsdenkens

Von einer Kosmetikerin wurde ich gefragt, warum sie nicht vorankomme und nicht mehr verdiene. Die junge Frau klagte, sie habe das Gefühl, minderwertig und unerwünscht zu sein, und genaugenommen könne sie sich selbst nicht ausstehen. Sie war weder ein besonders guter noch ein besonders schlechter Mensch. Warum konnte sie sich selbst nicht ausstehen? Sie hatte ein mittleres Einkommen, allerdings wohnte sie in einem der weniger schönen Stadtteile von Los Angeles. Konnte sie sich deshalb nicht ausstehen? Nein, natürlich war das nicht der Grund. Ihr Problem war, daß sie nicht selber dachte, sondern sich in ihrem Leben von Erfahrungen im abschüssigen Gefälle des Durchschnittsdenkens leiten ließ.

Mit dem Durchschnittsdenken ist ganz einfach jene Geisteshaltung der Massen gemeint, die automatisch bei Krankheit, Leid und Unglück aller Art Zuflucht zu nehmen pflegt und auf uns alle eindringt. Aus ihr kommen größtenteils negative Antriebe, destruktive Suggestionen; doch fließt auch viel Gutes ein: das konstruktive Denken von Millionen spirituell ausgerichteter Menschen, die Gedanken des Friedens, der Freude und des Glaubens an Gott und alle guten Dinge in diese gefährdete Welt setzen. Doch werden diese Menschen zahlenmäßig bei weitem von jenen übertroffen, die dem Negativen verhaftet bleiben. Darum sollte niemand dem Gefälle des Durchschnitts nachleben.

Die junge Frau begriff, daß ihre Erlebnisse der Ausdruck aller Inhalte ihres Denkens und – weil sie versäumt hatte, selbst zu denken – auch des Denkens und Glaubens anderer Menschen waren. Sie entdeckte, welch ein großer Unterschied besteht zwischen spirituellem Denken (im Einklang mit den kosmischen Prinzipien des Geistes) und dem Durchschnittsdenken (entsprechend der Geisteshaltung der an Äußerlichkeiten sich orientierenden Massen). Mehrmals am Tage meditierte sie über die Wahrheiten des folgenden Gebetes:

»Ich weiß und erkenne, daß Gott der Inbegriff des Geistes ist, und Geist von seinem Geist bewegt sich in mir. Ich weiß, daß Gott die Bewegung meines eigenen Herzens ist. Dieses mein Vertrauen, das nun von mir Besitz ergriffen hat, ist Gott in mir; er ist die schöpferische Kraft.

Ich lebe in dem Glauben und Vertrauen, daß Gottes Güte und Liebe mir alle Tage meines Lebens zuteil werden. Dieser Glaube an Gott und alle guten Dinge baut alle Schranken ab.

Ich schließe jetzt die Tür der Außenwelt; ich ziehe meine ganze Aufmerksamkeit von ihr ab. Ich wende mich innerlich dem Einen zu, dem Schönen und Guten; hier wohne ich im Geiste meines Vaters außerhalb von Zeit und Raum; hier lebe ich unter dem Schutzschirm des Allmächtigen. Ich bin frei von Angst, vom Urteil der Welt und vom äußeren Schein der Dingwelt. Ich fühle jetzt seine Gegenwart, das heißt, ich habe das Gefühl, daß mein Gebet erhört und Gutes für mich gegenwärtig ist.

Ich werde zu dem, was ich mir geistig vergegenwärtige. Ich habe jetzt das Gefühl zu sein, was ich gern sein möchte; dieses Gefühl ist die Bewußtheit meiner schöpferischen Kraft. Ich danke für die Freude, die ein erhörtes Gebet beschert, und warte in der Stille meiner Einkehr, daß ›es geschehe‹.«

Die junge Frau hat inzwischen einen eigenen Schönheitssalon, persönliches Gedeihen und beruflicher Erfolg sind ihr sicher.

ZUSAMMENFASSUNG

1. Gedanken beherrschen die Welt. Der Mensch ist, was er den ganzen Tag über denkt. Lernen Sie Ihre Gedanken gebührend beachten. Seien Sie sich der Inhalte und der Kraft Ihrer Gedanken bewußt, dann werden Sie erkennen, daß Ihr Denken Ihr Leben gestaltet.

2. Denken ist eine Sache und Glauben eine andere. Damit spirituelle Gedanken wirksam sind, müssen Sie in Gott den Inbegriff des Geistes und das kosmische Gute sehen und die Gesetze des Denkens und Glaubens erkennen. Wenn Sie an eine erfolgreiche Leistung *denken,* dabei aber *glauben,* daß Sie scheitern werden, wird Ihr Glaube an das Scheitern entscheidend sein, und Sie werden scheitern. Ändern Sie Ihre falschen Überzeugungen und erkennen Sie, daß Sie zum Erfolg geboren sind. Dann wird sich Ihr Erfolgsstreben verwirklichen.

3. Wirklich denken können Sie nur, wenn Sie frei von Angst oder Besorgnis sind. Sie denken richtig, wenn Sie vom Standpunkt der unveränderlichen Wahrheiten Gottes, dem unendlichen kosmischen Geist, an dem Sie teilhaben, aus denken. So sondern Sie die Spreu vom Weizen und die Angst von Ihrem Wunsch; Sie gelangen zu der Erkenntnis, daß Sie im Einklang mit der einen unendlichen Kraft kosmischer Dimension jeden Wunsch verwirklichen können.

4. Niemals sollten Sie von materiellen Voraussetzungen oder Äußerlichkeiten ausgehen und ihnen Kraft zugestehen. Mit anderen Worten: Nur auf die Ihnen innewohnende schöpferische Kraft, die auf Ihr Denken reagiert, kommt es an. Damit bannen Sie alle Ängste.

5. Sie denken gar nicht, wenn Sie sich einfach von den Suggestionen der Pressemedien und den unverarbeitet übernommenen Meinungen oder falschen Überzeugungen anderer Menschen beeindrucken und leiten lassen. Denken müssen Sie selber.

6. Für die Inhalte Ihres Denkens sind allein Sie selber verantwortlich. Entziehen Sie sich destruktiven Suggestionen und Behauptungen anderer Menschen; Sie können alles zurückweisen, was den Wahrheiten Gottes nicht gleicht. Lehnen Sie alles ab, was Ihre Seele nicht mit Freude erfüllt.

7. Wenn Sie denken, Gott bestrafe Sie, verkennen Sie Gott und die Gesetze des Denkens und Glaubens. So bringen Sie Elend und Leiden aller Art über sich, eben weil Sie sich in negativem, destruktivem Denken ergehen.

8. Nicht Ihr Körper begeht Ehebruch, stiehlt oder betrügt; nicht er kann Sie veranlassen, einen Fehler zu machen. Sie verfügen alles zuerst

einmal geistig, und Ihr Körper gehorcht bloß Ihren geistigen Befehlen.

9. Mit dem Durchschnittsdenken ist die Geisteshaltung der Massen gemeint. Sie ist weitgehend dem Negativen verhaftet und dem Glauben an die Unvermeidbarkeit von Krankheit, Unglück, Leid. Setzen Sie dem Ihren Glauben an Gott und das Gute, Schöne, Wahre entgegen. Wenn Sie nicht selber denken, überlassen Sie sich der Geisteshaltung der Massen und liefern sich den größtenteils destruktiven Suggestionen ihres Durchschnittsdenkens aus. Das aber bringt zwangsläufig Unordnung in Ihr Leben.

KAPITEL 18

Wie die kosmische Kraft in Ihrem Leben Wunder wirkt

Gottes kosmisches Gesetz des Geistes ist unpersönlich, und die universellen Gesetze des Denkens und Glaubens »sehen die Personen nicht an«. Anders ausgedrückt: Sie erzeugen, was Sie denken und glauben; Sie ziehen an, was Sie fühlen; Sie werden, wie Sie sich vorstellen.

Auch die Gesetze beispielsweise der Mathematik, Chemie, Physik sind unpersönlich und sehen die Person nicht an. Wenn Sie die grundlegenden Gesetze der Elektrizität nicht kennen und nicht wissen, daß der Strom von einem höheren zu einem niedrigeren Potential fließt, könnten Sie sich im Umgang mit Strom leicht töten. Kurz, es ist gefährlich, mit Kräften umzugehen, von denen Sie nichts verstehen. Die selben Regeln gelten natürlich in bezug auf die Chemie. Würden Sie die Gesetze von Anziehung und Abstoßung kennen und sich ein gründliches Wissen über organische und anorganische Stoffe aneignen, könnten Sie wunderbare Verbindungen zustandebringen oder vielleicht sogar neue Entdeckungen machen, die der Menschheit in vieler Hinsicht zum Segen gereichten. Begingen Sie aber einen Fehler, bekämen Sie die Folgen dieses Fehlers zu spüren.

Aktion und Reaktion sind universelle Merkmale der ganzen Natur, und dies gilt auch in geistiger Hinsicht. Jeder Gedanke, den Sie als wahr empfinden, wird Ihrem Unterbewußtsein eingeprägt, und dieses wird alles daransetzen, früher oder später zum Ausdruck zu bringen, was ihm eingeprägt wurde – sei es gut, sei es schlecht oder wertfrei.

Wenn Sie Gutes denken, wird Gutes die Folge sein. Wenn Sie Schlechtes denken, wird Schlechtes die Folge sein. Da sich aber

Ihrem Unterbewußtsein alle wie immer gearteten Erfahrungen, die Sie machen, einprägen, müssen Sie dafür sorgen, daß ihm durch bewußtes positives Denken im Einklang mit den kosmischen Prinzipien der Glaube an Gott und das Gute eingepflanzt wird. Dann bringen Sie das Gute in Ihr Leben.

Eine Frau gewann die Liebe ihres Mannes zurück

Voll Kummer berichtete mir eine Frau, daß ihr Mann nach zwanzigjähriger glücklicher Ehe fremdgehe. Während eines unserer Gespräche erwähnte sie, daß sie vor ein paar Monaten im Büro ihres Mannes gewesen sei und seine neue Sekretärin gesehen habe, eine, wie sie sagte, »schöne, blutjunge Frau, blond, charmant und verführerisch«. Die Frau gab zu, regelrechte Stiche des Neides und der Angst verspürt zu haben.

Ich fragte sie, ob sie sich bisweilen vorstelle, daß ihr Mann mit dem Mädchen etwas habe. Sie bejahte. Sie könne, sagte sie, vor lauter Angst an nichts anderes mehr denken. Es war klar, was sie damit anrichtete. Ich wies sie darauf hin, daß ihre Vorstellungen über ihren untreuen Mann einerseits unterbewußt an ihn weitergingen und andererseits auch ihrem eigenen Unterbewußtsein eingeprägt wurden und daß sie auf diese Weise unweigerlich über sich brachte, was sie am meisten fürchtete.

Aufgrund ihrer natürlich stark gefühlsbeteiligten intensiven Vorstellungen hatte sie tatsächlich den unglücklichen Verlauf ihrer Ehe beschleunigt und lief nun Gefahr, ihren Mann zu verlieren.

Auf meine Empfehlung hin sprach sie mit ihm über die ganze Angelegenheit, wobei sie ihm auch gestand, was sie geistig angerichtet hatte. Er bekannte daraufhin seine Untreue und beschloß, die andere Frau aufzugeben.

Heute sind die beiden wieder vereint, und Gottes Segen liegt auf der Ehe. Diesen schönen Erfolg verdankt die Frau dem nachstehenden Gebet, das sie jeden Abend und Morgen laut sprach:

»Ich weiß, daß mein Mann empfänglich für meine aufbauenden Vorstellungen ist. Ich bekräftige, fühle und weiß, daß in der

Mitte seines Wesens Frieden herrscht. Mein Mann wird auf allen Wegen göttlich geführt. Gottes kosmische Liebe erfüllt seinen Geist und sein Herz. Harmonie, Liebe und Verständnis herrschen zwischen uns. Ich stelle mir meinen Mann als gesund und fröhlich, liebevoll und glücklich vor. Ich sehe ihn innerhalb des kosmischen Schutzwalls von Gottes Liebe, der undurchdringlich, unüberwindlich und unantastbar für alles Zerstörerische ist.«

Ein Scheidungskandidat wurde zum liebenden Ehemann

Von einem offensichtlich völlig verzweifelten Mann wurde ich gebeten, Licht in seine Eheprobleme zu bringen. Er sagte: »Ich habe dreimal nacheinander geheiratet, jedesmal in der Hoffnung, eine gute Frau zu bekommen, und jetzt möchte ich oder muß ich mich von meiner dritten Frau scheiden lassen.«

Nachdem ich ihn mit den Gesetzen des kosmischen Geistes bekanntgemacht hatte, wies ich ihn darauf hin, daß es im Vollzug dieser Gesetze logisch, folgerichtig, absolut gerecht und fair zugehe. Dies heiße, so sagte ich, daß es beispielsweise in der Natur eines Apfelkerns liege, einen Apfelbaum hervorzubringen; genauso reproduziere der Mensch in allen Phasen seines Daseins das genaue Spiegelbild seiner inneren Natur. »Wie innen, so außen. Wie im Himmel, so auf Erden.« Und der »Himmel« bedeutet hier, sagte ich ihm, Geist und die »Erde« Körper oder Lebenserfahrung. Wie im Geiste, so im Leben.

Indem ich ihm die Wirkungsweise seines Denkens und Fühlens veranschaulichte, brachte ich ihn zur Einsicht, daß ein Mensch unmöglich eines denken, glauben und fühlen und dann ein anderes als das erleben kann, was er denkt und als wahr empfindet. Ich bewies ihm, daß in ihm selbst der Zwiespalt saß, der seine Ehe scheitern ließ. Er könne nicht voll Angst, Eifersucht und Aggression sein und sich zugleich eine glückliche Ehe wünschen.

Der Mann sagte: »Ich sehe jetzt, daß eine Scheidung nichts bringt. Sie wäre für mich keine Lösung, solange ich meine Angst vor Niederlagen und meine Eifersucht nicht überwinde. Ich sehe ein: Ich muß mich selber ändern. Ich habe meine Frau fälschlicherweise beschuldigt, und ich weiß jetzt, daß meine Vorwürfe ihr gegenüber nichts anderes als Projektionen meiner eigenen Schuld, Angst und Unsicherheit waren.«

Eine kluge Schlußfolgerung. Ich schrieb ihm nachfolgendes Gebet auf:

»Ich weiß, daß ich nicht gleichzeitig zweierlei denken kann. Ich weiß, daß Gegensätzliches nicht gleichzeitig dieselbe Stelle einnehmen kann. Ich kann nicht Gedanken der Liebe und gleichzeitig Gedanken des Grolls haben. Wenn ich an meine Frau denke, erkläre ich ausdrücklich: ›Gottes Liebe erfüllt ihre Seele. Ich strahle ihr gegenüber Frieden und Freundlichkeit aus. Unsere Ehe ist eine spirituelle Verbindung. Ich bin jetzt eins mit Gott und mit allen Menschen.‹ Ich weiß, daß ich meiner Frau ein vollauf befriedigendes, wunderbares Leben geben kann. Nur was der Liebe, der Wahrheit und der Unversehrtheit zugehört, vermag Eingang in unsere Erfahrungen zu finden.«

Es stellte sich heraus, daß seine Frau sich gar nicht scheiden lassen wollte; sie hatte nur seine falschen Anschuldigungen und Beleidigungen satt gehabt.

Das alles war vor mehr als zwei Jahren. Sie sind immer noch verheiratet und haben vor kurzem ein Mädchen bekommen.

Sie glaubte, die Umstände hätten sich gegen sie verschworen

In Boston hatte ich eine interessante Unterredung mit einer Frau. Sie kam nach meinem Vortrag über die Gesetze des Geistes zu mir und sagte: »Mein Leben scheint vom Schicksal vorbestimmt zu sein. Die Umstände haben sich gegen mich verschworen, oder es wurde ein Urteil über mich verhängt, nach dem in meinem Leben alles abläuft. In den vergangenen vier Jahren war ich viermal verlobt, und jedesmal starb mein Bräutigam kurz vor der Hochzeit eines plötzlichen Todes.«

Ich fragte sie, ob sie Ralph Waldo Emersons Definition des Schicksals gehört habe. Sie verneinte. Emerson sagte: »Er [der Mensch] hält sein Schicksal für fremd, weil die Kopula [Verbindung] verborgen ist. Aber die Seele enthält das Ereignis, das ihr widerfahren wird, denn das Ereignis ist nur die Aktualisierung ihrer Gedanken, und worum wir stumm beten, das wird immer gewährt.« Und weiter mit Emersons Worten sagte ich zu ihr: »Das Ereignis ist ein Abdruck von Ihrer Form. Es paßt Ihnen wie Ihre Haut!«

Ich erklärte der Frau, daß die Bedingungen, Erfahrungen und Ereignisse in ihrem Leben durch das bestimmt würden, was sie innerlich sei, die Summe also ihrer durch Schulung und Konditionierung erworbenen Überzeugungen, ihrer religiösen Vorstellungen, ihrer seelisch-geistigen, gefühlsmäßigen und körperlichen Erfahrungen. In ihrem Leben kämen, so sagte ich ihr, stets ihre gewohnheitsmäßig eingeschliffenen Überzeugungen zur Geltung, und wenn sie ihr Leben ändern wolle, müsse sie ein für allemal ihr Denken ändern. Anschaulich führte ich ihr die Tatsache vor Augen, daß sie für das Leben anderer Menschen nicht verantwortlich und keineswegs daran schuld sei, wenn ihr Verlobter, ihre Eltern und auch noch Freunde plötzlich verstorben waren, denn jeder Mensch mache seinen eigenen Bewußtseinszustand sichtbar. Tatsächlich fürchtete die Frau bewußt und unbewußt, daß der Mann, der sich zu ihr hingezogen fühlte, das selbe Schicksal erleiden würde wie ihr erster Verlobter. Sie gab zu: »Ich war überzeugt, daß es wieder so kommen würde. Es ist zum Verzweifeln.«

Meine Erklärungen öffneten ihr die Augen. Sie erkannte, was sie sich antat. Hiob sagte treffenderweise: *Was ich gefürchtet habe, ist über mich gekommen...* (Hiob 3, 25). Nun jedoch änderte sie ihre Geisteshaltung. Das nachstehende Gebet bestärkte sie in ihrem Entschluß:

»Ich weiß, daß zwei ungleiche Dinge einander abstoßen. Ich lebe in Gott; ich spreche mit ihm und glaube, daß er mich führt und daß mich allezeit göttliche Harmonie beherrscht. Ich weiß, daß Uneinigkeit und Harmonie nicht zusammenwohnen, daß ich nicht gleichzeitig weinen und lachen kann. Ich weiß, wenn ich glaube und fühle, daß Gott mich liebt, für mich sorgt, mich führt und leitet, kann ich nicht in einen Zug steigen, der entgleist, weil göttliche Ordnung und göttliches Recht mein Leben beherrschen. Ich wandle im Licht der Liebe Gottes in dem Wissen, daß ich den für mich idealen Mann anziehe, der geistig, seelisch und körperlich vollkommen mit mir harmoniert. Das weiß ich. Nachdem ich den Mann *innerlich* kennengelernt habe, muß ich ihn auch *in der Außenwelt* kennenlernen. Ich weiß, daß sich das jetzt im Einklang mit dem göttlichen Geist verwirklicht.«

Schon wenige Wochen später lernte sie einen Zahnarzt kennen, der ausgezeichnet zu ihr paßte, und sie lebt jetzt in einer glücklichen Ehe.

Er wollte ein Gesetz zur Ächtung des Krieges durchsetzen

Als ich unlängst in Palm Springs eine Reihe Vorträge hielt, kam ein Mann zu mir ins Hotel und bat mich, einen von ihm verfaßten »Aufruf zur Ächtung des Krieges« zu unterschreiben. Er sagte, er habe für diese Volksinitiative bereits hunderte Unterschriften beieinander und rechne damit, mehrere Millionen zusammenzubekommen; diese wolle er dem Kongreß vorlegen und verlangen, daß ein Gesetz zur Ächtung des Krieges erlassen würde mit der an alle Völker ergehenden Aufforderung, ein gleiches Gesetz zu erlassen. Was er mir da vortrug, war jedoch nichts anderes als ein ziemlich verworrenes Gerede.

In dem anschließenden Gespräch erklärte ich ihm, selbst wenn in jedem Parlament auf Erden alle nur denkbaren Dokumente für den Frieden unterzeichnet würden, sei dies vergebens. Die Geschichte beweist hinlänglich, daß trotz der von vielen Nationen bzw. deren Regierungen abgeschlossenen offiziellen Friedensabkommen immer wieder Kriege ausbrachen, bisweilen sogar, noch bevor die Tinte auf den Abkommensprotokollen richtig trocken war. Parlamente oder welche gesetzgebende Volksvertretungen auch immer können im Wege der Gesetzgebung weder Frieden noch Glück, noch Harmonie, Sicherheit, Wohlstand, Liebe zum Nächsten anordnen; denn diese Dinge werden ausschließlich im Geist und in den Herzen der Menschen verfügt. Frieden beginnt beim einzelnen, und wenn der Mensch in seinem Inneren Frieden hat, wird er auch mit seiner Frau, seinen Freunden und Kollegen, wird er mit allen Menschen in Frieden leben.

Ist ein Mensch voll Feindseligkeit und unterdrückter Wut, liegt er mit sich selbst und seiner Welt im Krieg. Ein Volk ist ja eine Summe von Einzelmenschen. Deshalb besteht die einzige Möglichkeit, den Frieden zu sichern, darin, daß jeder einzelne sich auf das ihm innewohnende Göttliche einstimmt und fühlt, wie der Strom des Friedens, der Liebe und Harmonie durch sein ganzes Wesen fließt. Wenn der Mensch erkennt, daß er aufgrund seines Denkens und Glaubens im Einklang mit der unendlichen Kraft kosmischer Dimension verwirklichen kann, was er sein möchte, was er tun und haben möchte, dann wird er auch feststellen, daß er alle seine Wünsche zu verwirklichen vermag, ohne einem einzigen Lebewesen auch nur ein Haar zu krümmen: dann herrscht Frieden.

Abschließend sagte ich zu dem Mann, er solle sich vor einem »aggressiven Kreuzzug für den Frieden« hüten. Kriege würden ja ausschließlich auf dem Gefühlsboden von Angst, Haß, Gier, Neid und Aggressivität der Menschen entstehen, und nur wegen solcher Fehlhaltungen des Menschen gegenüber seinen Mitmenschen müßten Tausende trauern.

Wenn Gott die Liebe ist, warum unterbindet er dann Kriege nicht?

Auch diese Frage, die ich in anderem Zusammenhang bereits erörtert habe, wird mir immer wieder gestellt. Erst unlängst wieder sagte nach einem meiner Vorträge eine Frau: »Wenn Gott die Liebe und Güte ist, wenn er allwissend ist, warum unterbindet er dann Kriege und Verbrechen nicht? Warum läßt er zu, daß Millionen Kinder verhungern und zahllose andere infolge kriegerischer Greuel zu Krüppeln werden?« Ganz offensichtlich lag die Frau nicht nur mit dem Krieg, sondern auch mit Gott »im Krieg«.

Die Antwort auf diese Fragen ist einfach. Gott als Inbegriff des unendlichen Geistes beherrscht die Welt durch sein Wirken auf kosmischer Ebene – als Einheit, Harmonie, Rhythmus, Ordnung, Schönheit und Ausgewogenheit – und kann auf Erden nur zum Ausdruck kommen kraft Denkens, Glaubens und Fühlens des Menschen, und zwar jedes einzelnen.

Ausführlich erklärte ich das der aufgebrachten Frau und sagte dann zu ihr: »Sie verfügen über Willensfreiheit. Sie können wählen, Sie haben jede Freiheit. Sie haben die Freiheit, eine

Mörderin oder eine Heilige zu werden; wäre dem nicht so, wären Sie kein Individuum. Nichts zwingt Sie, gut oder heilig zu sein; nichts zwingt Sie zu Glück, zu Ihrem Glück. Sie haben einfach die Freiheit, sich für Harmonie und Frieden, für Freude, Liebe, Fülle und alle Segnungen des Lebens zu entscheiden.«

Und was ich dieser Frau sagte, möchte ich natürlich mit Nachdruck auch Ihnen sagen, nachdem Sie nun die letzten Seiten dieses Buches lesen: Nichts zwang Sie, Ihren Mann oder Ihre Frau zu lieben. Sie wählten, und Sie haben Ihren Partner buchstäblich unter allen anderen auf Erden möglichen Partnern erwählt. . . . *Erwählet euch heute, wem ihr dienen wollt . . .* (Josua 24, 15). Wenn Sie einen Menschen lieben, ist schon viel getan. Lieben Sie Gott in jedem Menschen! Dann wirken Sie für den Weltfrieden.

Solange der Mensch in emotioneller Unreife verharrt und in seinem Inneren Feindseligkeit, Neid, Eifersucht und Haß beherbergt, liegt er mit sich selbst und mit allen anderen Menschen im Krieg; multiplizieren Sie diesen, den einen Menschen, und es liegt Volk mit Volk im Krieg.

Sie müssen also zunächst in Ihrem eigenen Geist, in Ihrem eigenen Herzen Frieden schaffen, damit in *Ihrer* Welt Frieden herrscht. Niemand außer Ihnen selbst muß sich ändern. Beginnen Sie sofort damit:

. . . *Was wahrhaftig ist, was ehrbar, was gerecht, was keusch, was lieblich, was wohl lautet, ist etwa eine Tugend, ist etwa ein Lob, dem denket nach!* (Philipper 4, 8).

Wenn Sie dies tun, wird Ihre ganze Welt wie durch Zauber in dem Bild und Gleichnis aufgehen, das Sie von sich selbst haben, Ihre Wüste wird erblühen und schön sein wie ein Rosengarten. Wahrlich, auf solche Weise lassen Sie die unendliche Kraft kosmischer Dimension für Sie Wunder wirken.

ZUSAMMENFASSUNG

1. Gottes kosmisches Gesetz des Geistes ist unpersönlich, und die universellen Gesetze des Denkens und Glaubens »sehen die Person nicht an«. Sie können diese Ordnung nicht umstoßen, denn sie ist in Ihr Herz eingeprägt: Sie erzeugen, was Sie denken; Sie ziehen an, was Sie fühlen; Sie werden, wie Sie sich vorstellen.

2. Die Gesetze der Mathematik, Physik oder Chemie unterscheiden sich nicht von den Gesetzen des Denkens und Glaubens. Wenn Sie die Prinzipien der Elektrizität falsch anwenden, werden Sie im Umgang mit elektrischem Strom in Schwierigkeiten geraten. Wenn Sie Ihre geistigen Kräfte in Form negativen Denkens falsch einsetzen bzw. mißbrauchen, werden Sie im Leben ebenfalls in Schwierigkeiten geraten.

3. Aktion und Reaktion sind universelle Merkmale der Natur, und dies gilt auch in geistiger Hinsicht. Was Sie denken, kommt im Leben zum Ausdruck. Gedanke und Sichtbarwerdung sind eins. Sie können nicht eines denken und ein anderes hervorbringen. Ihre Gedanken und Ihre Erlebnisse sind eins.

4. Jemand, der sich seinen Partner beim Ehebruch vorstellt und ständig in dieser Richtung denkt, kann buchstäblich erleben, was er fürchtet; folgerichtig und zwangsläufig bringt er über sich, was er am meisten fürchtet.

5. Sie können nicht Erfolg zum Ausdruck bringen, indem Sie sich ein geistiges Bild des Scheiterns machen. Dieses Bild wird sich durchsetzen und in Ihrem Leben sichtbar werden. Gegensätzliches kann nicht gleichzeitig die gleiche Stelle einnehmen. Und genauso können Sie nicht gleichzeitig von Ihrem Erfolg und Ihrem Scheitern überzeugt sein. Stellen Sie sich geistig auf Erfolg ein und denken Sie an alle Gründe, aus denen Sie Erfolg haben können, dann werden Sie unweigerlich erfolgreich sein.

6. Die Umstände haben sich niemals gegen Sie verschworen. Legen Sie solchen Aberglauben sofort ab. Ihr Schicksal schaffen Sie selbst durch Ihr Denken, Glauben und Fühlen.

7. Wer neidisch und eifersüchtig auf andere Menschen ist, beraubt sich selbst seines Glücks, macht sich arm und zieht Mangel und Beschränkungen aller Art auf sich.

8. Frieden, Harmonie, Liebe, Wohlergehen oder Sicherheit können nicht durch staatliche Gesetze angeordnet werden. Diese Dinge werden ausschließlich im Geist und in den Herzen der Menschen verfügt.

9. Kriege und Verbrechen entstehen auf dem Gefühlsboden von Angst, Haß, Neid, Gier und Aggressivität. In aggressiver Geistes- bzw. Gefühlshaltung kann nichts für den Weltfrieden bewirkt werden. Lieben Sie Gott in jedem Menschen, dann arbeiten Sie für den Weltfrieden.

Die Anschrift
des Dr. Joseph Murphy Freundeskreises
in der Bundesrepublik lautet:

Dr. Joseph Murphy Freundeskreis e. V.
Geschäftsstelle: Kamp 37
33098 Paderborn
0 52 51 / 2 78 20 od. 0 52 54 / 1 28 27